欣赏语文

教育新风景

李翠霞◎著

安徽师范大学出版社
ANHUI NORMAL UNIVERSITY PRESS

·芜湖·

图书在版编目（CIP）数据

欣赏语文教育新风景 / 李翠霞著. — 芜湖：安徽师范大学出版社，2024.7
ISBN 978-7-5676-6464-7

Ⅰ.①欣… Ⅱ.①李… Ⅲ.①小学语文课—教学设计 Ⅳ.①G623.202

中国国家版本馆CIP数据核字(2023)第192673号

欣赏语文教育新风景

李翠霞◎著

责任编辑：舒贵波
责任校对：吴俊瑶
装帧设计：王晴晴　张德宝
责任印制：桑国磊
出版发行：安徽师范大学出版社
　　　　　芜湖市北京中路2号安徽师范大学赭山校区　　　邮政编码：241000
网　　址：http://www.ahnupress.com
发 行 部：0553-3883578　5910327　5910310(传真)
印　　刷：苏州市古得堡数码印刷有限公司
版　　次：2024年7月第1版
印　　次：2024年7月第1次印刷
规　　格：787 mm×1092 mm　1/16
印　　张：16.5
字　　数：300千字
书　　号：978-7-5676-6464-7
定　　价：58.50元

凡发现图书有质量问题,请与我社联系(联系电话0553-5910315)

欣赏语文教育新风景

（代序）

时间真快，一转眼，我已经当了31年的语文老师了。在这31年的执教生涯中，没有轰轰烈烈的先进事迹，也没有催人泪下的动人故事。有的只是每天重复着的普通得不能再普通的琐碎、平常的小事；有的只是醉心校园的那份陪伴与守护；有的只是一路行走，欣赏着语文教育路上的好风景……

潜心教学

31年来，我始终站在教学的一线。这31年中，我带了三个"大循环"。在这三个"大循环"的教学中，我潜心钻研，系统研究，找出低、中、高年级之间的连贯性、渐进性与侧重点，着重培养学生各方面的能力，开展分级教学。

在低年级的教学中，我根据学生的特点，教学完汉语拼音就让学生试着用拼音写话，一句两句都可以。随后，我利用阅读课给学生讲故事、读诗文，帮助学生积累词语和句子。

随着年级的升高，为了锻炼学生的语言表达能力，让他们敢说话，会说话，我除了每星期开设阅读欣赏课，把中国的优秀诗词、散文介绍给学生，扩大学生的阅读面之外，还喜欢用丰富多彩的活动来吸引学生，将"百家讲坛""辩论会"等形式引进课堂以激发学生兴趣，培养学生能力。

除了锻炼学生的口语表达能力，我还想方设法让学生喜欢上写作文。我主持了一项市级课题，在课题的研究中，带领学生做游戏，像吹泡泡、贴鼻子游戏、醋泡鸡蛋的实验等，都被我引进课堂。记得有一次我把语文课堂搬到了操场上，每个学生事先准备好吹泡泡的工具，到了语文课，我就带着学生在操场上尽情地吹着一串串缤纷的泡泡，学生们吹着、跑着、笑着，那堂语文课他们别提有多高兴了。

还有一次，在三年级的习作教学中，我为了给学生提供日记素材，让学生学会观察，在班级里做了一个"醋泡鸡蛋"的小实验。我从家里带了一个大玻璃杯，放在讲台上，倒入白醋，把一个生鸡蛋放入白醋中浸泡。当然，放生鸡蛋之前我让学生观察生鸡蛋的外部特征，并让学生仔细记录实验现象及过程。学生一听说老师要带他们做实验，还带了那么多工具，实验时屏息凝视，静静地听着我说的每一句话，看着这个神奇的鸡蛋，也记住了我说的每一句话、每一个动作和实验的每一个环节。这篇习作的整个指导过程，既有学生的亲身参与，又有教师的悉心指导，学生的写作自然是水到渠成，瓜熟蒂落。

我会想各种办法让学生爱上语文课，让写作变得简单。比如写家乡的特产，我会让学生把采石干（马鞍山特产，一种豆腐干）带到课堂上，大家一起谈采石干的历史和传说，观察采石干的形状、颜色，品尝采石干的味道，然后再指导学生写家乡的特产采石干，学生自然有话可写了。

还有一次，我带着学生在教室里上课，外面下着大雪，学生们被外面的雪花吸引，心思根本不在课堂上，看到这种情形，我就对学生们说："同学们，外面下着大雪，老师带着你们一起玩雪好吗？"学生们可高兴了，像小鸟一样快乐地飞出教室，堆雪人、打雪仗。当然，玩过之后，在我的指导下他们每人写了一篇日记。

"让学生快乐地学习语文"，这是我一直以来所追求的语文课堂教学的理想境界，希望每一个孩子在我的课堂中都能够得到不同的发展。

用爱育人

我当了二十多年的班主任，在这二十多年中，我经历了三个阶段。

第一个阶段：初为人师。那时的自己青春年少，满怀激情，成天待在班级里，和学生打成一片。但那时的自己太年轻，虽然有激情，但缺乏管理的方法，也不能理解学生和家长，对学生过于严厉。那时的自己总是在想，这么简单的问题，这些孩子怎么就是不会呢？还有家长，我也总是不能理解他们对待孩子的一些态度和方式。

第二个阶段：初为人母。休完产假回去再次面对学生时，我的心忽然"软"了下来，教育学生比没做母亲时要柔和了许多。

第三个阶段：初为家长。此时，我面对学生和家长的情感又一次发生了变化。我的女儿上学时年龄偏小，低年级时她各方面的能力要相对弱一些。每天晚上当我坐在女儿身边辅导她学习时，我才感受到，原来当家长真的不容易！此时，作为老师和班主任的我才真正地体会到其他家长的感受。教学中，每看到有学生犯错误或者是作业不会时，我总是会想，我的女儿也会犯错误，我的女儿写作业时也有不认真和不会写的情况。每当想到这里，我的心就会"软"下来，对待学生就会耐心许多。此时的我，也更能够理解其他家长，能够站在他们的角度去思考问题和处理问题，这个时候的我和家长之间的心更近了，对待学生也更包容、更有耐心了。

收获幸福

2013年我所带的第二届学生高考。整个暑假不断有喜讯传来，我所带的班级学生分别考上了北京大学、中国人民大学、上海交通大学、中国科学技术大学、国防科技大学、南京大学等等。听到这样一个个好消息，哪个老师能不为之激动和自豪呢？如今这些孩子们都长大了，早已褪去了小时候的稚嫩与懵懂，变成了一个个翩翩少年。

2014年，国庆期间我收到了我带的学生中一个最调皮的男孩的结婚喜糖。此时的他再也不是当初的那个调皮捣蛋的小男生了，而是一名高大帅气的人民警察！他站在我的面前呵呵地笑着，说道："李老师，抱歉，小时候我太调皮，让您操心了，现在我让您揍两下子，解解气！"看着眼前的这个大男孩，当初带他时他那调皮捣蛋的模样历历在目：当时，他经常把刚走上工作岗位的我弄得或手足无措或大发雷霆或偷偷流泪……谁能想到，多年之后，这个当初最让我头疼的小男孩，竟然成为一名人民警察，来到了我的面前！此时的我幸福感油然而生……

2015年，我所带的毕业生来到母校看望我，此时的这些中学生们，还像小时候一样，围在我的身边，争先恐后地要告诉我一些发生在他们身边的故事：谁谁谁是他们学校的"校草"，谁现在已经是学校数一数二的"学霸"啦！听着他们的这些"小秘密"，看着他们一张张兴奋的笑脸，当初教他们时所有的付出与辛劳都化为了幸福甜蜜的回忆……

2019年7月，我带的最近的一届学生毕业了。这个班级是我担任班主任生涯中带的时间最短的一个班级，只有短短一个学期的缘分。虽然相遇相识时间不长，但这个班级的孩子们懂事、可爱、善解人意，一直留在我的记忆最深处。

2021年3月，我校一位教师突然生病，我又接手了她的班级。没想到，这个班级中有我最早带的一届学生的孩子。突然之间，带到了自己的亲"徒孙"，真是奇妙的师生缘啊，让我又喜又忧！喜的是当年那个听话懂事的小姑娘已经考上公务员，为人母啦！忧的是学生的孩子都上学了，自己是真的老啦！这一学期，每当站在讲台上，我总是在想，我现在教"徒孙"了，一定要有当"奶奶"的风范哦！

给学生一份爱，收获的是沉甸甸的惊喜、欣慰和快乐。在这里，我想对我所有的学生说："不是我在最好的时光遇见了你们，而是遇见了你们，才有了我最好的时光！"

31年来，这点点滴滴的幸福瞬间，汇聚成一道靓丽的风景，让我的语文教育生涯如此充实而绚烂。后面我还会遇到许多新学生，我会继续在校园里守护着他们，陪伴着他们，和他们一起欣赏语文教育路上的新风景。

李翠霞

2023年9月1日

目 录

第三篇章　教学研究

第四篇章　教育漫谈

第一篇章　成长之路

　　每一个孩子都是一颗花的种子，每一颗种子都有自己特有的花期。作为陪伴孩子成长的我们，又何尝不是这样？教师的成长之路，也需要阳光的滋润、雨水的灌溉和自身的努力。我们每个人都有属于自己的那条成长之路，这条路不是那么宽广，也不是那么平坦，其间洒满了汗水和泪水，也留下了一个个用心走过的深深脚印。我们坚持自己的教育梦想，执着地把对教育的信念如潺潺流水般滋润教学的土壤，期待绽放的时刻……

上海骨干教师培训随笔

2008年5月，我作为市级骨干教师被马鞍山市教育局派到上海进行了为期四周的骨干教师培训。在这四周的时间里，我如饥似渴地学习着，参加了上海各个学校的教研活动，听了很多节公开课，受益匪浅。

以下是我这四周所见所思的点滴记录。

第一周（前三天）

来到上海已经是第三天了，本想偷懒，但是同行之人早已走在前面，所以只好硬着头皮也来写个几句，也算凑凑热闹，附附风雅吧。

关于校长

培训第二天，我们来到了上海市黄浦区卢湾一中心小学，校园不大，但整洁美丽。

在这里我们认识了吴蓉谨校长。这是一位热情且有亲和力的校长，她告诉我们她曾经亲自批阅全校一千多位学生的作文。

吴蓉谨校长的作文教学方式也很有特色，她用"晴雨表"的方式，让学生记录自己当天的喜怒哀乐，所见所闻，所思所感。这其实就是吴校长创造的用于师生双向情感交流的独特的"随笔簿"。"晴雨表"的意思是希望学生们记录下生活中的"阴晴雨雪"，在字里行间宣泄自己的真情实感，在和教师的交流沟通中寻求呼应和解答。"晴雨表"不是每天必须要完成的指令性作业，而是在教师的指导和鼓励下，让孩子表露内在情绪和情感的一个平台、心灵的小屋、开放性的花园和随时可以倾诉的好朋友，让学生自由、自主、自然地表露自己日常生活中的心境、心态和心情，字数不做要求，有话则长，无话则短。尽管这不是一份正式的作业，但渐渐地吴老师班的学生全都喜欢上了"晴雨表"，更有孩子提出要求希望在双休日也写。

听了吴老师的介绍让我们这些为学生的作文而烦恼的语文教师既羡慕又感慨，是啊，作为语文教师是否应该在引导学生写作兴趣上多下功夫呢？作文教学该怎样做，留给我的思考还有很多……

关于上课

这两天我们听了五节课，葛琼（第一批来上海进行骨干教师培训的学员）说得一点没错，这几节课上充分展示了目前上海的课堂特色——重视学生语言文字方面的训练，回到了语文教学的本真阶段。我挺喜欢这种返璞归真的教学状态，其实学习语文的最终目的就是积累语言，运用语言。但是这几节课也有一个共同的问题：问题太多太碎，课堂上教师牵着学生一步一步走，学生的自主性没有得到太多体现，课堂生成的东西太少。

关于古诗

第二天下午我们参加了三年级教研组的语文教研活动。会上一位教师的发言让我收获较大。我在平时的教学中也喜欢给学生补充一些古诗，但我的阅读欣赏课随意性较大，课堂上学生接触的古诗面较广，但深度不够，对于很多学生来说是浅尝辄止。而这位教师让学生针对某一首古诗介绍作者背景及诗的意境，这样学生们互相补充，互为启发，对这首诗的了解就会更深入更全面，比我那样全面撒网要更扎实有效。

关于照片

来到这儿最大的感受是教师对学生们的关爱很足。卢湾一中心小学的程华校长那幅照片让我记忆犹新。照片上程校长正在为一个学生亲切地擦着汗，程校长那慈祥的微笑，学生那灿烂的笑容，让每一个看到照片的人都为之心动，如同冬日的暖阳，让人心生温暖。爱是需要传递的，当我们抱怨我们的学生自私时，我们有没有检讨自己，我们做得如何呢？平时我们又给了学生多少关爱呢？

关于学生

来到这儿，发现这儿的学生都是那么彬彬有礼，不管你在校园的哪个角落遇到他们，他们总是面带微笑，向你问好。

我发现这个学校的教师对学生的管理很细致。比如眼保健操，老师会细心地帮学生纠正做操姿势；画直线时，教师会耐心地让每一位学生用直尺画线，养成良好的学习习惯。良好的行为习惯的培养应该是贯穿在平时教育教学的每一个细节之中。

当然，上海小学的小班化教学也给教师提供了更广阔的空间，让他们有更多的时间和精力去关注到每一个孩子的发展。小班化教学应该是今后的发展趋势。我想，在不远的将来，马鞍山也一定会迎来小班化教学。这样，无论是对学生还是教师，都是受益的。当然，受益最大的还是我们的学生。

第一周（第四天）

今天早上我们一行八人冒着倾盆大雨，步行去上海市复兴中路第二小学听课。进了大门，感觉还不错，学校虽小，但很精致，无论是门口的藤翠廊（由绿色植物搭成的凉棚），还是室内古色古香的装潢都给人以清幽雅致之感。我们在这儿听了两节获"百花奖"的教学课，总体感觉跟前两天的课差不多，有很多值得我们学习的地方。

下午我们听了吴忠豪教授的讲座——《提高语文教学的有效性》。他从语文课程的诊断、提高语文教学有效性的途径等几个方面阐述了自己的观点，会后我们又和他进行了交流。他的讲座的中心思想就是关注语文的工具性，增加学生的阅读量，对于这点我是非常赞同的。

第二周

2008年5月12日　星期一

今天早上，我们来到上海市复兴路第二小学听了一节五年级的课——《享受心安理得》。听完课后我和舒曲玲、胡琼她们的看法不尽相同，虽然教师在上课的时候有许多问题，如对学生的思维启发不够，课堂设计面面俱到但面面不到，许多环节的处理比较肤浅，基本上是点到为止，学生掌握不够牢固；读得不够，等等。但我对教师的课堂设计还是比较满意的，只可惜教师没有把自己的思想很好地表现出来，想到却没做到（我认为她想到了）。想到做不到并不可怕，这可以在今后的教学中不断丰富，不断提高。毕竟理想的课堂目标和要求是很难达到的，这也是我们每一位教师追求的目标。可怕的是教师没有想法和目标都没有了，何来追求？

相反下午何老师的课我认为最大的问题是教师没有想法，在课前的几次交流中，我发现何老师对于自己的这节课到底怎样教，教些什么，没有一个明确的概念，因此造成了课堂上条理比较混乱的现象。但是何老师的勤奋执着的精神让我非常钦佩，一个人一旦具有这样的精神，还有什么事情做不好呢？

听完两节课后，吴教授都给予了点评，吴教授的点评给了我极大的启发。吴教授说："常态语文课的训练点要更实在些，特别是习惯的培养更重要，每节课都有一个起点和新的增长点。"这句话给我留下了深刻的印象。另外，教师在平时的教学中更重要的是关注学生表达的准确性，这点我在今后的教学中要加以改进。

2008 年 5 月 13 日　星期二

今天上午我们在卢湾一中心小学听了程华的关于德育教育的报告。在报告中程华校长的这句话给我留下了深刻的印象：学生是人，学生是未成年人，学生是有缺点的未成年人。尊重学生的需要，尊重学生的差异，这样对学生才能有一颗包容之心。另外，程校长介绍了他们学校的一些具体做法也让我感受颇深。如中国人过中国年、温馨邮局、老少系列活动、学生社团系列、小校长制度、七彩大舞台等，这些活动以学生为本，关注学生的发展，且真正落到了实处。"享受教育，体验幸福"，他们是这样说的，更是这样做的，他们在行动中享受着教育，体验着幸福！

下午我们参加了他们学校的二年级教研活动。在教研活动上，一位教师把下一单元教材的知识点、设计意图进行了说课，然后又把一位教师出的本单元的试卷让大家讨论，完成定稿。这一方法值得借鉴学习。

2008 年 5 月 14 日　星期三

今天上午我们听了卢湾一中心小学的一节四年级随堂课《真正的愤怒》，听完课后我们又和陈芸老师进行了交流。陈芸老师认为这节课的课堂设计思路很清晰，从"愤怒"入手，引出珍惜，为什么珍惜，怎样珍惜，再到最后理解"真正的愤怒"，层层深入。但是如果教师最后要是再强调一下，把情感推向高潮就更好了。另外教师的评价语较好，也能注重学生概括能力的培养。

舒曲玲认为学生在概括主要内容时，教师是否可以给予一些方法的指导，这样学生可以掌握得更好。我和胡琼认为，教师应该根据不同的文本有不同的情感处理，像这一课教师就应该用自己的情绪来感染学生，以促使学生更好地领悟课文的情感及内容。

语言文字本来就充满着情感，语文的课堂应该是情感的课堂，语文教师应该引领学生在语言文字所建构的情感的世界中遨游，而这一点正是我们这几天听的几节课的教师所缺乏的。

下午我们和一些其他省市的校长聆听了程校长的有关学校管理的报告。报告中程校长从调整理念，开创管理者的新天地等方面谈了学校的相关工作，虽然我不是校长，也不是学校的管理者，但我还是被吸引了，原来学校管理还有那么多的艺术！

2008 年 5 月 15 日　星期四

今天我们在吴忠豪教授的指引下很有幸地参加了由上海市小语会、上海市菊园小学举办的上海市小学作文研讨暨十六届两省一市三校联谊活动。先是一个简短的开幕式，然后是上海市菊园小学的张敏老师上了一节三年级读写结合课《全神贯注》，浙江桐乡实验小学校长、特级教师金剑辉上了一节五年级作文指导课。下午先是淮安市教研室主任、特级教师杨献荣上了一节阅读课《触摸春天》，接着华东师范大学课程所副教授、硕士生导师董蓓菲博士给我们作了《小学作文教学的困惑与对策》的讲座。

总体听下来两节作文指导课对我们有着现实的指导意义。《全神贯注》一课教师抓住重点段落指导学生掌握通过描写人物的动作、神情及心理活动把事情写具体的写作方法，第二节五年级的作文指导课不同的是教师不是依托课文内容而是通过游戏引导学生一步步完成作文的写作。两节作文课下来，学生兴致很高。这让我想起了自己在作文教学中的一些尝试，如吃石榴、贴鼻子游戏、保护鸡蛋等。学生有了亲身的体验和感受，写出来的文章也就有血有肉了。今天听了这些专家们的课，让我对自己今后的作文教学更加有信心了。

第三周

2008 年 5 月 20 日　星期二

今天，我们来到海华小学听了两节非常精彩的课——《优雅的"请假条"》和

《十年后的"礼物"》。这两节课执教的教师在课堂上把语文的工具性和人文性做到了完美的统一。这两位教师的自身素养很高，课设计得很独到，把读、说、词语的训练有机地结合在一起。学生在教师创设的情境中一步步走进文本，与文本对话，与作者对话，达到情感的升华。课堂上说的训练是为了更好地达到情感的共鸣，学生在教师精心设计的说的训练中情感一步步被调动，读得也越来越好。

我想，这样的语言文字训练不是为了训练而训练，而是与课文的理解、情感的升华相融合，这样的训练才是吴忠豪教授所说的有效的训练吧。另外教师的课堂用语也很精妙。教师富有激情的、具有引导作用的课堂用语将学生的思维一步步引向深入。

总之，这两节课给我的印象是水到渠成、雕琢无痕。

2008 年 5 月 21 日　　星期三

今天我们在卢湾区第一中心小学听了贺春秋老师的读写结合课《狮子和山羊》以及吴蓉瑾老师的作文讲座，对我启发较大。

吴老师的讲座中讲到了"三个及时"和"两个有效"。"三个及时"是及时抓住训练点，及时抓住课堂中训练的时机，及时分析指导试卷上的作文；"两个有效"是对学生实行有效的评价，对家长实施有效的指导。在课堂教学中阅读和写作到底怎样更好地结合在一起也是我一直以来思考的问题，贺老师的课让我眼前一亮。虽然我以前在自己的课堂上也有类似的做法。比如学完《所见》让学生将课文内容改写成小故事，学完《荷叶圆圆》让学生模仿写小诗，等等。但我的做法仍然带有随意性，总有一种懵懵懂懂的感觉，缺乏系统性，今天听了她们的介绍，更坚定了我在作文教学中继续摸索的决心。

阅读和写作到底是一种什么样的关系？今天陆老师的点评给了我们一个很好的解释。阅读是为了写作服务，语文的素养最终体现在写作上。读写的结合是提高语文水平的关键，读写结合是学习语文的抓手。我在平时的课堂上把大量的时间浪费在繁琐的分析讲解上，长此下去学生丧失了对语文的兴趣。其实阅读和写作是相辅相成、互相促进的。读和听是内化，说和写是外化，学生的能力在不断地内化和外化中得到提高。两位老师的作文指导课，以课文为榜样，以模仿为手段，以经验为内容，以片段训练为形式，以读促写，以写促读，读写结合，这些成功的教学经验给了我启示，让我在今后的教学中有章可循，有据可依。因此，我在今后的教学中要找准合适的切入点，选择具有爆发力的题材，在自己的课堂上进行有效的作文训练。

语文的课堂应是情感的课堂，作为一名语文老师我应该以自己对语文的热情、对学生的热情，唤醒学生对语文的热情，激起学生对写作的兴趣。在课堂上努力营造和谐的、多元的课堂氛围，让我的每一位学生都能感受到学习语文的快乐，是我不懈努力的目标。

另外，小学阶段的阅读是积累性阅读，平时应注重积累，有了语言的积累，关键时候才能运用自如。平时应该怎样系统地引导学生去阅读，这也是我今后应该思考的问题，不能再像以前那样想到哪做到哪，随意性太大，缺乏系统性。系统的、有目的的训练才是有效的训练！

听完今天的讲座，我重新整理了自己的作文教学思路：自己今后的作文教学应该保留自己原有的特色——活动作文法、情境作文法，如吃石榴后写吃石榴的全过程，保护鸡蛋后写保护鸡蛋的全过程，贴鼻子游戏后写贴鼻子游戏的全过程……再在平时的课堂教学中有意识地加入读写训练点，让自己的语文课堂更加充实，让自己的作文教学思路更加宽广。

2008年5月22日　星期四

今天，我们上了汇报课。

第一节是胡琼老师上的《狼和鹿》。听完她的课我感到压力很大，她的课程设计精巧，结构合理，上得很有创意。朗读教学时，胡老师引读的语言很美，很自然，重点突出，对比强烈。其朗读是为后面的教学而服务，为下文的学习做铺垫，不是为了朗读而朗读。总之整堂课脉络清晰，教师的语言精练，整个教学过程如行云流水。

听完后我就在检讨自己：这几年在公开课上确实放松了，对自己的要求降低了，造成了现在这种松松垮垮的现象。我是第三个上，上之前我抱着一种上战场的态度，有种"死猪不怕开水烫"的架势，其实就算怕又有什么办法？又不能临阵脱逃。哎！也只能这样了。怀着这种"悲壮"的心情走上了讲台，按照教案一步步走了下来。真是"书到用时方恨少"，现在后悔也来不及了。前面部分还好，到了后面指导朗读的部分由于设计上的原因，我确实有些手忙脚乱了，到最后，有一个环节的设计由于在朗读上花费了太多的时间而不得不删除掉了，上完课后心中满是懊恼。怎么办呢，以后可不能再偷懒了！

第四周

2008 年 5 月 26 日　　星期一

今天舒老师、刘老师和何老师上了汇报课。

舒老师上的是《笛声》，无论是在课堂的驾驭能力上还是在教学设计上，都体现了舒老师深厚的教学功底和扎实的语文教学素养。舒老师开头让学生听笛声，简单地谈谈自己听完的感受，接下来舒老师让学生用他们自己提供的词语来概括课文的主要内容。在课文内容的学习中舒老师设计了两个训练点，一个是排比句的训练及对笛声的描绘，还有一个是想象文中聂耳和老木匠的对话。在听课的过程中，我在思考这样的设计还能不能再好些，让两个训练点之间相互关联，有层层递进的关系。但这只是一个初步的想法，具体如何操作自己也没弄清楚。

带着这样的迷茫，听了教授的评课后，我豁然开朗。教授在评课中这样说："现在语文的训练都是添加式的，几个训练点之间没有相互的联系，课堂的有效性不强。舒老师这节课的几个说话的训练是否能想得再深入些，有一个层次性。这个训练的层次性表现在这节课中可以用'你能不能用更美的语言来描绘笛声'这个问题来贯穿。开头让学生听笛声简单地谈感受，这只是学生的一个初步的感性的认识；然后再通过对句子的反复朗读、背诵（如排比句）以达到理解课文内容，内化课文语言的目的；有了这样的基础，最后再让学生听一遍笛声的音乐，让学生听后用课文中学过的语言，如排比句等来再次描绘笛声，学生这时的表达跟前面的相比肯定会有质的飞跃，无论在内容上还是形式上都会比前一次要深刻和丰富。这样的设计，前后呼应，有一个连贯性、渐进性，前后形成一个整体，学生的语言和思维经过了一个由简单到复杂、由单一到丰富的过程。这样，学生在课堂上才能有所学，并学以致用。其实这也是学生学习语文的最终目标："内化课文的语言，进行表达。"听完教授的评课，我收获颇丰，教学思路也更清晰了。

对于词语的教学，教授认为还应该把握住一个"度"。一堂课下来，如果词语的教学太多，课堂就太散了，应该突出重点，和课文的内容有所关联。词语的教学不能打断学生的思路，如果词语太多，可以采用集中识字的方法而不能采用随机识字的方法，要不然就破坏了教学的整体性。对于这点，我非常赞同。教学的内容应该根据具体的情况而定，不能太死板，要依学定教，顺学而导。我们的课堂应该是灵活的课堂。

下午我们在吴忠豪教授的带领下有幸来到了上海师范大学教育科学学院初等教育系，参观了学院的教学楼，感受了最先进的教学硬件设施。在初等教育系的会议室里吴教授又和我们谈起了怎样培养学生阅读的习惯和阅读的兴趣，我受益匪浅。

作为一名语文教师，应该把学生的阅读兴趣和习惯放在语文教学的重要位置上，语文教师有这个责任和义务。语文教师在平时的阅读课里要增加阅读方法的指导，对课时要进行整合，每周要有一两节阅读指导课。学生语文能力的提高不是教师对课文内容的讲解和分析，而是学生阅读的语言的积累。教师应该改变对文本解读式的低效的阅读教学模式，重点放在学习课文的语言、练习语言表达和进行运用的教学上。教师在阅读课上要帮助学生找到自己要读的书，教会学生阅读的方法，如学会读目录、做读书笔记、做读书卡片、做摘录，等等。教师要教会学生怎样把一本好书介绍给别人，介绍推介的理由，怎样介绍人物，介绍书的内容，等等。教师对学生的阅读要提不同的要求，每个年级的要求都应有所区分：一年级就让学生记录所读的书名；二年级可以让学生列出读书计划；三、四年级可以指导学生写摘录、写读后感；五、六年级可以让学生写读书体会、做读书评论。每一年级每一阶段推荐一本读本，结合教材的名家名篇，把阅读课上成名家名篇推荐课、课外读本推荐课；还要利用一节专门的阅读交流课来对一段时间里学生所读的书进行交流评价，这样既能提高学生阅读的兴趣，又能让学生在相互的交流中增加对阅读的体验和感受。思维的碰撞激发灵感的闪现，阅读课上的交流让学生畅所欲言，各抒己见，学生会对所读的书有更深的理解和体会。通过这样一个阅读、积累、内化、运用的过程，学生积累的语言由量变达到了质变，学生自然就完成了语言的内化过程。

感谢吴忠豪教授让我对学生的阅读指导有了新的认识和思考。

2008年5月27日　星期二

我们来到了上海著名的建平中学聆听了洋泾中学李海林校长的《教师的二次成长》

的讲座。李校长的讲座以一个故事开头，故事中一个即将退休的老教师在他的欢送大会上说了这样一句话：我既不是蜡烛，也不是春蚕，而是渡船老板，把学生一批又一批地送到人生的彼岸，而我却在原地踏步！这个故事让我心中一惊，是呀，我何尝不是渡船老板呢？毕业已经十几年了，虽然学生是送走了一批又一批，但我自己又有何长进？来到上海这段时间，看到了很多，想到了很多，我不停地在问自己：这几年你都做了些什么？你的发展已到了顶点了吗？你今后该往哪儿去？我不停地在反思，今天听了李校长的报告，让我明白自己正处于发展中的高原期。

今年是我工作的第十六年，曾几何时，我开始迷茫，开始不知所措，感觉自己很难像以前那样快速地成长，发现自己做的很多事情都是在不停地重复，毫无创造可言。我知道自己已到了发展的瓶颈阶段，也就是今天李校长所说的发展的高原期。我该怎样改变这种现状呢？今天李校长的报告给了我明确的答案——读书！读书是教师完成第二次发展的最有效途径，教学反思是教师完成第二次发展的主要方式。今后我不能只顾埋头拉车，不顾抬头望路了。如果只顾埋头拉车，怎能欣赏到天空的广袤和美丽？

"我要发展，我要突破，我要成长！"我这样对自己说。改变自己的精神面貌，改变自己的思维方式，改变自己看问题的角度，改变自己分析问题的立场，这可能是我这次到上海来的最大收获！

2008年5月29日　星期四

今天我们最后一次来到卢湾一中心小学，参加了他们学校的语文教研活动。这次教研活动是他们学校每年一次比较大型的活动，以年级组为单位，进行上课、说课、评课比赛。每个年级组派一名教师上课，一名教师说课，其他教师评课，年级组中的每一位教师都参与进来，无论是上课还是说课、评课，都是集体的力量和智慧。上课的教案是大家集体备课的结晶，说课的稿子是大家集体讨论的结果，评委是由外校请来的语文方面的专家，最后的评选结果是以年级组为单位，评选出优秀年级组。这样的比赛，强调的是集体的智慧，能够让教师在比赛的过程中增强凝聚力，培养团队意识，比过去传统的教师单枪匹马比赛的效果要好得多。

今天下午参加比赛的是一年级组和五年级组。一年级组上课的老师是我的指导老师陈芸，她上的课是《小壁虎借尾巴》。应该说我们非常有幸，临走之前听了上海市名师后备力量的课。陈芸老师的教学功底非常深厚，课堂上语言精练，课堂驾驭能力很强，一堂课上得轻松自如，对于学生的引导也是游刃有余，让我们佩服不已。接下来是教师的说课和评课环节。应该说卢湾一中心小学教师的基本素质还是很高的，每个人都能侃侃而谈，体现各自的教学素养。

参加完教研活动，我们和卢湾一中心小学的校长、老师们一一告别。心中有许多的不舍，毕竟我们和他们朝夕相处了一个月，人生中能够有几个这样的一个月？最后吴校长站在学校门口目送我们远去，望着远去的校园和校长，回想着一个月来的点点滴滴，咀嚼着一个月中我的收获和感触，心中有着一丝丝的伤感。上海，我还能再回来吗？上海教育，我还有这样和你零距离接触的机会吗……

参加全国愉快教育研讨会有感

非常有幸，能够和区教育局一起来到上海参加全国愉快教育研讨会。两天半的所见所闻，带给我们的是感动，是振奋，是思索……

一、优美的学校环境

"'愉快教育'是从情感入手的人格教育，它以爱、美、兴趣、创造为要素，让孩子感受到学习是有意义的、成长是愉快的。"上海市第一师范学校附属小学（以下简称上海一师附小）名誉校长倪谷音如是说。作为"愉快教育"的发源地，上海一师附小始终努力践行"让每一位孩子拥有幸福的童年，让每一位孩子得到愉快的发展"的理念。细节反映品质，细节反映文化，走进上海一师附小，无论是学校的硬件环境还是人文的软件环境，都让人感受到一股浓郁的文化气息。校园中盎然的绿色，合理的布局，每一处细节的设计都和谐统一，那摇荡的秋千架，那休闲的藤椅，那动物角中的小白兔……每一处都体现了学校对学生深深的人文关怀，在这样一种环境下学习的孩子们，他们是愉快的。

二、特色的学校课程

上海一师附小现任校长鲁慧茹说："学校课程的开发与实施根据的是学生个性发展的需要、社会对人才的要求，充分体现'愉快教育'的办学理念。特色的学校课程是国家课程的一种补充，是达成'愉快教育'培养目标的一种保障。"

在上海一师附小，"愉快教育"特色课程构成了学校课程体系。特色课程集多种学科于一体，有知识拓展和技能训练拓展性综合课，有与少先队主题活动结合在一起的专题性探究课，还有每周占两课时供学生自主"摘牌"的50门选择性课程。目前，"愉快教育"特色课程占总课时的16%，已全部进入课表，学生参与率在99%以上。

开设课程前，老师们在学生中开展广泛的调研，然后根据自己的专业优势设计课程方案，内容包括：课程目标、课程内容安排、课程实施要点和课程评价等。比如，选择性课程"周周都过节"，学生学习的是中国传统节日：元宵节、端午节、中秋节、重阳节等，学生们不仅能了解这些节日的由来，感受千年的悠久文化，还能动手做吃的，亲身体验了节日的欢乐，也提高了动手实践能力、情感表达能力、审美鉴赏能力。

在这样一种课程下学习的孩子们，他们是愉快的。

三、尽职的教师队伍

愉快教育收益的不仅仅是学生，还有工作的教师们。

在上海一师附小参观，随意地和他们的教师聊了起来，从谈话中，感受到了教师的责任感和幸福感。为了教师的成长，上海一师附小形成了一整套行之有效的教研机制，比如"专家导师的专业引领、直接对话""组内同行的合作分享、互助交流""教师个体的实践反思、总结提高"等。还有每周一日的开放观摩、语文沙龙式研讨、数学网上教研等。他们说，在这儿工作，教研引领、名师的带教以及高层次的出国培训，都能够让教师迅速地成长，感受到个人发展所带来的快乐。

在这样一种氛围中工作的教师们，他们是愉快的。

四、反思：我们是愉快的吗

反思之一：我们的学生

和上海的学生相比，我们的学生没有那么幸运，没有那么优美精致的校园环境，也没有那么丰富多彩的特色课程。环境我们无法改变，因为那需要雄厚的经济基础。但是，我们可以在现有的条件下，让我们的孩子感受到关爱。爱是无价的，爱能让人感受到幸福与快乐。我们可以在现有的条件下，让我们孩子的课堂变得丰富多彩，让他们感受到学习所带来的快乐……

反思之二：我们的教师

教师的工作是清苦的，教师的压力是巨大的，所以现在我们身边有少数教师产生了一种职业的倦怠感。如何让我们的教师走出这种倦怠感并快乐地工作，上海的"愉快教育"给了我们一些启示。希望我们的教师在探索教育教学的道路上，同样能享受到教育带给我们的乐趣。

　　只要我们坚持，我们的教师也会拥有一颗快乐的心，我们的教师也会是愉快的！

　　两天半的参观，我们且行且思。愉快是一种生活方式，更是一种工作方式！愿你我都愉快地面对生活，面对学习，面对工作！

台湾之行

题记：

　　我一直在想，什么时候有机会一定要去台湾走走，看看那从语文书中认识的阿里山、日月潭。没想到这次机会来得如此快，今年暑假我跟随马鞍山市教育考察团来到了宝岛台湾，踏上了祖国宝岛的土地。通过七天的环岛游学，我了解了今天真实的台湾，目睹了台湾之美。通过自己的亲身经历，领略了宝岛旖旎的风光和多姿多彩的人文风貌。以下是我这七天来的所见所感，和大家一起分享。

2009年7月26日　星期日

　　今天一大早，我们从马鞍山市教育局出发，转道南京、香港，登上飞往台湾的飞机。大约过了一小时四十分钟到达桃源机场，接机的导游非常热情。

　　我们先去了孙中山纪念馆，看了孙中山先生的生平、事迹。

　　参观之后，我们到了位于信义商圈的台北101大楼，它是台北市的新地标。这栋总高度达508米的建筑，造型宛若劲竹节节高升、柔韧有余，营造出一种视觉穿透效果。

　　吃完晚餐，我们去了士林夜市，士林夜市位于台北市士林区，是个平民化的夜市，类似于上海的小吃广场。夜市内从牛排、铁板烧到蚵仔煎、广东粥、生炒花枝，琳琅满目；逛夜市的人潮将狭窄的通道挤得水泄不通。士林夜市总体感觉没有想象中的好，有点乱，但各类小吃还是蛮多的。我们走马观花后回到酒店，结束一天的行程。

2009年7月27日　星期一

　　今天一大早，我们驱车半小时来到桃源国小拜会。汽车到达学校，学校的负责人早已站在门外等候，主客寒暄之后，我们来到了会议室，这是一间非常简单的会议室，桌上早已摆放了点心和台湾的特产——花莲豆花，多媒体课件也早已准备好。一番介绍之后，该校的校长开始介绍学校的概况和主要办学特色。

　　这是一所以"体验教育"为办学特色的学校。以"体验"为核心，学生在教室外通过活动能够真正地与自然接触；学生通过自身的实践与观察，对课本上的所学有所"体验"，不仅能够掌握知识，更重要的是培养他们的能力和情操（学校对学生的品格教育非常重视）。学生不仅在教室里能学到知识，在户外也能学到很多知识：学生在这里可以种菜、种水果，观察它们的生长情况；可以观察昆虫、鸟类、植物，看植物的生长过程，看动物的生活习性，进行自然探索，学习到许多课本上没有的知识，与植物、动物成为好朋友；可以攀岩，进行体能挑战；还可以通过活动进行同伴互助，以培养团队合作精神。总之，在这里关注的不仅仅是学生知识的学习，更重要的是关注孩子生理、心理、品格的教育，让学生成为一个健康的、积极的人，让学生学得更有兴趣，学得更有成效。

之后，我们来到著名的台北故宫博物院。这里琳琅满目的展品让我流连忘返，我不禁为我们老祖宗的聪明才智而惊叹不已。听说今年九月两岸的博物院要联合进行展览，我衷心地祝愿这一天的早日到来，让所有的中国人都能一睹这些民族瑰宝的风采。

下午，我们来到我向往已久的日月潭。《日月潭》的课文小时候就读过，长大后我当了老师又多次给我的学生讲过。每一次上这课时，我就会想，什么时候我才能亲眼看看美丽的日月潭呢？没想到今天终于来到这里，亲眼看到了读过许多次、教过许多次、梦过许多次的日月潭。美丽的日月潭波光粼粼，眺望宽阔湖面，别有一番滋味在心头，这就是我盼望已久的地方……潭水清澈碧绿，周围有许多高山，和想象中的差不多。日月潭比想象中的要小许多，但很精巧。一直想看看日潭和月潭的形状，但由于潭水面积很大，我们站的高度不够高，没能看到课文中所描写的那样："北边像圆圆的太阳叫日潭，南边像弯弯的月亮，叫月潭"，有一丝遗憾。快要离开时，暮色渐浓，周围高山上的灯光星星点点地亮起，山上的云雾开始笼罩着山头，像给群山戴上了丝巾，山头若隐若现，灯光星星点点，日月潭在暮色中显得更加神秘。汽车驶离日月潭，我目送着日月潭，依依不舍……

2009 年 7 月 28 日　　星期二

"高山青，涧水蓝，阿里山的姑娘美如水呀，阿里山的少年壮如山啊"这首歌让我对阿里山充满了无限的遐想。今天我终于来到了阿里山！汽车在蜿蜒的山路上盘旋而上，两边是满眼的葱绿。阿里山拥有非常丰富的森林资源，受高度的影响，阿里山植物分布呈现热带、暖带、温带与寒带特征。我们的汽车一直盘旋而上到海拔2000米，随着海拔的升高，两边的植物也渐渐从槟榔树变成针叶林。天气也在不断地变化：一会儿晴空万里，一会儿乌云密布。天气真是变化无常，现在这个山头还是艳阳高照，马上那个山头就会乌云压顶。但是随着海拔的升高，山头的雾气也渐渐变浓。眼看山下，云雾在我们脚下，真有一种腾云驾雾的感觉了。

最后，我们终于到达阿里山景区的入口，这里已经完全被云雾所笼罩，周围的树木隐入浓雾之中，好像浸在牛乳中一样。随着游览的人群，我们慢慢步入景区，一棵棵参天大树在云雾中若隐若现。

在游览中，我们有幸看到了2000多岁的神木，它们历经岁月的沧桑，却依旧那么挺拔、高大，令人不由得对它们肃然起敬。

终于看到了那经典的小茅屋了！这里是阿里山的主要景观之一——姊妹潭。有茅草屋的水潭叫姊潭，小一点的水潭叫妹潭。这里有一个凄美的故事：在很久以前，有一对阿里山的亲姊妹，同时爱上了一位阿里山的小伙子，当她们发现爱上的是同一个小伙子时，都决定让给对方，但双方都不接受，最后的结局是两人都选择了离开这个世界，于是姐姐化为了姊潭，妹妹变成了妹潭。

行走在阿里山幽静而神秘的森林中，眼前不断出现一丛丛野花，耳边不时传来一阵阵鸟鸣，凉风在林间轻拂，云雾在身边缭绕，我们真是在"云中漫步"了！

从阿里山下来，游车一路南行，在夕阳西下时分，到达了高雄市。黄昏落日下的高雄港更显妩媚多姿。

高雄市位于台湾南部，西、南面濒临台湾海峡，有台湾最大的国际港口。高雄港内水不扬波，巨轮进出频繁，是世界十大港口之一，有"港都"之名。

傍晚我们来到高雄的西子港，先参观了打狗英国领事馆。打狗英国领事馆在有"台湾西湖"美誉的西子湾风景区边，建于1866年，是一座红砖大楼，是外国人在台湾兴建的第一座洋楼，由于高雄原名为打狗，所以此地被称为打狗英国领事馆。

夜幕下的西子港好美：绚烂的晚霞，渐起的灯火，飞翔的海鸟，停泊的海轮，好一幅海港夜景图啊！我坐在海边的石头上，听海浪的涛声，任海风吹动我的长发，任思绪随风舞动……

2009年7月29日　　星期三

今天上午我们开车一路向南行，前往垦丁。从车窗内望去，蓝天、白云、大海以及在海风的吹拂下婆娑起舞的热带植物，构成了一幅美丽的风景画。我们先游览了猫鼻头风景区，此处海边有一块珊瑚礁岩像一只蹲坐的猫，因而得名。猫鼻头风景区以猫鼻头石头为界，右边是台湾海峡，左边是巴士海峡。台湾海峡和巴士海峡自从在地理课本上认识了以后，每次在地图上看到他们都想去亲眼看看，没想到此时此刻我就站在它们的身边，站在岸边，面对一望无际的大海，极目眺望，海天一色，蔚为壮观，而此时我的心中涌动的则是别样的澎湃。

汽车又走了一段路，我们下了车，沿着热带雨林原始生态小道，一路走到鹅銮鼻风景区。这里是台湾岛的最南端，是台湾岛的天涯海角。在这里可以瞭望台湾海峡、巴士海峡和太平洋海峡。

傍晚，我们来到知本丰泰酒店，在这里，享受了知本温泉。

台湾是温泉之岛，位于台东县卑南乡的知本温泉是台湾的四大温泉之一，并与瀑布、森林组合而成的优良生态而被誉为台东第一胜地。安顿好后，我们迫不及待来到汤池，此时是下午五点多钟，汤池内就我们几人，我们静静地泡在池内，抬头望着对面山上的绿树，别提有多惬意了。晚上欣赏了夏威夷人的演唱会，唱的都是我们熟悉的流行歌曲。之后，我们结束了一天的行程。

2009年7月30日　　星期四

今天，汽车一路向东前行，沿台湾东部海岸游览，一边是葱翠的山峰，一边是湛蓝的大海，车行其中，太平洋海岸线恬静的风光尽收眼底，太美了！隔着车窗，将此一幅幅天然风景画定格在我的相机之中，也定格在了我美好的记忆中。

上午，我们游览了三仙台、石雨伞、八仙洞等景点。我们还在北回归线地标下拍照，以作纪念。北回归线是太阳直射地球的最北界，以此为界，北半球地表气候划分为温带与热带，台湾的位置恰为北回归线所经。

下午，我们来到花莲，先拜会了花莲县私立国光高级商工职业学校。汽车进了学校，我们一下车，就感受到浓浓的乡情。学校门前写着欢迎的标语，校长热情地接待了我们。我们站定后，学校的阿美族学生们穿着民族服装，给我们表演了一段精彩的民族舞蹈。随后，我们来到会议室，听了校长的介绍。这是一所职业学校，是给学生进行就业培训的场所。学校根据社会的发展需求，不断更新专业，以适应社会的需要。从他们所介绍的情况来看，不管专业怎样变化，学校都是秉持一个宗旨："以人为本"。他们提出的办学理念"快乐学习"正好和我们学校的办学理念"我学习 我快乐 我成长"相一致。其实，在学校，让学生快乐，让教师快乐，这是学校教育最基本的责任。看来这一点，我们都是相同的。

接下来，我们游览了花莲太鲁阁风景区。观览全台湾的胜景，如果没到花莲的太鲁阁，可能是一大憾事。太鲁阁国家公园地跨花莲、南投、台中三个县，整个太鲁阁国家公园以其高山及峡谷闻名，尤其是立雾溪谷，两岸全是大理石岩层，景观之美，令人惊叹！

进入太鲁阁，处处有自然美景，最让人惊叹的是那穿越太鲁阁中部横贯东西的公路，这条由老兵用铁凿一凿一凿修建的公路，因全是大理石岩层，建设的艰难程度可想而知！

我们走在立雾溪谷里，两山之间，溪水奔涌向前。由于前一晚上下了雨，所以溪水较浑浊。但看着巍峨的高山，大理石的岩壁，奔流的山涧和人工开凿的隧道，不仅让我们感叹大自然的鬼斧神工，更让我们感受到人类的伟大！

晚上，我们来到花莲一家饭馆吃饭。饭馆的主人是北京人，他对我们极为热情，为我们摆上他亲手做的水饺、面条等家乡的面食和台湾的海鲜。吃完饭，他和我们一一握手告别，还把我们送上汽车。汽车开远了，他还站在那里，望着他渐渐模糊的身影，我的心里是一阵感动，一片感慨，一声感叹……

2009年7月31日　星期五

今天，我们乘车离开花莲，继续沿着太平洋海岸往台北方向行驶。沿途我们贪婪地欣赏着太平洋沿岸的美景，因为我们知道可看的时间不多了，明天我们将离开宝岛，所以此时我们恨不得连眼睛都不眨一下，生怕错过沿途的任何一处景色。走一路，看一路，汽车慢慢驶入台北境内。

下午我们拜会了台北古堡中学。这是一所职业学校，听完校长的介绍，我们知道这所学校以棒球闻名，学校培养了许多著名的棒球选手，这是学校的骄傲。

学校还有一个特教班，是专门为那些特殊学生开办的。校长的一句话让我记忆犹新："不放弃就会有希望！"多么温暖的一句话啊！校长说学校把这里的每一个孩子都当成天使，不放弃任何一个学生。校长告诉我们，学校有一个学生刚开始并不是很好，但学校没有放弃他，给他鼓励和温暖，最终这个学生在三年内考到了四十几个证书，创造了一个奇迹。学校用自己的实际行动创造了爱的奇迹！这让同为教育工作者的我们深感震撼。校长在介绍时深情地说：每个星期四是他最为温馨的时刻，因为每个星期的这一天，这些特殊的学生就会做小点心给他吃，虽然这些点心的形状并不好看，味道也并不鲜美，但校长说这是他最爱吃的点心。

该学校除了在特殊教育方面卓有成效外，还非常重视品德方面的教育。学校设立专门的老师给学生进行心理辅导。在学生遇到问题时拉他们一把，给他们鼓励，让他们重拾信心。校长还亲自找这些学生谈话，深入了解学生的内心，帮他们分析问题、解决问题，给他们实实在在的帮助。除了通过学校的力量去帮助这些学生外，学校还非常重视和家长的沟通和联系。学校和家长共同努力来帮助学生，使他们得到发展和进步。

晚上，我们到台北西门町的夜市逛了一圈。夜晚的西门町很热闹，这里是年轻人的集聚之处，电影院、服饰店、小吃店比比皆是。我们漫步街头，随着熙熙攘攘的人群，一路感受着这热闹非凡的夜晚。

2009年8月1日　　星期六

今天我们将离开台湾。一大早，我们坐上巴士，开往机场。当飞机腾空而起的一刹那，我在心中默默地说着："再见，台湾！"

江宁之行

　　昨天，我们一行10人参观了江宁实验小学和科学园小学。记得2008年去上海参加骨干教师培训，让我看到了上海校园的精致，感受到上海教育的先进。昨天的江宁之行，虽然只是短短的一瞥，但也让我们感受到了那一瞥的惊鸿！

　　首先是坐在车上就听到了大广播里传来的那一阵阵孩子们童稚的声音，让我们远远地就能感受到校园里的热情！下了车，看到了操场上人山人海，孩子们在舞台上载歌载舞，家长们在舞台下拍照摄影，老师们在舞台边组织调动，好一派热闹非凡的景象！看到此情此景，我不禁暗暗佩服这所学校的校长！十岁，是人生中多么值得纪念和回忆的时光啊，而这所学校的校长，抓住了人生这重要的时刻"大做文章"，不仅给孩子，也给家长留下深刻的印象，留下一份美好的回忆与祝福！这才是送给孩子成长的一份特殊的大礼！可见，这所学校的校长是多么用心！教育就应该关注教育本身的东西，这才是真正的教育！

　　接下来，我们参观了校园。校园里的每一个角落，每一条标语，每一处细节，都让我们感受到教育者的用心良苦。特别是柱子上的一首首耳熟能详的古诗词，让我这个语文老师激动不已！这样，孩子们在游戏时，在漫步时，在聊天时，不经意间，就能够和这些经典诗词亲密接触。久而久之，这些经典也就深深地刻在孩子们的心里，进而会影响着他们的一生！读千古诗词，做谦谦君子，中华民族留下来的这些优秀的文化，我们作为教育工作者，有什么理由不让它传承和发扬呢！

　　虽然没有和他们学校的老师近距离接触，但学校里的每一张纸片，校园里的每一处设计，包括每一栋教学楼的名称，都在静静地向我们诉说了什么是真正的教育。且行且思，看到眼前的一切，一个一直萦绕在我脑海的问题再一次浮现出来：什么才是真正的教育？我们的教育管理者，我们的老师，应该怎样去做，我们的老师很忙，我们的教育管理者也很忙，但我们都在忙些什么？我们真正为孩子们做了些什么？"一切为了孩子，为了孩子的一切"，这样的一句口号，我们何时才能落到实处？哎，可能有些想远了吧，不去想其他的，我想作为一名老师，我能做的就是在我的课堂上真正为了孩子的发展，精心上好每一节课，关注每一个孩子的成长，至少在我的课堂上做到"一切为了孩子，为了孩子的一切"。

　　教育是一个永恒的话题，教育是个神圣的使命，教育是我们每一个教育者的责任！

嘉兴学科带头人培训随笔

2017 年 10 月 25 日　　星期三

今天是培训的第一天。早上先是举行了一个简短的开班仪式，教育局李科长和彦书记分别做了讲话，接着我们就坐车来到各自的跟岗学校。

一段车程之后，杭州师范大学附属嘉兴经开实验小学呈现在我们眼前。在蓝天白云的映衬下，经开实验小学的校园显得格外宁静、美丽。校园的地面、走廊、墙壁、种植园，每一个角落都体现了以学生为本的育人宗旨。下课了，学生在葱郁的树木间流连嬉戏，在宽阔的操场上追逐奔跑。笑声、打闹声汇成了校园里最美的旋律。

接下来，我们一行在经开实验小学的会议室举行了见面会。首先是吴校长给我们简单地介绍了学校的历史变革、办学理念以及一些特色的活动，让我们对跟岗学校有一个初步的认识，然后我们又分别和自己的学科导师进行了交流。

希望这十天的学习能够不虚此行。

下午是分学科进行活动。语文组教师聆听了教学校长莫校长关于校本教研的讲座。

莫校长从校本教研的形式、校本教研的展示以及校本教研的成效三个方面来介绍学校在校本教研方面所做的努力。

经开实验小学的教研活动形式主要有会诊式教研活动和微团队教研活动。校本教研的展示主要有市区级教学研讨、青年教师基本功比武、师徒结对汇报课、新教师展示课、骨干教师引领课等。长期的坚持，学校形成了自己团队研修的模式。

细听下来，仔细回味，一方面羡慕该小学拥有一个年轻有活力的教师队伍，感叹浙江教育的先进；另一方面，我也在思考我们的校本教研。其实，莫校长所介绍的，我们学校也正在做，或者曾经做过，但相比之下，我们缺少的是坚守，缺少的是系统性，缺少的是执着……

这么多年，我们一直在喊校本教研，一直要抓校本教研。但我想说，校本教研，想说爱你不容易！

真心地希望，我们的校本教研也能像经开实验小学的校本教研一样，扎实、踏实、丰富、朴实，真正地为教师的成长提供一片沃土。

2017 年 10 月 26 日　　星期四

今天上午参加了学校体育组的微团队教研活动。先是由两位年轻教师上了观摩课，然后进行组内评课研讨。

第一节课是由去年毕业的陈钟琦执教的《多种形式的跳跃》，第二节课是由今年刚毕业的叶安老师执教的《武术基本动作》。对于体育，我是一个外行，只是跟着看看热闹。场上的孩子们随着老师的口令，奔跑跳跃，一招一式都有模有样，可见教师平时课堂的规范有序。看着孩子们雀跃奔跑的样子，听着他们发出的一串串银铃般的笑声，我的心情也愉悦起来，跟着体育老师的指令，也兴致盎然地做着各种动作。

两节课后，我们来到会议室，参加他们的微团队教研活动。体育组的7名成员悉数上场。首先由两位上课教师进行课后反思，接下来体育组的其他成员依次亮相，评课研讨。看着这一个个上台的年轻教师，真是让我们艳羡不已啊！一个个小伙，高大威猛，侃侃而谈，他们都有自己的专长和技能，真是文武兼备啊！

今天的体育教研，让我赏心悦目，真心不错哦！

下午参加了学校四年级语文组的微团队教研活动。首先是两节观摩课，分别是由还有七年就要退休的老教师执教的《搭石》和只有四年教龄的年轻教师执教的《母鸡》。随后就是评课议课环节。

两节课风格不同。老教师的课堂沉稳恬淡，如行云流水，春风拂面；年轻教师的课堂活力朝气，不拘一格而又训练有素。

两节课听下来，既有收获，又有思索。

2017 年 10 月 27 日　　星期五

今天上午参加了经开实验小学槜李校区的一年级家长开放日活动。早上我们一行打车来到槜里校区。槜里校区是经开实验小学的一个分校，校区面积不大，但校园简朴整洁。

简单地跟学校的领导和老师交流之后，我进入102班，听了莫校长执教的《大小多少》。教室里早已挤满了听课的家长和老师们。莫校长课堂驾驭轻松自如，既亲切温柔又富有激情。整堂课设计层层递进，语言训练点落实到位，是一节扎实的富有"语文味"的语文课。第二节课我听了101班语文老师执教的《四季》。听着孩子们有趣的发言，课堂上不时地传来家长的一阵阵笑声。

中午，我们又匆匆地赶到花园校区，准备着下午的活动。

唉！每天中午一点就开始工作，真的不习惯哦！

下午观摩了经开区"嘉兴好家风"主题演讲活动。

走进礼堂，选手们化妆、背词，做着赛前的准备。小记者们也不闲着，拿着话筒，忙着采访选手、观摩的家长、老师以及评委们。礼堂里笼罩着一派赛前繁忙而紧张的气氛。

随着音乐声的响起，主持人走上台来，宣布比赛的开始。小选手们依次上台演讲。他们个个声情并茂，绘声绘色。选手们有的慷慨激昂，有的娓娓道来，还有的深情款款，甚至还有伴舞助兴的，真是精彩纷呈。

其中让我印象最深的就是那个身穿绿军装的小姑娘的演讲。她的爸爸是一位驻守边疆的军人，她在演讲中讲述了爸爸对她的言传身教，更表达了对爸爸的思念，讲到情深处甚至哽咽不能语，引得我也被感染得眼眶湿润。

2017年10月29日　星期日

今天是周日，但我们仍然处于学习状态。上午我们听了海宁市文苑小学张建光校长的"创想无界　智造未来——基于核心素养的'创想课程'设计与实施"讲座。

张校长从"创想课程"的设计哲学、总体目标、结构框架、实施路径、资源保障、阶段成果等方面介绍了学校在"创想课程"中所做的努力。学校的很多做法让我们眼前一亮，比如开学初的入学礼、成长护照、成长树等，让我们感受到学校在育人方面的精心和用心。学校围绕"培养完全人格的现代人"这个育人目标所建立的一系列的"创想课程"，让我们感受到他们的思考与探索。他们的做法，有很多我们也零零星星地在做，但缺少他们的系统性和理论的支撑。

下午，嘉兴教育学院陆勤主任为我们做了一个有关校本教研的讲座并分享她在香港一年的工作经历。

一天下来，满满当当，头脑里塞了很多东西，留到后面慢慢咀嚼消化吧！

2017年10月30日　　星期一

今天上午在经开实验小学听了两场讲座。第一场是莫校长讲的《课程引领发展》。莫校长详细地介绍了经开实验小学的"经开乐娃"课程体系。"经开乐娃"课程分为三大板块——学生课程、教师课程、家长课程。学生课程又分为"乐善、乐学、乐健、乐艺"四个课程群。"经开乐娃"课程体系将学校的德育、智育、体育、艺术教育、教师发展、家长成长，都融入一个统一的办学目标中。

反观我们的工作，学校的德育、教学等工作，很多事情都在做，但目前处于零打碎敲的阶段，比较随性，缺乏一个总体目标，没有一个统领的主题。而浙江的学校，已经把学校的所有工作进行了整合、提炼，上升到课程建设的高度，形成了具有自己学校特色的品牌文化。

课程建设——正在不远处向我们招手！

第二场讲座是经开实验小学教科室主任做的题为《我们的教科研》讲座。他们把很多先进的教学技术引入课堂，比如TBL模式下的智慧课堂、教学App的运用等，光是这些名词已经让我闻所未闻了，更别说在课堂上运用了。看来，科技不仅改变了生活，也影响了我们的课堂。科技，让教师更加轻松，让课堂更加高效。

"窥斑见豹"，浙江的教育既有理论的提炼，又有实践的落实，可谓精彩纷呈、内涵丰富，让我这只跳出井口的小青蛙，眼花缭乱，目不暇接。

下午观摩了经开实验小学的走班制选课上课拓展课程活动。有点类似我们的学校少年宫活动，只是比少年宫活动内容更丰富，涵盖面更广。

下午两节课的时间，全校学生根据自己的兴趣爱好，来到不同的班级，参加活动。师资这块大部分是本校教师，也有外聘力量。我粗略地看了一下，有奥数、古诗文、书法、架子鼓、古筝、小提琴、剪纸等课程。

学生在教师的组织指导下，有条不紊地进行着自己喜欢的活动，真正做到因材施教，培养学生的特长，发展学生的个性。学校在用课程践行着他们的办学理念：让每一个儿童健康快乐地成长！

2017年10月31日　星期二

上午听了花园校区家长开放日的语文课和音乐课。执教《小小的船》的年轻女教师吴侬软语，那江南水乡女子特有的温柔可人，让人印象深刻。随文识字的教学很有特点。音乐课的小伙子，专业素养高，教学组织能力强，课堂活泼有序。

下午听取了德育朱校长的《乐伴智长：家长成长课程的开发》讲座。父母是孩子的第一任教师，如果让家长积极地参与到孩子的教育中，家校携手，会让教育工作事半功倍。

2017年11月1日　星期三

今天上午听了两节绘本研究课例，参加了他们的课题研讨活动。一节数学《五进制》，一节语文《逃家小兔》。对于绘本教学，我研究得不多。我想，对于语文教学，通过绘本，让孩子喜欢读书，发挥他们的想象，训练他们的语言，就达到了语文教学的目的了。

2017年11月3日　星期五

两天四场讲座，不断地进行着头脑的风暴。四场讲座基本围绕教育科研、教师的专业发展这两大主题展开。

今天下午陶李刚教授的很多话让我记忆深刻，比如说"教育是人与人心灵上最微妙的接触""好的教师，让学生至少还有梦"，教授在诙谐幽默中对教育现象与本质的分析触动我的心灵。

十天的学科带头人培训，一路风景，一路收获。希望这十天的学习，能够使自己在繁忙的工作之余，让脚步慢下来，让心灵静下来……

第二篇章　课堂教学

　　"一花独放不是春，百花齐放春满园。"这是我一直以来所追求的课堂教学的理想场景。我们的课堂应该是"百花齐放"的，应该是充满"生命活力"的。"这里没有枯燥，这里没有束缚。打开心灵的窗户，张开想象的翅膀。我们可自由翱翔，我们能尽情歌唱。这就是课堂，美丽的课堂。"课堂教学，给了我一双翅膀，让我带领着孩子们在文字间自由翱翔。揣摩词句，感受文字的艺术之美；理解文本，开启学生的思维之门。课堂上，我引领着孩子们在语言中驻足、欣赏；在文字间流连、徜徉……

诗 歌 教 学 篇

《昨天,这儿是一座村庄》教学设计

【教材分析】

《昨天，这儿是一座村庄》是一首叙事性诗歌，以深圳经济特区这样一个"小村庄"作为中国大社会的缩影，通过村庄昨天与今天的对比，讴歌了改革开放以来我国经济、城市建设、人民生活发生的翻天覆地的变化，抒发了诗人对中国改革开放所取得的成就的赞叹之情。

【教学目标】

1. 能有感情地朗读诗歌。

2. 感受诗歌优美的语言。了解深圳经济特区的巨大变化和祖国建设事业的飞速发展，激发学生对祖国的热爱之情。

【教学重难点】

能有感情地朗读诗歌。

【教学准备】

多媒体，录音磁带。

【课时安排】

一课时。

【教学设计】

一、导入新课

今天这堂课我们来开一个诗歌朗诵会，歌颂我们的祖国。诗歌朗诵会的第一个节目是领诵、齐诵诗歌——《昨天，这儿是一座村庄》。接下来，我们先来一起欣赏这首诗吧！

二、请大家自由小声读诗歌

思考：读了这首诗歌你知道了什么？

三、下面请大家选择自己喜欢的方式来朗读诗歌

1. 自己大声地朗读诗歌。

2. 和小伙伴合作朗读诗歌。（学生自由读诗）

四、你最喜欢哪小节就读哪小节

请学生站起来朗读自己喜欢的小节。教师在读中给予指导。（朗读语速的快慢、声音的抑扬顿挫等）

五、学生竞争领诵的角色

1. 大屏幕出示三段领诵的段落，请学生朗读。

2. 学生评价。

3. 配乐朗诵诗歌。

六、学生看深圳风貌的图片

师：你们朗诵得真是太好了。听了朗诵，大家是不是想亲眼去看看这座美丽的城市呢？下面我们就一起来看看深圳的图片，感受一下如今深圳的风貌。

（大屏播放图片）

七、贴对联，表达情感

师：如今的深圳真是太美了！我们中国有一个传统习俗，就是每当到了过年或喜庆的日子时，用贴对联来表达自己喜悦的心情。如今的深圳高速发展，那么在这个喜庆的日子里，我们也一起来为改革开放后的深圳题写一副对联，表达我们的喜悦之情，好吗？

（教师出上联，学生对下联及横批。师：上联——昨天贫穷落后，生：下联——今天繁荣富强，横批——改革开放）

（学生说，教师把事先题写好的大红对联贴在板书的位置上）

八、学生看祖国山河和城市的录像

师：改革开放不仅使深圳崛起，也使祖国处处焕发出青春的风采。我们共同拥有这样一个可爱的祖国，她山川秀丽，地大物博；她历史悠久，源远流长；她欣欣向荣，日新月异！万里长城，黄河长江是她的骄傲；深圳崛起，开发浦东，是她的自豪！现在，就让我们一起来看一段录像，来感受我们祖国的美丽与繁荣吧！

（大屏播放录像）

九、学生试着自己写诗

师：下面我们就拿起手中的笔，试着自己写一首诗歌来歌颂我们伟大的祖国。

（学生可以用老师提供的格式来写，也可以自由创作）

1. 学生写诗。

2. 学生读诗。

师：《歌颂祖国》诗歌朗诵会现在开始！请同学们上讲台朗诵自己创作的诗歌。

十、每人给祖国写一句话

师：面对祖国，我们有着诵不完的诗；面对祖国，我们有着说不完的话。下面我们就把自己最想对祖国说的一句话，写在课前老师发给你们的小红花上，写好后贴到黑板上对联的四周。

（学生写话，然后自由在黑板上贴小红花）

十一、教师激情总结

师：春花烂漫，春光无限。华夏大地荡起阵阵春潮，古老的神州掀开万紫千红崭新的篇章。让我们满怀憧憬，让我们深情祝愿："祖国，明天您将更加美好！"（配乐《春天的故事》，最后一句全班齐诵，结束新课）

（本课例 2002 年被评为马鞍山市精品课）

《童年的水墨画》教学设计

【教材分析】

《童年的水墨画》是统编版小学语文三年级下册第六单元的一篇精读课文，也是一组儿童诗，摄取了一组儿童生活的镜头，表现了孩子们童年生活的快乐。儿童诗篇幅不长，语言精练，留有许多空间可供学生展开想象的翅膀。虽是写儿童嬉闹的场面，但诗句中却并未直接写儿童，需要学生细细读，慢慢赏，去发现诗中妙趣，走进诗的意境，真正产生心灵上的共鸣。

《溪边》一钓鱼的孩子，那样快乐，静静的溪水映着爱美的柳树、映着钓鱼孩子的倒影，静静的钓鱼竿立着红蜻蜓，仿佛空气都停止了流动，似乎大家都怕鱼受惊，而鱼上钩的一刹那，这种静立刻被打破了，溪水动了，人影碎了，鱼跃人欢，寥寥几句，勾勒出一个现代垂钓儿童的形象。《江上》一戏水的孩子，那样的调皮，一群孩子像鸭子一样跳入水中，在水里互相你泼我溅地嬉戏，就在这嬉戏中，一个孩子钻入水中，不见了，突然一阵水花，他出现了，调皮地笑着，露出两对小虎牙。一群孩子的嬉戏和一个孩子的特写，给人以鲜明的形象感。《林中》孩子们戴着斗笠，冒着毛毛细雨，在林中采蘑菇。蘑菇很多，星罗棋布，人影绰绰，布满林中，惊喜的叫声，收获的喜悦，响彻松林。这首诗里洋溢着浓浓的现代气息，现代儿童生活得更加幸福，或呼朋唤友钓鱼、游泳、采蘑菇，时时享受着童年生活的快乐。读着它，那孩子嘴边的笑意，那阵阵快乐的笑声，仿佛就在眼前闪烁着，就在耳边充盈着。

【教学目标】

1. 整体感知三首小诗所描绘的画面，正确书写"染""碎""竿"等字。

2. 发现三首小诗写法上的相似之处。同时借助想象感受三首小诗所共有的有声有色、有动有静的画面之美。

3. 学会多种方法理解"人影给溪水染绿了""草地上蹦跳着鱼儿和笑声"等词句的意思。感受儿童的天真与快乐，并能通过朗读表达出来。

4. 背诵《溪边》，练习用自己的话描述在溪边看到了怎样的画面。

【教学重难点】

引导学生使用多种方式理解词句，借助想象体会有声有色、有动有静的画面之美，感受儿童的天真与快乐，并练习用自己的话描述看到的画面。

【教学准备】

教师：搜集图片，制作课件。

学生：预习诗歌。

教学时间：两课时。

第一课时

一、单元引入，了解要素

大家看课文第71页，我们来看看单元导语。在童年的百花园里，我们看到了真善美。在本单元中，我们要学习"运用多种方法理解难懂的句子"和"写一个身边的人，尝试写出他的特点"。接下来，我们就走进本单元的第一篇课文。

二、欣赏图画，导入新课

1. 我们一起来欣赏几幅画。这幅就是中国的水墨画。认读"墨"。

2. 水墨画就是经过调配水和墨的比例所画出的画，是绘画的一种形式，被视为中国传统绘画，也就是国画的代表，也称国画、中国画。

3. 美好的童年就如一幅幅水墨画，或浓或淡，意境优美，今天我们就来一起读一读著名儿童文学家张继楼的诗歌——《童年的水墨画》。

三、读诗寻画，明确主题

1. 接下来就请大家自由地朗读三首小诗，读准字音，读通诗句。

2. 词语学习，纠正发音。

3. 再读读这三首小诗，思考：

①诗中的孩子们都在干什么？

②同学们真会读书，那请大家再观察一下这三首诗的题目，你有什么发现？你能再加上一个词语，概括一下每首诗的内容吗？

4. 认识"组诗"：

溪边垂钓、江上戏水、林中采蘑菇都是童年快乐生活的场景，这三首诗都是同一个主题，我们称它们为组诗。

四、读诗赏画，感悟童趣

师过渡：现在，让我们走进《溪边》这幅水墨画小诗，去感受里面的画面吧！

（一）赏色彩

赏绿色。

1.《溪边》这首诗中藏着这样一个字，出示篆书"染"字，你能猜出来这是什么字吗？中国的汉字就像一幅水墨画，老师看到这个字，眼前仿佛出现了潺潺的流水，成荫的绿树。我们来看看这个字的解释。

2. 出示"染"微课。了解了字义，我们再来看看字形。出示田字格中的"染"字。学生观察字形结构，指导学生书写。

师：我们来写一个"染"字。（示范写后请小朋友们在自己的作业本上写一写）

3. 通过刚才对字义的了解，我们知道"染"字主要和颜色相关联，那么在这首小诗中，被染成了什么颜色？请大家默读小诗，把诗中绿色的景物圈出来。

（垂柳、溪水、人影、草地）

4. 师：在这些绿色中，哪些本来就是绿的？哪些是被染绿的？（原本绿色的是垂柳和草地，被染绿的是溪水和人影）

5. "人影给溪水染绿了"，你能给这句话换个说法吗？（出示填空）

6. 师：人影怎么会给溪水染绿了？我不理解这句话，你能给老师解释一下吗？

师：瞧，同学们用联系上下文的方式理解了这个难懂的句子。（板书：联系上下文）

7. 师：你们看，（出示图片"山溪图"）这满眼绿色的世界，真是太美啦！（学生欣赏图片）

8. 我们再来看看这个"染"字，你的眼前出现了一幅怎样的画面？（先同桌交流，然后喊同学汇报）

9. 师总结：刚才大家用想象画面的方法，理解了这几句话的意思。（板书：想象画面）

赏红色。

1. 师：同学们，在这绿色的世界里，还有没有其他颜色呢？

2. 是呀，这真是"万绿丛中一点红"呀，你喜欢这一点红吗？为什么喜欢？

3. 如果你就是画中的红蜻蜓，你在想什么、做什么呢？

4. 师：嗯，我们的画也因它而鲜活起来了！这色彩可真美，让我们一起读读这四句话，读出这种"万绿丛中一点红"的美丽画面。（学生齐读全诗）

（二）赏童乐

1. 这幅水墨画中除了有"垂柳、山溪、红蜻蜓"，还有人，大家仔细读一读第五行和第六行，读完后告诉老师，你读懂了什么，还有哪些不懂的地方。

2. 学生读完后交流。师总结：你们用了联系生活的方法理解了这句话的意思。（板书：联系生活）

3. 齐读这两句话，读后问：你仿佛看到了什么？感受到了什么？说一说。

4. 请你来表演一下这个钓鱼的孩子。

5. "真高兴啊！"你能读出这种高兴的心情吗？学生齐读这两句。

（三）赏变化

1. 你们有没有发现，这幅画不仅景美、人欢，还是一幅富有变化的画？说说你的发现。

2. 请女生读安静的部分，男生读充满动感的部分，读出变化。

3. 师：同学们这么一读呀，这幅有声有色的画面才真的是活了（出示《溪边》水墨画）。拿起课本，注意朗读的姿势，我们一起读第一首小诗。（配图齐读）

五、拓展阅读，提升内涵

1. 这是一首现代的水墨儿童诗，其实古人也喜欢写水墨诗。比如，我们很熟悉的清代诗人高鼎的——《村居》。（课件出示）

村　居

清·高鼎

草长莺飞二月天，拂堤杨柳醉春烟。

儿童散学归来早，忙趁东风放纸鸢。

2. 你们自己读读看，试着发现高鼎的水墨画诗和张继楼的水墨画诗，有什么相同的地方？

3. 预设：

生：题目都是两个字。

师：是的，很精练。

生：都是写儿童的。

师：你很会发现。

师：谁能从这两幅水墨画的画面上、色彩上仔细观察比较呢！

生：这两幅画都是以绿色为主的。

生：也都有景和人。

师：同学们很会动脑筋，再看看，还有什么不同的地方？

生：孩子们玩的东西不一样。

师：怎么不一样了？

生：课文里的小孩子是在钓鱼，这里的小孩子是在放风筝。

4. 你还知道哪些描写儿童生活的古诗？

5. 不管是古人还是现代人，在诗中都想表达一个意思，那就是童年的快乐。（板书：童年的快乐）

六、仿写练笔，记录童趣

1. 学习了这首小诗，大家能仿照课文，记录下你的童年趣事吗？

回忆一下我们的生活场景。

操场上：阳光体育活动，跳绳、打球、跑步……

树荫下：读书、下棋、做游戏……

田野里：放风筝、捉蟋蟀、捕蝴蝶……

老师也模仿这首小诗，写了一首，大家看看。

树　　下

树儿撑开绿色的大伞，

小胖墩在树下认真地读书。

蝴蝶立在红色的小花上，

静静地聆听着。

一阵风轻轻吹来，

树叶纷纷探出了小脑袋，

也凑过来看书啦!

2. 学生在学习单上练写小诗。

3. 展示学生的作品。

【课后反思】

《童年的水墨画》是一篇浸润中国画技法的组诗。我在教学时切入水墨技法揭题并简介组诗之后迅速转向第一首小诗《溪边》的学习。《溪边》的教学紧紧扣住一个字——"染",以此引导学生展开教学。首先聚焦"染"字的写法,让学生理解这个字的动态之美,告诉孩子,这个字跟颜色是绝配。接着提取本课"染"的主色调——"绿",引导学生感受垂柳、溪水、人影、草地等都是绿的;进而让学生区分哪些本来就是绿的,哪些是染绿的,再让学生看篆书的"染"字,进行想象,激发了孩子的学习兴趣。当绿色被一层层提取出来后,朗读紧跟其后,孩子们读得更欢了,好似看见了眼前不同的绿色的画卷。

其次跳出"染"的辅色调:在"万绿丛中有一点红",让学生聚焦那只红蜻蜓。教学内容的跳跃生成了课堂的节奏,在图片的渲染下,孩子们入情入境地诵读,文境和课境得到了很好的融合。

后面拓展引入清代高鼎的《村居》以及古人描写儿童的诗歌,让学生诵读,再仿写小诗。

总体来说,整堂课完成了既定的教学计划,但由于前面用时有些多,导致后面仿写小诗环节比较仓促,有些走过场了。

（本课例是2022年5月校级公开课展示课例）

《假如》教学设计

【教材分析】

《假如》是一首清新感人的儿童诗。小作者借马良的神笔，表达了对小树、小鸟、残疾人发自内心的关爱。这首小诗具有很强的感染力，适宜学生反复朗读。在朗读中引发共鸣，感受儿童纯真的心，产生关心他人、爱护环境的美好愿望，产生对美好事物的向往和追求。

【设计意图】

"诗化心灵"是润物细无声的过程，是净化学生心灵的过程。在教学中，我确立了"以读为主线"的思想。学生熟读成诵，感受着清新活泼的文字，想象着美好动人的图景，语言在不知不觉中积累，情感在潜移默化中生成。

【学生分析】

班里的大多数学生到二年级上学期已初步养成课前预习的学习习惯。通过初读课文，他们对课文的内容大意有了一个初步的了解，同时也产生了许多疑问。他们活泼好动、爱憎分明、积极思考，对问题敢于表达自己不同的看法。课上，教师为他们创设展示的机会，学生会毫不掩饰地流露出内心真实的情感，主动、大胆地参与朗读、讨论、交流。

【教学目标】

1. 通过自主学习，能够认读9个生字及词语。

2. 创设情境，正确、流利、有感情地朗读课文，背诵课文。

3. 在读书、感悟、体验中激发学生关心他人、关爱环境的愿望。

【教学重难点】

1. 认字、写字，有感情地朗读课文，激发学生关心他人的愿望。

2. 朗读诗歌时，注意诗歌的节奏性和诗歌情感的起伏变化。

3. 让学生也动手写一首小诗。

【教学时间】

两课时。

【教学准备】

多媒体课件。

【教学过程】

第二课时

一、复习导入，整体感知

1. 出示生字词，检查生字词的掌握情况。

2. 齐读全诗。

3. 通过前面的学习，我们知道，假如拥有一枝马良的神笔，文中的小朋友他有什么愿望呢？（指导学生把话说完整：他用马良的神笔画_____）

4. 师：你能把刚才三位小朋友说的话并成一句话来说吗？（他用马良的神笔画_____、_____和_____）

5. 从文章中我们可以看出小作者是个_____的孩子。

二、细读品味，静思感悟

（一）学习第一节

1. 师：我们每天生活在快乐与幸福中，但是世界上还有一些不幸需要我们去关爱，去帮助。（出示课件）你看，冬天到了，窗前的小树在呼呼的北风里，仿佛听到小树在说_____？

2. 师：是啊，小树在寒冷的北风里，缩着身子，轻轻叹息，让我们一起来读读这句话。（读出小树可怜的样子）

3. 师：谁愿意扮演缩着身子、轻轻叹息的小树？学生亲身体验：全体起立，在教师动情的朗读中，学生缩着身子，轻轻叹息。（在动作模拟中理解"缩"和"叹息"）

4. 角色转换，师生对话。

小树小树，你为什么缩着身子？

小树小树，你为什么轻轻叹息？（要是有一个红红的太阳，就好了）

小树小树，现在你最需要的是什么？（阳光、温暖、帮助、关心）

5. 师：是啊，小树多么需要帮助啊！所以我们课文里的小朋友对小树说了什么？

学生齐读：我要给窗前的小树画一个红红的太阳。

6. 比较句子：

我要给小树画一个太阳，让小树也能成长。

我要给窗前的小树画个红红的太阳，让小树在冬天也能快活地成长。

7. 师：那是一个多么有爱心的孩子呀！

8. 师：谁还愿意来读读这句呢？

9. 师：让我们快乐地读一读小女孩和我们的美好心愿吧！（齐读第一节）

（二）学习第二节

1. 出示课件，枝头小鸟嗷嗷待哺，配小鸟哭泣声。

师：再看，鸟妈妈到遥远的地方去寻找食物，鸟宝宝们呆在家里，饿得哇哇直哭，看到这些，你们的心中有什么感受呢？

2. 师：谁能把对它们的同情通过朗读来表达出来呢？（大屏出示句子：小鸟呆在家里苦苦等待，饿得哭泣）

师引导：小鸟在苦苦等待什么？鸟妈妈到哪去了呢？

3. 善良的小女孩用马良的神笔给小鸟画什么呢？生：谷粒。（大屏出示诗句）

4. 比较句子：

我要给小鸟画许多谷粒。

我要给树上的小鸟画许多好吃的谷粒。

师：小作者怜惜小动物，说明小作者很有爱心。

师：有了这些好吃的谷粒，鸟妈妈和小鸟心中有何感受？

生：高兴、喜悦。

师：那就让我们用同样高兴的心情读好这句话。

（三）学习第三节

1. 出示课件，句子：他再也不会只坐在屋里，望着窗外的小树和飞燕。

2. 小诗人又是怎样帮助不幸的朋友西西呢？

3. 有了健康的腿，西西就能和我们一起在操场上奔跑，在草地上游戏。西西还能和我们一起干什么？西西就能和我们一起_____，一起_____。（学生填空）

4. 师：老师听出来了，你们也非常关心西西，把我们的关爱带到课文里读一读。（齐读）

5. 假如西西真的恢复了健康，他会对小作者说什么呢？

三、自主积累，提升情感

1. 小女孩真是个有爱心的孩子。她不但给窗前的小树画了个红红的太阳，给树上的小鸟画了许多好吃的谷粒，还给西西画了一双好腿。这三个愿望是多么美好啊！

2. 指导朗读：

（1）假如我有一枝马良的神笔。

这句话在这首诗中出现了四次，可以按下面的提示指导学生朗读。

读第一次时，起音舒缓一些，停顿长一点，造成一定的悬念。读第二次时，语速加快，形成一种关注下面事物的急切心情。

读第三次时，重读"马良的神笔"。强调"马良的神笔"，意思是下面讲的事更重要。

读第四次时，声音由重到轻，语速由快到慢。

（2）"画一个红红的太阳""画许多好吃的谷粒""画一双好腿"，读这些语句时，感情也不一样。第一个是兴奋，第二个是喜悦，第三个是沉重。

（齐读全诗）

3. 你最喜欢哪个愿望就背下来，好吗？

4. 学生自由背诵。

5. 师：谁来背给大家听？（指名背诵，每个愿望请一个孩子）

6. 现在我们能不能把三个愿望连起来背一背？老师给你们配上好听的音乐。（配乐背诵）

7. 小女孩的愿望只有这三个吗？你从哪里看出来的？（文末的省略号）

四、拓展想象，读写结合

1. 是啊，生活中需要我们帮助的还有很多很多，一个有爱心的人，随时随地都会想着去帮助别人。假如你有一枝马良的神笔，你想拿它来实现什么愿望呢？

2. 出示课件，提供拓展想象的图片：熊猫、森林、污水、灾区、战争……（学生可以根据图片内容说，也可以自由想象说）

3. 大屏出示：假如我有一枝马良的神笔，我要给_____，画_____。

4. 师：多么美好的愿望，多么动人的诗歌啊！你们真是一个个小诗人！请把你的美好心愿写下来吧！

播放《爱的奉献》作为背景音乐，学生写小诗。

5. 学生朗读自己的小诗。

6. 师（结束语）：孩子们，虽然我们手中没有这么一枝马良的神笔，但是我们可以用我们的双手为那些需要帮助的人做很多事情，只要人人都献出一点爱，我们的生活将会变得更加美好！这堂课在这动听的音乐声中即将结束，但是希望人们相互之间的关心和爱能永远延续。

【板书设计】

     画太阳 让小树成长

假如   画谷粒 让小鸟吃饱

（有神笔） 画好腿 让西西奔跑

      ……

     帮助别人

（2014年12月花山区李翠霞语文教育名师工作室主持人展示课）

《闻官军收河南河北》教学设计

【教材分析】

《闻官军收河南河北》是统编版五年级下册第四单元《古诗三首》中的第三首诗，被称为杜甫"生平第一首快诗"。安史之乱迫使诗人携家带口流连辗转，流落到四川梓州。多年的颠沛流离让诗人饱受战乱之苦，风雨漂泊的生活终于在胜利的喜讯中成为过去，共经患难的老妻少子终于可以过上安定祥和的日子，想起这些，诗人悲喜交加，欣喜若狂，喜极而泣，以轻快活泼、爽朗奔放的语言，写下了这首脍炙人口的诗篇。该诗语句通俗易懂如日常谈话，却又蕴含着深厚、强烈的爱国情感。在语言表达上该诗也没有堆砌的华丽辞藻，没有生僻难懂的典故，完全是深厚、强烈感情的自然流露。

【教学目标】

1. 正确、流利、有感情地朗读诗歌。

2. 让学生通过查阅有关杜甫的资料，了解他生活年代的情况，了解这首诗的写作背景，从而理解诗意。

3. 在朗读中感悟杜甫悲喜交加的复杂心态，想象诗中生动、传神的画面，从中感受到杜甫诗歌语言的遒劲刚健，思想的博大精深，从而培养学生学习古诗的兴趣，提高对诗歌的审美能力，增强民族自豪感。

【教学重点】

1. 诵读古诗，在品词析句中感受古诗的艺术魅力，提高欣赏水平。

2. 通过诗中人物动作、神态的描写，体会人物的内心情感。

【教学难点】

1. 诵读古诗，在品词析句中感受古诗的艺术魅力，提高欣赏水平。

2. 通过诗中人物的动作、神态的描写，体会人物的内心情感。

3. 尝试运用动作、语言、神态描写，表现人物的内心情感。

【教学时间】

一课时。

【教学过程】

任务一：揭题，知背景

1. 今天，我们要认识一位在中国诗坛上占据重要地位的伟大诗人，他与李白齐名，被称为"诗圣"，认识吗？（杜甫）你对大诗人杜甫了解多少？（学生介绍）

2. 了解背景，再次读题。

杜甫的一生写了许多诗，流传至今的有一千五百余首。他的诗宛如一面镜子，真实地反映了唐朝由盛转衰的社会现实。今天要学习他的《闻官军收河南河北》。这首诗的背后有一个重大的历史事件，那就是"安史之乱"，你知道这个事件吗？

①学生说。

②教师介绍。（出示课件音频介绍）

"安史之乱"让原本繁华安定的国家岌岌可危，也把诗人杜甫卷入了生活的最底层，开始了长达八年的逃难生活。八年之后，诗人在四川剑外听到了官军收复失地的胜利喜讯，于是挥笔写下了这首诗，齐读课题。

任务二：初读，读通顺

1. 自由朗读古诗，读准字音，读通句子。

2. 交流诗中难读的或者需要注意的字音。

师：本课中你认为哪些字音难读或者需要特别注意的，我们一起来交流一下。

3. 指导书写"涕""巫"。

师：本课要求写的"涕""巫"在书写时应注意什么？

4. 了解律诗。

这首《闻官军收河南河北》是一首七言律诗。七言律诗由八句组成，每句七个字，每两句为一联，共四联。

5. 齐读，读通顺。

七言律诗朗读的时候是有节奏的，一般来说后三个字是一组。全班按照律诗的节奏读一读。

任务三：再读，明诗意

1. 回顾学法。

同学们已经把诗句读通顺了，除了读通，还要读懂，回忆一下我们学习古诗，可以运用哪些方法来读懂诗意？（结合注释、查资料、看插图、结合上下文）

小结：看来过去的学习大家已经积累了许多好方法，今天我们就来运用这些方法来学习这首诗。

2. 运用方法理解意思。

再读古诗，看看自己运用了什么方法，理解了哪些意思，读懂了什么。

3. 质疑问难。

文中有哪些不理解的地方，交流。

4. 疏通诗意。

用自己的话，简要说说诗的意思。教师适时点拨。

任务四：品读，悟诗情

师：我们刚才初步了解了这首诗的意思，其实读诗呀，我们不仅要了解诗的意思，还要读到诗人的情感深处去。这首诗中哪一个词最能表达作者的情感？请大家静静地来读读这首诗，拿起笔来，圈一圈，画一画，品一品，看看从诗中的哪些地方可以表现诗人"喜欲狂"的心情？可以在边上作上批注。

（学生交流预设）

（一）感悟"喜极而泣"

1. 想象一下，杜甫此时可能会说些什么？

2. 是的，此时的杜甫是喜极而泣，泪流满面。其实，杜甫的诗里不止一次写过"泪"，我们来看看：

①出示《春望》：感时花溅泪，恨别鸟惊心。

"安史之乱"让国破家亡，本是百花盛开的春天，杜甫却对着花儿流泪，听到鸟的鸣叫也感到揪心，你们说，诗人的泪是怎样的泪？（国破家亡的泪；战火纷飞中流离失所的泪；是别离的人思乡的泪；深受战乱之苦痛苦的泪，仇恨的泪……）

②在多年的生离死别、颠沛流离之后，诗人终于听到了胜利的喜讯，"剑外忽传收蓟北，初闻涕泪满衣裳"。这又是怎样的"泪"呢？（这是喜悦的泪、激动的泪、感慨的泪……）

③是的，这泪里真是百感交集，五味杂陈。谁来读第一句话，读出百感交集。

（二）感悟"欣喜若狂"

1. 此时的杜甫真是欣喜若狂啊！"却看妻子愁何在"，那么，妻子和孩子们在此之前，他们都忧愁些什么？下面我们来看看八年战争给当时社会带来了怎样的影响？

①补充资料。（"安史之乱"社会现状资料视频）

②我们再来看看老百姓和杜甫一家过的是什么样的日子。

A. 补充诗句1：

布衾多年冷似铁，娇儿恶卧踏里裂。

床头屋漏无干处，雨脚如麻未断绝。

《茅屋为秋风所破歌》

读了这些诗句，你的眼前仿佛出现了怎样的画面？你知道诗人为何而"愁"了吗？

B. 补充诗句2：

存者且偷生，死者长已矣！

室中更无人，唯有乳下孙。

《石壕吏》

读了这几句诗，你又知道了什么？你想说些什么？

③现在这些忧愁苦难全部一扫而光，全家都沉浸在喜悦之中，谁来读读这两句话。（指名让学生有感情地朗读）

（三）感悟"忘乎所以"

1. 想一想，回乡的路上有什么相伴？

2. 此时的杜甫已经52岁，这在古代已经是很老很老的老人了，已经不适合喝酒放歌了，但此时的杜甫不仅思绪飞扬，还喝酒放歌，这真是喜到极致，喜不自胜了，请你来读一读。

（四）感悟"归心似箭"

1. 这两句诗里，你感受到了什么？

2. 从剑外到洛阳真的那么容易吗？真的那么方便吗？（课件出示诗人回乡路线图）诗人从四川剑外出发经过巴峡，然后经过重庆沿长江而下经过巫峡，一路长途跋涉来到洞庭湖边，经过汉口北上到达襄阳，最后再到洛阳。回乡之路可谓是跋山涉水、千里迢迢啊。

3. 可是在诗人的眼里，故乡、美景、洛阳就在眼前，就让我们读出诗人那种迫切，那种归心似箭的心情。（指名读）

（五）感悟"爱国之情"

1. 杜甫只是因为自己可以结束颠沛流离的生活，重返故乡而喜吗？他还为什么而喜？

2. 他为战乱平息，祖国重归统一而喜；他为老百姓不再流离失所，终于可以安居乐业而喜。在这"喜欲狂"里，饱含着他浓浓的爱国之情。

3. 我们一起再把古诗读一遍，读出垂暮之年的爱国诗人杜甫听到战乱平息后的那种喜悦，读出他内心对祖国的那份炽热情怀。（配乐）

①指名读。

②全班读。

任务五：想象，现画面

刚才我们通过朗读把诗人的情感表达了出来，我们读诗，除了读出情感，还要从文字当中读出画面，读出声音，现在你能通过想象，再现杜甫和家人这欣喜若狂的画面吗？请大家拿出学习单，试着写一写。

1. 学生小练笔。

2. 学生交流。

任务六：拓展，识诗心

国喜则家喜，国忧则家忧，我们的命运总是和国家的命运紧密相连。宋代诗人范仲淹在他的《岳阳楼记》中有这样一句话"先天下之忧而忧，后天下之乐而乐"，我希望同学们能够像他们一样，有着自己的责任和担当，为"中华民族伟大复兴"而读书。课下请同学们读读刚才课堂上老师提到的杜甫的其他诗歌，《春望》《石壕吏》《茅屋为秋风所破歌》，再次去感受杜甫的那颗爱国忧民之心。

【板书设计】

闻官军收河南河北

喜极而泣

欣喜若狂

喜   爱国之情

喜不自胜

归心似箭

（本课例是 2023 年 5 月校级公开课展示课例）

《田忌赛马》教学设计

【教材分析】

《田忌赛马》是人教版五年级的一篇课文，讲述的是战国时期齐国军事家孙膑帮助齐国大将田忌在和齐威王赛马时转败为胜的故事。这篇课文按照故事情节发展的顺序，以"赛马"为线索，生动地记叙了战国时期齐国大将田忌与齐威王赛马，孙膑仔细地观看比赛，巧用智谋，用相同的马调换一下出场顺序，就取得胜利，表现了孙膑的足智多谋。

【教学目标】

1. 理解课文内容，能用自己的话介绍两次赛马的经过。

2. 有感情地朗读课文3～12自然段；能积累课文中的词语。

3. 懂得在生活中要善于观察、思考。

【教学重点】

有感情地朗读课文，懂得在生活中要善于观察、思考。

【教学难点】

学生从孙膑献计中领会要善于观察、思考才能想出好主意的道理。

【课前准备】

小黑板。

【教学过程】

一、引入新课

同学们，今天我们继续学习《田忌赛马》。通过前面的学习，我们知道，在我国古代战国时期，有一个国家叫齐国，当时齐国的贵族很喜欢赛马，有一名大将叫田忌，他也特别喜欢赛马。

板书课题，齐读课题。

二、学习"两次赛马"部分

1. 找出两次赛马的段落。

（1）有谁知道本文写了田忌几次赛马？每次赛了几场？

（两次，每次三场）

（2）同学们打开书，快速浏览一下全文，看看课文哪几个自然段写的是第一次赛马？从哪儿到哪儿写的是第二次赛马？

学生快速浏览交流：

第一次赛马是第1、2自然段；第二次赛马是第13～17自然段。

2. 自学这两部分。

这两部分内容，相信大家通过自学和四人小组合作学习能学懂。大家有没有信心完成这个任务呢？

（1）出示学习要求：

①大家用自己喜欢的方式朗读两次赛马的过程。

②按下面的句式，自由说一说田忌两次赛马的经过。

第_____次赛马的时候，田忌先用_____对齐威王的_____，接着用_____对齐威王的_____，最后用_____对齐威王的_____，由于_____，所以田忌_____。

（2）学生自学，教师巡视指导。

（3）检查自学：

①指名一位同学当解说员为大家解说第一次赛马的情况，再请一位同学当记录员记录比赛的结果。（出示记录表格）

	第一次			第二次	
	田	齐		田	齐
（　）	上	上	（　）	下	上
（　）	中	中	（　）	上	中
（　）	下	下	（　）	中	下

比分：（　）：（　）　比分：（　）：（　）

②指名上台解说第二次赛马过程，记录员记录比赛结果。

③学生评议、交流。

三、质疑，推理

1. 启发质疑：

看了两次赛马，你觉得有什么奇怪的地方吗？

板书：初赛失败————→再赛胜利

2. 顺势提问：

同样的马，两次比赛的结果为什么不一样？

3. 默读课文，思考，划出有关的句子。

师（出示）：还是原来的马，只调换了一下出场顺序，就可以转败为胜。

（1）齐读这一句。

板书：调换顺序

（2）这个计策是谁想出来的？

板书：孙膑献计

（3）你能用一个词来夸夸孙膑吗？填空：孙膑真是_____！（神机妙算、足智多谋……）

四、学习"孙膑献计"部分

1. 这么好的主意，为什么田忌想不出来，齐威王也想不到，孙膑却想出来了？请大家带着这个问题，按四人小组分角色朗读第3～12自然段，可以互相提醒，揣摩人物的语气。

2. 四人小组练读、指名四人读、评价、全班齐读。

3. 为什么孙膑能想出这个好主意呢？在文中找一找有关句子，谈谈自己的感受。

预设：

①齐威王每个等级的马都比田忌的强。　　　（善于观察）

②齐威王的马比你的快不了多少呀……　　　（善于思考）

③齐威王正在得意扬扬地夸耀自己的马。　　　（知己知彼）

五、总结提升

1. 田忌赛马这件事使你受到了什么启发呢？

2. 学了这篇文章，我们认识了三个历史人物。现在请你来评价一下这三个历史人物吧！（可以选择其中一个来评价）

3. 你能用一个词语来形容一下课文中的这三个历史人物吗？

孙膑：（ ）

田忌：（ ）

齐威王：（ ）

4. 你想对孙膑、田忌、齐威王说一句什么话？

孙膑：_____

田忌：_____

齐威王：_____

【我的思考】

在这一课的设计中，我让学生当讲解员，解说两次赛马的过程，让学生四人一小组练读，包括后面的让学生对孙膑、田忌、齐威王说一句话等，都是强调了学生的主动性，充分挖掘学生的潜能，创造表现的机会让学生自己说，把握训练的兴奋点让学生自己练，拓宽思维的空间让学生自己想，营造富有人文气息的课堂氛围。

我在课堂上努力地创设一种和谐、平等、自由的课堂氛围，激发学生学习的热情，开发学生潜能，使学生在互动中获得新知。

自己在这节课的教学中，能够根据语文学科的特点及学生的实际情况来灵活组织教学，进行语言文字训练，引导学生理解课文。师生互动效果较好，但是还是有点越俎代庖，放得不够开，没有为学生提供足够的时空，扩大他们的参与面。

【板书设计】

初赛失败 ——→ 孙膑献策 ——→ 再赛胜利

（仔细观察 善于思考）

（2006年3月赴当涂新博中心小学送教下乡公开课）

《和时间赛跑》教学设计

【教材分析】

《和时间赛跑》是人教版小学语文三年级下册第四单元的一篇课文，是被誉为"当代散文八大家"之一的台湾作家林清玄所写的一篇清新淡雅的散文。本篇课文选编的意图在于通过作者的亲身经历，启示我们在成长的过程中，怎样去珍惜时间，使人生的每一天过得更加丰富，更有意义。

这篇文章主要讲了两层意思：一是作者从爸爸的谈话中、从太阳落山、鸟儿的飞行中，明白了为什么要珍惜时间；二是从作者和时间赛跑的经历中体会到怎样珍惜时间。作者慧眼独具地抓住了生活中不经意的时间流逝问题，以祖母去世，作者哀痛万分，通过父母对作者的启示和作者的切身感受，把时间变成了可以觉察到、并在行动中可以抓得住的东西，从而点明了中心，使人们认识到：所有时间里的事物，都永远不会回来了，但是假若你一直和时间赛跑，你就会获得成功。这是一篇教育学生珍惜时间的好文章。

【设计理念】

让独特的情思与语言共生。

阅读是学生个性化行为。学生阅读文本后获得的独特的言语是他们独特的感受、独特的情思与独特的语言同构共生的产物。加强言语独特性的培养，既要引导学生对文本、对生活产生独特的视角，提高他们感受言语、感受生活、认识生活的能力，又要引导学生以独特的学习方式，对文本、对生活、对心灵进行自由的剖析和描述，以使他们的言语流光溢彩、五彩缤纷，还要使他们在语言与精神的和谐同构中张扬个性，完善人格。

【教学目标】

1. 学会10个生字，正确读写"忧伤、哀痛、持续、安慰、日月如梭、狂奔、受益无穷、假若"等词语。

2. 有感情地朗读课文，初步把握文章的主要内容，体会珍惜时间的意义，形成珍惜时间的价值观念和情感态度。

3. 联系上下文和生活经验，理解重点词句的意思。

4. 通过多层次的"读"让学生在读中感悟、思考，以"读"体会作者情感随时间流逝而发生的变化。

5. 搜集、积累有关珍惜时间的名言、谚语。

【教学重难点】

重点：

1. 课文启示人们：虽然"光阴似箭，日月如梭"，"所有时间里的事物，都永远不会回来了"，但是"假若你一直和时间赛跑，你就可以成功"。让学生从学习中获得这一启示，引导学生对这一问题有所感悟是本文学习的重点。

2. 通过多层次的"读"让学生在读中感悟、思考，以"读"体会作者情感随时间流逝而发生的变化。

难点：由于时间观念比较抽象，小学生的时间观念比较模糊，因此，要感受珍惜时间的意义，是本文学习的难点。

【教学准备】

教师：重点语句和珍惜时间名人名言的课件。

学生：收集珍惜时间的名人名言，身边珍惜时间的人物和事例。

【教学时间】

两课时。

【教学过程】

第二课时

【教学目标】

1. 有感情地朗读课文，把握文章的主要内容，体会时间的意义，形成珍惜时间的价值观念和情感态度。

2. 联系上下文和生活经验，理解重点词句的意思。

【教学重点】

"假若你一直和时间赛跑，你就可以成功。"引导学生对这一问题有所感悟是本课学习的重点。

【教学难点】

感受珍惜时间的意义是本课学习的难点。

一、导入

今天我们继续学习《和时间赛跑》，看老师板书课题。

谈话：你今年几岁了？去年的生日是怎么过的？你第一次上幼儿园哭了吗？你们看，时间过得多快啊，转眼间，你们已经成长为三年级的小学生了，这真是光阴似箭啊！下面我们来看看昨天学的这两个关于时间的格言。

二、学习第5自然段

1. 大屏出示格言。

2. 请学生朗读格言。

3. 你知道他们的意思吗？

4. 下面再回到课文中，看看这两句格言在课文的第几自然段？指名读。

三、学习第4自然段

爸爸到底说了些什么话，让我是如此的可怕又如此的说不出滋味呢？出示爸爸的话。下面我们来看看爸爸的这段话。

1. "所有时间里的事物，都永远不会回来了。"请同学们认真默读课文，找一找课文中说到了哪些事物永远都不会回来了。

2. 学生默读，标画，汇报。

3. 请大家再认真读一读这段话，想一想爸爸这番话是要告诉我什么。

4. 学生自由读、交流。

5. 当爸爸和自己的孩子说起这些的时候，他会是怎样的心情？

6. 看来，这一段当中凝结了爸爸太多的感情。有失去亲人的悲伤，有挽留不住时光的无奈，还有对孩子的一种安慰。这么多复杂的感情交杂在一起，你能读出来吗？请你试一试。指导朗读课文的第4自然段。（学生在读的时候进行指导：我们在读书的时候，为了表达自己的情感，可以把一些关键词重读，也可以把一些关键词轻读，还可以通过语速的快慢，语调的高低来表达。来，请你来试试）

四、学习第6、7自然段

师：是啊，爸爸的话让我对时间有了朦胧的可怕认识，促使我不停地思考，不停地观察，同学们看看课文当中除了爸爸所说的昨天、童年、生命不能回来了，还讲到了哪些事物也是永远不会回来了呢？请你把课文的第6、7自然段相关的句子读给大家听。

1. 自由读；指名读。

2. 这个"一寸一寸"是想说明什么呢？

生：太阳落山很快，时间就这样过去了。

师：多可惜呀！请你再来读一读这一句。

3. 想一想生活中还有哪些事物也是这样永远不会回来了呢？请同学们模仿课文第6、7自然段的写法，也来写几句话。

4. 引用朱自清散文《匆匆》进一步体会时间易逝。

师：的确，还有什么比时间无情流逝更可怕的呢？我国著名作家朱自清先生在他的散文《匆匆》里这样写道：洗手的时候，日子从水盆里过去……

（课件出示朱自清散文《匆匆》，老师朗读，学生认真听）

5. 时间就是这样无情地走过，孕育一切的同时，也吞噬着一切，怎能不让我们害怕呢？让我们带着这样的感情再一起读读爸爸这充满哲理的话吧！齐读第4自然段。（第4自然段用诗歌的形式出示，配乐朗读）

6. 读着读着，我们就把课文读成了一首诗，这是一首哲理诗，如果要给这首诗加个题目，可以是什么？

过渡：现在你知道是什么让自己感觉可怕了吗？（指着板书）那就是时间一去不复返。

五、学习第8自然段

师：同学们，这就是时间，从昨天走到今天，又从今天走到明天，最终带走了一切，但是作者在一去不复返的时间面前并没有一味地忧伤下去，当作者懂得了父亲的话中包含了这么深的蕴意，他决定和时间赛跑。他赛跑的结果到底怎么样呢？请同学们自己来读一读第8自然段。

1. 学生自己练习读第8自然段后，汇报交流，教师指导。

2. 课文讲了我和时间赛跑的几件事？

3. 学生交流，师提问：提前回家，他会干些什么？

4. 那么此时作者的心情是怎么样的？看来和时间赛跑真是其乐无穷，请同学们带着快乐的心情读读这几句话吧！

5. 师生合作读。

六、学习第9、10自然段

后来的二十年，林清玄坚持和时间赛跑，也因此_____。（生：受益无穷）你知道"受益无穷"是什么意思吗？（收获很大）

林清玄有什么收获呢？

1.（出示课件）虽然我知道人永远跑不过时间，但是可以比原来跑快一步，如果加把劲，有时可以快好几步。那几步虽然很小很小，用途却很大很大。

2. 这小小的几步，用途真的很大，你信吗？让我们一起来看看吧！

（出示林清玄资料）

3. 老师看到同学们脸上露出了惊讶、敬佩的神情，你们看林清玄爷爷正笑嘻嘻地看着你们呢，你们想对林清玄爷爷说些什么？

4. 我相信你们再读这句话，一定会有更深的体会。

自由读，指名读，齐读。

七、情感升华

过渡：和时间赛跑让林清玄取得了如此巨大的成就，其实时间对于我们每一个人来说都有着非比寻常的意义。那么和时间赛跑，我们能做些什么呢？

1. 看大屏幕的填空题想一想，和时间赛跑，我能……

2. 是的，时间是最公平的，每人每天都是24小时，关键看你怎样利用它。让我们屏息凝视，一起聆听时间的脚步。（出示钟面）听，时间正一分一秒地从我们身边流逝，此时此刻，你想到了些什么？现在你对时间是否又有了自己的感悟呢？想好一句你自己的时间格言送给我们身边的人，好吗？（学生交流）

3. 孩子们，今天我们学习了《和时间赛跑》一课，从中获得了很多的启迪。将来有一天，我们也会和作者一样长大，面对我们的孩子，我们会告诉他_____。

生：假若你一直和时间赛跑，你就可以成功。

师：此时此刻，如果我请你用这句话来激励自己，你会对自己说_____。

生：假若我一直和时间赛跑，我就可以成功！

师：四十分钟匆匆而过，在这节课即将结束的时候，请同学们全体起立，把这句话声音洪亮地送给所有的人，让我们所有人一起和时间赛跑。

生：假若我们一直和时间赛跑，我们就可以成功！

【我的思考】

说实在的，这篇课文很难教，我在设计教学的时候，首先对教材有一个思考的过程。我的"思"还源于教师在哲学层次上对课文的理解。首先我是站在作者的立场，思考作者想表达些什么。这样则能够剥茧抽丝、取其精华。其次我是站在学生的立场，这里思考的关键是学生能读出什么，能理解到什么程度。最后我是站在教学目的的立场，作为语文教师，我们应该教学生什么。

因为这是一篇散文，散文有形散而神不散的特点。作为教师，我能够抓住它的"神"，但是对于三年级的学生，他们不容易抓住。而且这篇散文非常优美，有许多可以抓的点，如果要想面面俱到的话，最后可能会"面面不到"。我在对教材进行深入的思考解读之后，决定对教材进行取舍、整合，做一些裁剪，以便让学生抓住散文的"神"。所以我在设计该课的教学流程时，采取用中心句"所有时间里的事物，都永远不会回来了"来引领全文的学习。第二课时，首先从作者对爸爸的话的理解入手，让学生知道作者是从身边的事物去感受"时间过得飞快"，开始理解"永远不会回来了"。在这个环节，教师配乐朗诵《匆匆》片段，让学生捕捉时间的影子，引导学生从细处感受时间，并通过说话环节来反馈，从而让"时间宝贵易逝"在孩子们心中扎根。然后，通过学习作者和时间赛跑的事，让学生在生活实践中形成要珍惜时间、和时间赛跑的积极的人生态度。

这堂课我安排了两次课堂说话训练，其目的各有侧重点。第一次训练，让学生仿照课文第6、7自然段的写法，写一写自己对于时间的认识。这是感性的读与说的结合，既是对"所有时间里的事物，都永远不会回来了"的个性化理解，又是对课文第6、7自然段写法的迁移，一举两得。第二次训练，主要是内化情感态度价值观，内化文本的价值主旨，让学生懂得时间无限，生命有限，懂得珍惜时间，与时间赛跑的人生哲理。前者是对课文的模仿，后者是对课文的拓展。

这堂课我还安排了一次写的训练，目的是升华学生对于时间，对于生命的认识，这是对文本进行整体的感悟与升华。

　　整个教学设计注重在研读文本的基础上感悟，引导学生用心灵与时间进行对话，拉近孩子们与时间的距离，从哲学范畴深入浅出地诠释时间的意义并指导我们的生活实践。

　　今天，这节公开课终于上完了，但是，在这里，我觉得一节公开课结束之时，也是我们的思考的开始之时。

（2010年6月马鞍山市市级学科带头人示范课）

《乡下人家》教学设计

【教材分析】

《乡下人家》是人教版小学语文四年级下册的一篇精读课文。文章通过描绘一个个自然、和谐的场景，展现了乡下人家朴实、自然、和谐、充满诗意的乡村生活，也赞扬了乡下人家热爱生活，善于用自己勤劳的双手装点自己的家园、装点自己生活的美好品质。教学这篇文章，一是要引导学生体会乡村生活的自然亲切、优美恬静，感受作者对乡村生活的向往，对生活的热爱之情；二是要让学生在阅读中体会作者善于抓住乡村生活中最平凡的事物、最普通的场面，描写乡村生活的特点。

【设计思想】

《乡下人家》这篇课文，作者紧扣"独特、迷人"，向我们展示了乡下人家所具有的特色。这是一篇散文，散文"形散神聚"的特点，对于四年级学生而言是陌生的，学生不容易在头脑中形成表象。所以，在教学过程中我抓住本文"文中有画"的特点，以通过反复诵读、想象画面、细细品味理解课文。教学中先让学生欣赏一幅幅美丽的乡村风景画，激发学生学习的兴趣；再通过不同的朗读要求，引导学生走进文本，抓住重点语句，品味词句，揣摩语言，不断与文本对话，探寻美，体验美和交流对美的感受，逐步感悟课文内涵，体会其意境。

【教学目标】

1. 认识"檐""饰"等五个生字。会写"棚""饰""冠"等十四个生字。正确读写"装饰""和谐"等词语。

2. 正确、流利、有感情地朗读课文。

3. 了解课文内容，走近乡下人家，感受田园诗情，激发学生对农村生活的兴趣和热爱。

4. 带领学生品味优美语言，积累精彩句段。

【教学重难点】

1. 感知课文内容，了解并体会乡村生活的美好。

2. 有感情地朗读课文，背诵自己喜欢的段落，积累好词佳句。

【课前准备】

1. 课文插图的课件。

2. 搜集有关农村生活的资料。

【教学时间】

两课时。

【教学设计】

第一课时

【教学内容】

1. 认识"檐""饰"等五个生字。会写"棚""饰""冠"等十四个生字。正确读写"装饰""和谐"等词语。

2. 正确、流利、有感情地朗读课文。

【教学过程】

一、导入

1. 请大家把课本翻到第99页，看这一单元是围绕什么专题来写的？教师读单元专题导语，引入第六单元的学习。

2. 学习第六单元的第一篇课文——《乡下人家》。（教师板书课题）

3. 看了课题，你的脑海中会浮现什么样的画面？（村庄、绿树、竹林……）

（学生说，教师板书）

【设计意图】从单元主题入手，让学生对单元有一个整体的认识。学生说画面，教师板书，激发学生的兴趣，很自然地引入课文的学习。

二、学习生字词

1. 下面我们打开语文书，自由朗读，把不认识的字多读几遍。

2. 大屏幕出示生字词。

棚架　屋檐　装饰　鸡冠花　菊花

瞧见　率领　觅食　耸立　捣衣

搬动　归巢　和谐　催眠　辛苦

①带拼音读。

②去拼音读。

③打乱顺序读。（注意"巢"不要读成"cáo"，"冠"字在本文的"鸡冠花"一词中读"guān"。"率领"的"率"读shuài。在学生发现多音字时让他们说说这个字的另一个读音，能组词就组词，也可让他们到黑板上写出来。可以选一两个词语进行造句训练）

④点击几个容易写错的字，利用动画进行书写指导，如：冠、率、辛。

⑤先观察这三个易错的字，然后再在书上练习两遍。

三、学习新课

（一）直奔重点，抓重点段

1. 大屏幕出示几幅田园风光的图片。

【设计意图】观看课件，直观感受乡下美景，从而让学生进入优美的情境，激发其学习的兴趣，巧妙地引入新课。

2. 看了这些优美的风景之后，你想用一句什么话来赞美呢？

3. 学生交流感受。

4. 出示课文最后一段

① 教师范读。

② 学生齐读。

③ 教师板书。（独特　迷人）

【设计意图】引导学生认真读文，抓住课文主旨。

（二）再读课文，整体感知

1. 请大家拿出笔，一边默读课文，一边给课文出现的每一幅风景画取一个名字。

2. 学生默读，取名。

3. 指名读第1自然段，然后学生交流所取之名。

4. 指名读第2自然段，然后学生交流所取之名。（这一自然段请两位学生朗读）

5. 后四个自然段请大家自由朗读，然后请学生交流命名情况。

（取完名之后，各请一位学生上黑板写风景画的名称）

【设计意图】给每一幅风景画取名字实际上就是让学生给自然段列小标题，但换一种说法，学生学习起来会兴趣盎然。

（三）美读课文，初知情感

1. 自由练读。

2. 指名分段读。

3. 读完想象画面。（这里的想象画面只是学生对课文的初步认识）

四、回归重点段

配乐朗读最后一段。

第二课时

【教学内容】

1. 了解课文内容，走近乡下人家，感受田园诗情，激发学生对农村生活的兴趣和热爱。

2. 带领学生品味优美语言，积累精彩句段。

【教学过程】

一、复习回顾

1. 通过上节课的学习，我们知道《乡下人家》这篇课文，字里行间藏着一幅幅美丽的风景画，真可谓文中有画。这堂课我们就继续走近乡下人家，去欣赏那一幅幅美丽的画卷。请同学们齐读课题。

2. 师：请打开书本，快速浏览课文，上节课我们在课文里找到了哪几幅独特、迷人的风景画？

（学生回答，教师课件出示乡村生活画面及文字：瓜藤攀檐图、鲜花绽放图、雨后春笋图、群鸡觅食图、鸭子戏水图、院落晚餐图、月夜虫鸣图）

【设计意图】通过复习导入揭示本课学习的方法之一——通过文字描述想象画面。看似随便和学生聊天，实际上用心良苦。

二、阅读文本，想象画面，品味语言，感受美景

师：同学们，让我们从作者的语言描述中去发现乡下人家的独特、迷人吧。

（一）师生合作学习第1自然段

画面一：瓜藤攀檐。

1. 课件出示读书要求。

自由读课文第1自然段，找出你认为最能体现乡下人家迷人、独特之美的语句做上记号，在旁边写一写自己的感受，然后美美地读一读，在脑海中勾勒那美丽的画面。

2. 交流反馈。

（1）指名读划记的句子，谈感悟。（课件出示瓜架图片）师：这位同学带我们来到了乡下人家的瓜架下面。（课件出示句子）

①师：在这里，这道别有风趣的装饰指什么呀？（请学生读一读相关描写，师小结：是用有生命的瓜来装饰，用五颜六色的瓜、藤、叶来装点）

②师：跟这样一道别有风趣的装饰相比，城市里高楼前蹲着的石狮子和大旗杆给你什么感觉？

③朗读体会乡下人家的瓜架的可爱。

（二）自主选择美景，交流感悟（不按照课文顺序，结合学生回答进行）

1. 师：品味重点词，是学习语文重要的方法，下面请同学们读一读后面的几段话，抓住重点词语，体会作者情感，想象画面。可以写出你认为有意思的词，在旁边写一写你的感悟。

2. 自读自悟，读读画画。

3. 同桌交流。

4. 集体交流。

画面二：鲜花绽放，雨后春笋。

1. 指名读划记的句子，谈感悟。（出示鲜花图片）师：这位同学带我们来到院前的鲜花旁。（课件出示句子）

①理解"朴素中带着几分华丽"的意思。师：朴素和华丽是一对反义词，矛盾吗？为什么说它们是朴素的呢？

②课件出示各色鲜花图片。师：请欣赏，你能用什么词来形容你看到的？（学生自由说）

③齐读这句话。读完后，你仿佛看到了什么？又仿佛听到了什么、闻到了什么？

【设计意图】理解作者所感受到的"朴素中带着几分华丽"应是本句的难点，为突破这一难点，先从学生自己的感受入手，再去寻找作者的感受。在读读、说说、议议、看看中，真正引领学生理解内容、加深体验，从而感受乡下鲜花的独特、迷人。

2. 指名读划记的句子，谈感悟。师：这位同学带我们走进了屋后的竹林。（课件出示句子）

①师：几场春雨过后，你看到了什么？

②抓住"探"字，体会生动形象的表达手法。

师："探出来"与"长出来""冒出来"有什么不同？

③展示图片。

师：现在你们就是这些小春笋，告诉我你那么快从地里探出小脑袋想看什么？

④让我们这些小竹笋带着渴望快点钻出来吧！（齐读）

【设计意图】在这里主要是引导学生感悟作者用词的生动准确，体会到语言文字的魅力，从语言文字的角度感受乡下人家的独特、迷人。

⑤怪不得作者要感慨……（课件出示中心句）

画面三：群鸡觅食，鸭子戏水。

1. 课件出示句子。

2. 默读第3、4自然段，感受语言文字的趣味。

①读。你为什么这样读？他读得怎么样？谁还想读？听了你的朗读，我仿佛看到了_____。（生回答）听了你的朗读，我仿佛听到了_____。（生回答）

②演。有没有用演的方式来表现一下这样的公鸡、鸭子？

3. 选一处谈谈感受。

从"率领"体会母鸡的神气；从"耸""大踏步""走来走去"体会雄鸡的"派头"；从"从不吃惊"想象鸭子游戏的情景。

4. 女生读第3自然段，男生读4自然段。（体会它们的可爱和作者对它们由衷的喜爱）

画面四：院落晚餐。（体会"天高地阔"）

教师引读：他们在门前吃晚饭，放眼看天边，进入眼帘的是_____；抬头看天空，看到的_____；向晚的微风吹过，真是_____。

画面五：月夜虫鸣。

1. 师：如果把乡下的美景比作一幅画，那么白天的喧闹犹如一幅浓墨的油画，而秋夜的月明人静犹如清淡素雅的中国画，伴着轻柔的秋风，和着鸟儿的鸣叫，构成了乡下人家独特的风光，让我们沉醉，让我们迷恋。

2. 放音乐，朗读。

3. 学生谈感受：从"月明人静"体会宁静；从对纺织娘叫声的描写体会声音的动听；从"甜甜蜜蜜"体会他们的幸福。

4. 让我们再来一起读一读作者的感叹。

课件出示：乡下人家，不论什么时候，不论什么季节，都有一道独特、迷人的风景。

【设计意图】尊重学生主体，教法有扶有放，自主选择突出学生的自主性。在学习第1、2自然段的基础上，让学生大胆汇报学习感受，以画面促感受，以读强化体验，课件丰富的色彩和柔和的音乐感染着学生，使他们受到美的熏陶的同时，身心愉悦地享受着学习。教师引导学生图文对照，赏读课文，读出悠闲，读出快乐，读出人与景、人与物、人与自然的和谐意境。

三、整体回顾，想象拓展

1. 师（小结）：刚才我们一起学习了课文，发现无论在屋前、屋后，院子里还是小河里，无论在春天，夏天还是秋天，白天还是夜里，乡下人家的确具有它独特、自然的美。作者把平凡的景物、普通的场面，按照空间和时间顺序交叉描写，表达了作者对乡村生活的_____。（学生自由回答）

2. 想象一下，到了冬天，在乡下可能是一幅怎样的图画呢？用自己的语言描绘一下吧，说给同桌听一听。课件出示画面进行提示。

【设计意图】联系生活实际，展开想象，拓展文本内容，学以致用，使积累的语言内化为自己的语言。

3. 全班交流。

四、课堂延伸

1. 简介著名诗人戴望舒及其作品《在天晴了的时候》。

①学生自由读。

②诗中写了哪些景物，带给你什么样的感受？

③齐读诗歌。

2. 师：作者字里行间流露出对自然、对乡村生活的向往和憧憬。自古以来，很多文人墨客在自己的作品里表达了同样的思绪。（引入本单元古诗词和《语文园地》里的有关乡村生活的诗句：如"采菊东篱下，悠然见南山"等）

【设计意图】这里和前面导入新课的单元主题相呼应，既使整个教学设计前后连贯，成为一个整体，又丰富了课堂内容，积累了语言。激发兴趣的同时，使学生受到文化熏陶和人文精神的感染。

五、作业设计

小练笔：写一写在冬天乡下人家的美景。

【设计意图】读写结合，课内外结合，让学生在语言实践中提高能力。

【板书设计】

乡 下 人 家

瓜藤攀檐

鲜花绽放

雨后春笋

群鸡觅食

鸭子戏水

院落晚餐

月夜虫鸣

（第二课时为2011年4月马鞍山市"接力明天"青年教师培训观摩课）

《独果》教学设计

【教材分析】

《独果》是沪教版三年级下册第36课。课文生动地记叙了小荣一家在面对一个百年未遇的"独果"时三代人互相礼让，都不肯吃"独果"的事，体现了一家三口的浓浓亲情。全文是按"发现'独果'（起因）——互让'独果'（经过）——共享'独果'（结果）"的顺序安排材料的，开头叙述简洁生动，事件的主体部分写得详细而生动，特别是对话部分个性鲜明，亲切自然，让人感受深刻，结尾含蓄隽永，耐人寻味。

【设计意图】

我在课程的设计过程中紧紧围绕"情"字，着重渗透多种朗读方法，指导学生读出人物的情，感受人物的情。结合课文特点设计语言表达练习，进行有效的语言训练，提高学生的语言表达能力。

【教学目标】

1. 学习本课生字"延"；能联系上下文理解并积累"延年益寿""聪慧过人""叨念""沁人心脾"等词。

2. 能正确流利地朗读课文，了解一家人互相谦让"独果"的故事，在理解的基础上尝试读出人物不同的说话语气。

3. 感受一家人之间浓浓的真情。

【教学重难点】

1. 能正确流利地朗读课文，了解一家人互相谦让"独果"的故事，在理解的基础上尝试读出人物不同的说话语气。

2. 感受一家人之间浓浓的真情。

【教学准备】

多媒体课件。

【教学过程】

一、板书课题，质疑

读了课题你有什么疑问吗？

二、整体感知，了解"独果"

1. 自由读课文，边读边思考：

①课文有几个自然段，在每一个自然段前标上序号。

②找出什么是"独果"？

2. 学生交流，师总结："独果"，百年难遇，所以蒙上了一层神秘的色彩，在传说中它有许多神奇的功效。再次轻声读课文，边读边画出有关词语。

3. 学生交流，师出示词语。

4. 你能用大屏幕上的词语介绍一下"独果"传说中的神奇功效吗？

三、精读对话，体会感情

面对这只"独果"，"我"、奶奶、妈妈的表现如何呢？我们先来看看"我"和奶奶的对话。

1. 自由读3～8自然段。

2. 指名读，指导朗读：

（1）"喊"和"说"一样吗？谁来读读这句话？

（2）仔细看看奶奶的话，有什么发现？（凸显"惊奇"，四个"？"及一个"！"）

（3）奶奶不住地抚摸着独果，嘴里不住地叨念着，猛地，她好像想起了什么似的，你能告诉大家奶奶想起了什么？

大屏幕出示：猛地，奶奶想起了＿＿＿＿＿＿＿＿＿＿＿。

（4）学生练习说话。

（5）请学生朗读。

（6）妈妈和奶奶之间又是怎样互让"独果"的呢？同桌互相读读课文的9至12自然段。

（7）指名读。

（8）师生合作朗读。

四、总结全文，升华情感

最后这只"独果"究竟怎样处理了呢？我们来看看文章的最后一段。

1. 齐读这一段。

2. "沁人心脾"是什么意思？

3. 这"香气"仅仅是指橙子的香气吗？

练习说话：如果我有这只"独果"，我会_____。

（2008年5月上海骨干教师培训时在卢湾一中心小学上的汇报课）

⊙习⊙作⊙教⊙学⊙篇

《看图写话:写一处景物》教学设计

【教材分析】

教材是一幅画有天空、树林、小河的景物图,是黑白色的。要求学生仔细观察这幅黑白色的风景画,按照"有顺序,写生动"的要求,通过抓景物的颜色、样子等发挥想象,把图上的内容描述清楚,写得有条理,生动。

【学情分析】

二年级孩子童心未泯,经历了一年级一年的语文学习,识字有了一定积累,表达欲望处于萌发阶段,此时,兴趣是最好的老师,引导他们勇于表达,是习作的起始阶段最重要的任务。此时,若是激发了他们的展示欲望是在为习作教学奠定基础。因此,课堂设计一定要能吸引他们。

【教学目标】

1. 激发学生表达欲望,指导他们学会按一定的顺序来观察图画。

2. 能把句子说完整,说通顺。

3. 通过抓景物的颜色、样子等发挥想象,把景物说生动。

4. 会评价别人的写话。

【教学准备】

课件。

【教学时间】

一课时。

【教学过程】

课前谈话:你们去过哪些景色优美的地方,给大家介绍介绍吧!今天这节课老师也要给大家介绍一处景色优美的地方,大家一起来看看吧!

一、仔细观察，有序表达

1. 大家仔细观察这幅图，说说都看到了哪些景物？

2. 学生汇报看到些什么景物。（天空、大山、草地、小河）

3. 师：图上画了这么多景物，有山有水，有花有草，这么多景物，我们该怎样把它们介绍清楚呢？还记得老师指导大家的前一幅看图写话《秋天来了》，观察图画时要按照一定的顺序来观察。大家还记得，我们在观察图画时可以按照哪些顺序来观察吗？

4. 梳理：观察图画要按一定顺序。

（板书：有顺序　远　近　上　下）

5. 师总结：我们按照一定的顺序来观察、介绍，你的介绍才会条理清晰哦。

二、扩充词语，生动表达

1. 师：图上有什么知道了，接下来我们看看如何把这些景物说得生动具体一些呢？先来看这个填空。

引导填空：（　　　）的天空

2. "开火车"回答，引导最好说出和别人不一样的答案。在学生说的基础上，出示描写天空的词语，学生朗读。

（湛蓝　纯净　万里无云　一望无际　湛蓝如水的天空　清澈如洗的天空　一望无际的天空）

师：大家看，同样是描写天空，老师用了这么多不同的词语来表达，我们的汉语是博大精深的，如果你的写话中也能用上这些不同的词语，你的文章一定会与众不同，让人眼前一亮的！大家再看这些填空，你能想出和别人不一样的词语吗？

3. 出示填空：

（　　　）的小河　　　（　　　）的大树　　　（　　　）的草地

（　　　）的花朵　　　（　　　）的大山

如果能和别人想出不一样的词语更好哦！

4. 为了让我们的表达更丰富，我们还可以变换位置来说，大家看：（　　　）的云朵，云朵（　　　）。

5. 你试着把刚才的填空，变换位置来说一说。

6. 教师根据学生的回答，指导：我们在说这些景物时，可以抓住景物的颜色、气

味、样子等来进行描述，让你的表达更加生动具体。（板书）

三、连词成句，完整表达

1. 我们除了变换景物的位置来让我们的表达更丰富，还可以发挥想象，让我们的表达更生动。大家看这幅图，发挥想象，看看白云像什么？

2. 再看看这个填空，你会填吗？（小河像什么？大树像什么？）

3. 老师又增加了难度，你会填空吗？什么样的天空像什么或怎么样？

4. 大家看，经过对景物这样的描述，是不是就让画面一下子色彩斑斓，丰富生动起来了呢？（出示彩色图）

四、连句成段，自由表达

1. 现在请你把图上的景物连起来，按照一定的顺序，生动具体地给大家说一说。

2. 同桌合作说，你说给我听，再我说给你听。（师巡视，指导）

3. 指名三名学生上台练说。

师总结：是呀，观察景物，描述画面，就要按照一定的顺序，说得生动具体，这样，才能让人听得更清楚，你的文章才会更加生动，吸引人。

五、当堂习作，落实表达

1. 现在我们来当一当小作家，把你们刚才说的写下来吧。

2. 指名一位男生读要求。

内容要求：按顺序，写生动；

格式要求：开头空两格，标点符号单独占一个格子。

3. 学生写，教师巡视。

六、学习评价，学会欣赏

师：写完了吗？我们不仅要会写文章，还要会评价别人的文章。你们会评价别人的文章吗？好，下面我们来看看这几位小朋友是怎样评价的。

1. 出示微课，学生观看。

2. 通过刚才的学习，你知道怎样评价别人的文章了吗？（指名回答）

3. 是的，我们评价别人的写话时，可以先夸一夸他写话中好的地方，并说一说好在哪里，然后再给他提几点修改建议，这就是老师教给大家的评价小妙招：夸一夸，改一改。

4. 你们也学着刚才小朋友的样子，用评价小妙招，来评一评小伙伴的习作吧。四人小组每组选一位同学来朗读自己的写话，其他同学认真倾听，这位同学读完之后，小组内的其他同学进行评价。好，现在小组朗读、评价开始。

①每组一名学生朗读写话，其他同学认真倾听。

②读完之后，组内其他同学评价这篇写话。

③选一两个小组上台朗读、评价。

七、学习修改，完善习作

根据刚才同学们的评价，同学们来改一改自己的写话。（有时间就在课堂上修改，没时间就带回家修改）

八、布置作业

回家以后，改一改自己写的句子，修改后再读给爸爸妈妈听一听。

【板书设计】

写一处景物

有顺序

写生动

（马鞍山市"国培计划（2021）"卓越教师培养项目公开课展示课例）

《习作:我喜欢的水果》教学设计

【设计理念】

本次习作内容不是教材中的内容，是我根据我们班学生的实际情况在课堂上进行的补充练笔。写作教学应贴近学生的实际，让学生易于动笔，乐于表达，应引导学生关注现实，热爱生活，表达真情实感；为学生的自主写作提供有利条件和广阔空间。因此，教师应引导学生留心观察和用心体验周围世界和现实生活，引导学生积极参与实践活动，采用自己喜欢的方式来欣赏生活、描绘生活，这样写出来的作文才会有意思，写作文才不会是一件枯燥乏味的事情。如何让写作文变得"有意思"，这是我一直以来在思考并努力在自己的课堂上尝试的事情。

现在的很多孩子都是"小吃货"，一谈起吃来那是头头是道，兴味十足。那么如何把"吃"和习作联系起来，让学生在"吃"中不知不觉领悟习作的方法，获得习作的乐趣呢？我想到了水果是每个学生都喜欢吃的，也是学生最熟悉的东西。我把水果"请"进课堂，让学生一起摸水果、看水果、尝水果、写水果，那该是多么有意思的事情啊！于是我就设计了这样一个以"吃水果"为主题的习作教学课，希望这样的习作课能够变得好玩、有趣，让学生觉得，写作文是一件好玩的事情。

本次教学内容适合二年级学生。

【教学目标】

1. 引导学生从外形、颜色、味道等方面观察并介绍水果。

2. 能用通顺、连贯、完整的句子，把自己喜欢的一种水果有条理地写下来。

【教学重难点】

1. 引导学生学会按照一定的顺序观察事物。

2. 通过摸水果、看水果、尝水果等方法，引导学生把水果的特点介绍清楚。

【教学时间】

一课时。

【课前准备】

1. 一颗猕猴桃，放在布袋子里。

2. 学生准备一种水果，放在抽屉里。

【教学过程】

一、导入新课

1. 同学们，你们喜欢水果吗？那我们一起来看看，这些水果你们认识吗？（大屏幕出示水果图片）

2. 你能用"我认识（　　）和（　　），还认识（　　）"这样的句式来说一说吗？

3. 你们认识这么多水果，你最喜欢哪一种呢？指名回答，并指导用修饰性的词语来说。我最喜欢（　　）的（　　）。

二、摸水果

1. 你们猜猜老师最喜欢的水果是什么？老师把它藏在袋子里，我想请一位同学上讲台来摸一摸这个水果。（板书：摸）

2. 一名学生上讲台摸水果，然后把自己摸的感觉告诉大家。

3. 其他同学根据这位同学说的内容来猜水果的名称。

4. 下面请同学们闭上眼睛，仔细地摸一摸自己带来的水果。

5. 摸完后，和同桌说一说自己的感受。

6. 指名学生说自己触摸的感受。（师板书：毛绒绒 光滑 粗糙）

三、看水果

1. 我们观察一个物体，除了用手触摸，更重要的是用眼睛看（板书：看）。我们可以看水果的颜色，现在就请同学们仔细观察你带来的水果都是什么颜色的？

2. 看好了吗？好，告诉老师，你带来的水果的颜色。请学生回答颜色。

3. 教师拿起一个苹果，问：苹果是红色的，谁还能用其他的词语来形容苹果的颜色吗？我们平时说红色，可以用哪些词语来形容？（红彤彤、红通通，红艳艳、鲜红、桃红、火红、深红）中国的语言真是神奇呢！同样的意思，我们可以用不同的词语来表达，比如红色，我们可以用这么多的词语来表示（大屏幕出示）。

4. 那么，黄色，我们可以用哪些词语来表示呢？请学生说。然后大屏幕出示：黄澄澄、金灿灿、柠檬黄、金黄、鹅黄、米黄、杏黄、嫩黄、深黄、浅黄、淡黄、姜黄、土黄、焦黄、枯黄。

5. 老师再考考你们，表示白的词语有哪些？（雪白、银白、亮白、米白、乳白、象牙白）

6. 接下来，我们来听听这位小朋友对我们说的话：（出示音频）

微课音频文字：同学们，我们中国的语言真是神奇啊！同样的意思，我们可以用不同的词语来表达呢！比如，红色，我们可以说红彤彤、红通通、红艳艳、鲜红、桃红、火红、深红；黄色我们可以用这些词语来表示：黄澄澄、金灿灿、柠檬黄、金黄、鹅黄、杏黄、嫩黄；形容白色的呀，就更多了，有雪白、银白、亮白、米白、乳白、象牙白等等。

当然，这些表示同样意思的词语还是有细微的区别的，比如红彤彤和红通通这两个词语，同样都是表示红色，但是红通通不仅形容很红，而且还表示红得通透。同学们，你们发现这些区别了吗？

所以呀，我们在自己的习作中，同样的意思，可以选择不同的词语来表示细微的区别。这样，我们的作文就会写得更精彩、更生动哦！小朋友们，你们学会了吗？

四、说形状

1. 水果的颜色不同，形状也各有不同。看看香蕉的形状，谁来说一说？

2. 我们在说形状时还可以加入自己的想象（板书），想象这个水果的形状像什么。比如，香蕉，我们就可以说像弯弯的小船。西瓜的形状像什么呢？

3. 师总结：我们在介绍水果的时候，如果能加入自己的想象，你的介绍就更生动形象了！

4. 我们刚才看的都是水果外表的颜色和形状，其实，有的水果外表的颜色和形状跟里面的完全不一样呢！所以，我们在观察一个物体时，不仅要观察外表，还要观察内在，我们的观察可以按照一定的顺序（板书），比如说，按照从外到里的顺序来进行观察。

五、尝水果

1. 我们刚才摸了水果的表皮，看了水果的颜色和形状，哎呀，小朋友们口水都要流下来了，想尝一尝吗？那大家就开始尝一尝水果吧。（师板书：尝）

2. 尝出来了吗？滋味如何啊？与同桌交流尝的味道。

3. 指名回答尝的味道。（师板书：甜滋滋 酸溜溜 又酸又甜 又甜又脆）

六、指导写作

（一）练说

我们一起摸了水果的外表，看了它的颜色和形状，尝了它的味道。谁能把这些连起来给大家介绍一下呢？

1. 先请同学自己小声练说。

2. 同桌互说。

3. 指名说。

（二）练写

你们能不能试着把刚才说的写下来呢，拿出课前发的作文纸，学生写作文。

（三）评价

1. 同桌互读作文、点评。

2. 指名读，学生、教师评价习作。

【我的思考】

这节习作课，我先指导学生调动了自己身体的感官——触觉，通过手摸的感受，来猜水果的名称，这其实是对学生触觉的训练。接下来，我让学生观察自己带来的水果的颜色、形状，引导他们按照一定的顺序来观察一个物体。在孩子们说的时候，我又把他们说的一些比较好的词语写在黑板上，像圆溜溜、毛茸茸、酸溜溜，又大又圆、又酸又甜等，帮助学生有意识地积累词语。在用手摸了水果，用眼睛看了水果的颜色和形状之后，最激动人心的时刻来到了，那就是尝水果！学生一听说可以吃水果了，一个个兴奋不已。有的是细嚼慢咽、有的是狼吞虎咽，吃得不亦乐乎！最后，趁着学生的热乎劲，让学生当堂写作文，把刚才老师在不经意间指导的方法，把自己用手摸、用眼睛看、用嘴巴尝的感受写下来，写的时候按照一定的顺序，用上老师在黑板上提供给他们的词语，这样，学生写作的兴趣被激发了，写作的难度大大降低了。

一堂课下来，孩子们摸水果、看水果、尝水果，最后写水果。这样的作文课，学生没有了愁眉苦脸，没有了抓耳挠腮；有的是兴致勃勃，有的是凝神沉思，有的是喜笑颜开！写作时，学生心中的语言在笔尖自然地流淌。我想，这应该是写作文时最珍贵的一种感受吧。

（2014年6月花山区李翠霞语文教育名师工作室主持人展示课;2019年10月赴重庆市酉阳县龙潭希望小学教育帮扶送教展示课）

《习作:我的奇思妙想》教学设计

【教材分析】

本次习作是统编教材四年级下册第二单元的一次想象作文训练。第二单元的四篇课文都与自然、科技有关,通过课文的学习,初步培养了学生的科学兴趣,激发了学生的想象力和创造力,为本次习作打开了思路,做好了铺垫。

因此,本次习作"展开奇思妙想,写一写自己想发明的东西",意在延续本单元课文,继续培养学生的想象力和创造力,激发他们发明创造的兴趣。引导学生用文字描述心中所想,符合儿童喜欢想象的心理特点。

【教学目标】

引导学生通过合理想象,用通顺、具体的语言写下自己的奇思妙想。激发学生的想象力,培养学生的创新意识。师生点评,并能根据师生提出的建议修改作文。

【课时安排】

习作指导课、习作评讲课,共两课时。

第一课时　习作指导课

【课时目标】

指导学生写出自己想发明的东西,用通顺、具体的语言把自己想发明东西的样子、功能写清楚。交流习作,会根据师生建议修改习作。

【教学重点】

把自己想发明的东西的样子和功能写清楚。

【教学难点】

想象要合理、有新意。

【教学过程】

一、导入新课

同学们,通过第二单元的学习,我们了解:《琥珀》讲述了琥珀的形成过程;《飞向蓝天的恐龙》讲述了恐龙飞向蓝天、变化为鸟类的演化过程；《纳米技术就在我们身边》向我们介绍了纳米技术的神奇，展示了纳米技术在应用上的美妙前景。每一项发明或是发现其实都是源于科学家们的奇思妙想，这节课就让我们放飞想象的翅膀，一起走进奇思妙想的世界，畅谈自己的奇思妙想，再把自己的奇思妙想写下来吧！

二、明确习作要求

1. 同学们，你们知道"奇思妙想"是什么意思吗？奇思妙想就是奇特的想法或看法，其中不乏一些新创意，新的思路。简单地说，就是奇特、奇妙、新奇的想法。

我的奇思妙想就是我的奇特的想法，我的新创意、新思路。

2. 明确习作要求。

这次习作向我们提出了怎样的要求？请同学们看习作要求。

（大屏幕出示）你想发明什么？它是什么样子的？有哪些功能？让我们把它写出来介绍给大家吧！

三、启发思路，明确写法

（一）怎样进行想象

1. 在奇思妙想的世界里，一切都变得那么奇妙，下面这些题目一定会激发你无穷的想象，我们一起来看看。

《会飞的木屋》《会变大变小的书包》《水上行走鞋》

多有意思啊！这些奇思妙想离不开想象，想象的情景不一定是真实的，但都要以现实为依据。

那我们可以从哪些方面去想象呢？下面我们一起来看看吧！（播放微课《想象的三种方法》）

2. 好，现在拿出纸和笔运用刚才学到的有关想象的三种方法，把你最想发明的东西名称写下来吧。

3. 老师也有一些新奇的想法，大家一起来看看吧！

4. 比一比，你们想发明的东西和老师的哪个更新奇？

（二）怎样介绍清楚自己的奇思妙想

1. 画思维导图。

我们知道了自己最想发明的东西后可以借助思维导图来构思。接下来我们就以

《会飞的木屋》为例来看看吧！

同学们，刚才我们一起一边想象，一边把想象的内容用一两个词语或者简洁的文字写下来，这就叫思维导图。思维导图可以帮助我们整理自己的思路，想明白从哪些方面介绍事物。

接下来，你们就想想自己要写的内容，也来学着画一个思维导图，你的思维导图可以和书上一样，也可以跟书上的不一样，按照你喜欢的样子，画出属于你自己的思维导图。好，同学们，现在拿出你们的纸和笔，开始画思维导图吧！

2. 按照一定的方法介绍。

思维导图画好了，那你知道我们要把自己的奇思妙想介绍给大家，还一定要把最神奇的地方介绍具体，那怎样介绍具体呢？接下来老师教你们几个小妙招。这些小妙招、好方法呀，就藏在这一单元的课文里了，我们一起来看一看吧。

妙招一：和熟悉的事物作比较。（大屏幕先出现课文片段红笔标识，师介绍，然后再出现"和熟悉的事物作比较"这几个字）

大家看看这些课文中的句子，注意加点的部分，想想他们是怎样介绍事物的？

地球上的第一种恐龙大约出现在两亿四千万年前。它和狗一般大小，两条后腿粗壮有力，能够支撑起整个身体。

《飞向蓝天的恐龙》

如果把直径为 1 纳米的小球放到乒乓球上，就好像把乒乓球放在地球上，可见纳米有多么小。

《纳米技术就在我们身边》

有一种叫作"碳纳米管"的神奇材料，比钢铁结实百倍。

《纳米技术就在我们身边》

妙招二：不同方面对比着写。

如果你的奇思妙想里有很多神奇的功能，怎样把最神奇的功能写具体呢？可以选择其中的一项奇特功能多说上几句。下面我们来读一读《飞向蓝天的恐龙》里的这段话吧！

数千万年后，它的后代繁衍成一个形态各异的庞大家族。有些恐龙像它们的祖先一样用两足奔跑，有些恐龙则用四足行走。有些恐龙身长几十米，重达数十吨；有些恐龙则身材小巧，体重只有几千克。有些恐龙凶猛异常，是茹毛饮血的食肉动物；有些恐龙则温顺可爱，以植物为食。

《飞向蓝天的恐龙》

妙招三：举例子。

我们再来看看这个课文片段告诉了我们哪些小妙招呢？

纳米技术就在我们身边。冰箱里如果使用一种纳米涂层，就会具有杀菌和除臭功能，能够使蔬菜保鲜期更长。有一种叫作"碳纳米管"的神奇材料，比钢铁结实百倍，而且非常轻，将来我们有可能坐上"碳纳米管天梯"到太空旅行。在最先进的隐形战机上，用到一种纳米吸波材料。能够把探测雷达波吸收掉，所以雷达根本看不见它。

《纳米技术就在我们身边》

妙招四：具体数字。

再来看看这句话：

纳米是非常非常小的长度单位，1纳米等于十亿分之一米。

《纳米技术就在我们身边》

课文为了写出纳米的小，还用了具体的数字"十亿分之一米"来写出纳米的小。

所以，我们在介绍自己奇思妙想时，可以用上举例子、作比较、用具体的数字等这些小妙招来进行介绍哦！

3. 梳理写作思路。

写之前，老师再和你们一起梳理一下这次写作的思路。（大屏幕出示写作思路）

四、交流题目，引导拟题

在写之前，还要请你先想一想：拟一个什么样的题目，才能吸引读者的眼球呢？

看看这些同学拟的题目吧。

（大屏幕出示）"可心衣"　带人飞的鞋子　便携式课桌　多功能牙刷　未来的学校　会变魔术的笔　晴雨窗　插上翅膀的汽车　会"吃"垃圾的机器人……

你们看这些题目新颖、独特，能够吸引读者，老师相信，你们也一定能够拟一个与众不同的题目出来！

五、例文赏析

下面我们一起来欣赏一篇例文吧！出示一篇学生例文，边读边赏析习作。

六、布置作业

1. 把你想发明的东西具体、生动地写出来。

2. 你也可以把你的奇思妙想画出来哦！

第二课时 习作评讲课

【课时目标】

指导学生交流评价习作，会根据师生建议修改习作。

【教学重点】

1. 能够借助图示，清楚地介绍自己要发明的东西。

2. 能够对照评价标准评价自己和他人的习作。

3. 能够修改自己的习作。

【教学难点】

1. 能够对照评价标准评价自己和他人的习作。

2. 能够修改自己的习作。

【教学过程】

一、复习回顾上节课内容

同学们，大家好，今天我们继续学习四年级下册第二单元的《习作：我的奇思妙想》。今天这节课我们将分享大家的习作。首先我们来回顾一下上节课的学习内容。上节课我们知道了从中心词展开想象、把事物的功能进行拓展、给事物加上变化这三种展开想象的方法去进行奇思妙想，学会了画思维导图来进行构思，还掌握了介绍奇思妙想的几个小妙招：就是和熟悉的事物作比较、不同方面对比着写、举具体的例子、运用具体数字，来把自己的奇思妙想介绍得清楚、具体。接下来我们就一起进入今天的学习吧！

二、展示学生的画作

三、展示学生的思维导图

欣赏完了同学们的画和思维导图，大家是不是迫切地想知道他们是怎么写的呢？下面我们就一起来看看同学们的习作吧！

四、出示一篇优秀习作

1. 根据评价标准，给这篇习作打星。

2. 教师讲解：小作者写清楚了自己想要发明的东西是什么了，给一颗星；想象是以现实为依据的，一颗星；写清楚发明的样子，把老师教的做比较的小妙招用上了，加两颗星；写清楚这个发明的功能，把老师教的"从两个不同的方面对比着写"和"举了具体的事例"的小妙招用上了，加两颗星；书写这块打星，就由小朋友根据自己的书写工整情况给自己打星吧！

3. 同学们，现在拿起你们的笔，对照着这份评价标准，来给自己的习作打星吧！

五、修改一篇学生的习作

你给自己的习作打了几颗星呢？可能有的同学说，老师，我给自己的习作打的星很少，因为我不知道怎么把发明的东西的样子和功能写清楚，我该怎么办呢？不着急，老师来想办法帮你们解决吧！

这是一位同学的习作，他和你们遇到了同样的问题呢，我们一起来看看吧！这位同学写的《会飞的木屋》，习作的第1自然段说他想把现在的木屋进行升级，第2自然段写了木屋可以遨游太空，第3自然段写木屋可以环游世界，第4自然段又写了木屋很安全，最后写了自己的愿望。我们怎样来修改这篇习作呢？对照评价标准，我们看到这篇习作没有把木屋的样子和功能写清楚。我们先来看样子的描写，可以从木屋的大小、形状、材质、颜色等多方面展开想象，把木屋的样子描写清楚、具体。

你们看，老师运用了列数字、和熟悉的事物作比较、不同的方面对比的小妙招，是不是让木屋的样子很清晰地展现在面前了？

木屋的样子写清楚了，我们再来看看木屋的功能怎么介绍才具体呢？习作中写了木屋的两个功能，遨游太空和环游世界，但是这两个功能都是一笔带过。其实，我们在写功能时，如果有好几个功能，我们可以有选择地重点介绍几个，把主要功能介绍清楚，让读者留下深刻的印象。所以这篇习作里，我们可以把遨游太空和环游世界这两个功能介绍具体，比如环游世界一节，我们可以加上一些环境的描写。

你们看，这样一写，是不是就让你的习作增色不少呢？

好，现在请同学们拿出笔，试着用老师刚才教的方法，把你的习作改一改哦！

六、习作互评

1. 出示一篇习作。

2. 出示学生对这篇习作评价的视频。

3. 再出示一篇习作。

4. 出示家长对这篇习作评价的视频。

5. "好文章是改出来的"，听了同学和家长的建议，我相信这两位同学一定能把自己的习作修改得更好！我们再次拿起笔，用修改符号来修改自己的习作吧。

七、课堂小结

今天的习作课上，大家通过想象，有了很多奇思妙想。同学们，你们今天的奇思妙想或许就是明天的伟大发明！也许，将来最有影响力的伟大发明家就是你！好，今天的课就到这里结束了，下课！同学们再见！

（2020 年 3 月安徽省空中课堂公开课）

《习作：推荐一个好地方》教学设计

【教学目标】

1. 学会从不同角度，把自己喜欢的地方推荐给同学，写清楚推荐的理由。

2. 推荐时要按照一定的顺序来写。

3. 能够勾连课文的写法，结合视觉、听觉、嗅觉等感官体验，写出"好地方"的"画面"感。

4. 能够用上具有新鲜感的词句，写出"好地方"的独特之处。

5. 能够写出对"好地方"的喜爱之情。

【教学重点】

学会从不同角度，把自己喜欢的地方推荐给同学，写清楚推荐的理由。

【教学难点】

写景记事都要有条理，勾连课文的写法，结合视觉、听觉、嗅觉等感官体验，写出"好地方"的独特之处。

【教学准备】

学生了解自己心目中的好地方的资料，课件。

【教学时间】

两课时。

第一课时　习作指导课

【课时目标】

1. 学会从不同角度，把自己喜欢的地方推荐给同学，写清楚推荐的理由。

2. 推荐时要按照一定的顺序来写。

3. 能够勾连课文的写法，结合视觉、听觉、嗅觉等感官体验，写出"好地方"的"画面"感。

4. 能够用上具有新鲜感的词句，写出"好地方"的独特之处。

5. 能够写出对"好地方"的喜爱之情。

【教学过程】

一、导入新课

通过本单元的学习，我们欣赏了被称为"天下奇观"的钱塘潮，体验了"走月亮"的优美意境，感受了繁星满天的奇妙景象，真是处处都是好风景啊！你们都游览过哪些地方，它们都有哪些吸引人的独特之处呢？这节课，我们像本单元作者那样，把身边的好地方用文字与同学分享吧！

二、明确习作要求

这次习作向我们提出了怎样的要求？请同学们看习作要求。

（一）看教材第一部分的导语和插图（出示第一部分文字和插图）

同学们，通过教材第一部分的导语和插图，我们知道了这次习作的主题是让我们"推荐一个好地方给同学"，那么什么才是"好地方"呢？

1. 师结合图片总结。

师：大家看这几幅图片，好地方啊，可以是某个景点，也可以是某个角落；可以是某个娱乐场所，也可以是某个学习场所。从这个省略号中，我们知道，除了书上介绍的这几个"好地方"外，还有很多地方也可以是好地方。同学们想一想还有哪些好地方呢？

对，总之啊，景色优美的、好玩的、好看的等，只要是你自己喜欢的地方，你觉得有特色的，有意思的地方都可以称之为"好地方"。

2. 看到这么多的"好地方"，你们有没有想要推荐的好地方呢？我们一起来听一听小朋友们心目中的好地方都是哪里吧。

3. 学生交流心目中的"好地方"。

师：我们可以推荐一个旅游景点，可以推荐一个吃美食的好地方，可以推荐一个学习的好地方，可以推荐一个好玩的地方，等等，大家推荐的都很好。

（二）学习教材第二部分内容

习作主题知道了，我们再看看教材第二部分内容。

1. 师：你打算推荐什么地方？这个地方在哪里？它有什么特别之处？这三个问题啊，提示了我们这次习作的内容。"看看有没有把这个地方介绍清楚，有没有把推荐的理由写充分"这两句话提示了我们，这次习作的重点是要把这个地方介绍清楚和要写清楚推荐的理由。我们一起来看看教材中推荐古镇的理由。师带读理由：这个古镇很美、在那里可以了解以前人们的生活、这个古镇有很多好吃的。

2. 大家看看这三条理由分别是从哪些角度说的？（学生交流）

3. 师总结：大家看看这三句话（出示推荐古镇的三句话），"这个古镇很美"，是从景色这个角度来写理由的；"在那里可以了解以前人们的生活"，是从风俗的角度写理由的；"这个古镇有很多好吃的"，是从美食的角度来写理由的。教材以推荐一个古镇为例，启发我们可以从不同的方面来写推荐的理由。

4. 除了这三个推荐理由，我们还可以从哪些方面去推荐一个地方呢？

（发散思维：文化、历史、特产……）

师总结：对，我们还可以从一个地方的文化、历史、特产等方面来进行介绍。大家看，一个地方的景色、风俗、美食、文化、历史、特产等各有不同，我们可以从这么多不同的角度、不同的方面去推荐一个地方。

5. 继续讨论：我们给别人推荐一个地方，如果就说"这个地方很美""这里有很多好吃的""这里特产丰富"这几句话，作为推荐理由，理由是不充分的，是不能打动别人，让人一下子就有了想去的冲动的。

三、学习写作方法

师：推荐一个好地方，不仅要围绕不同的方面来推荐，还要把每一条推荐理由说清楚，介绍得具体、生动，这样你的推荐才会让人怦然心动，心向往之。那么怎样把我们的推荐介绍得清楚、充分，让人怦然心动，心向往之呢？下面老师来教大家几个小妙招，你用上这几个小妙招，就能让你的推荐打动人了。

1. 有顺序。

老师介绍的第一个小妙招呀就是你的介绍一定要"有顺序"。你的介绍有顺序，条理清晰了，别人才能听得清楚，才能被打动啊！我们来回顾一下这一单元学过的课文都是按照什么顺序来写的吧。

回顾课文，学习写法。

出示音频：我们学习的第一单元的《观潮》一课按照"潮来前—潮来时—潮去后"的顺序描写了钱塘江大潮的盛况；《走月亮》一课以"小路""溪边""村道和田埂"几

个变化的地点，来写"我"和阿妈在云南洱海边的月光下散步的场景；《繁星》一课以时间为线索，讲述了"从前""三年前"及"如今"这三个不同时段在三个不同地方"家乡的庭院""南京所住的菜园""海上"观赏繁星的情景与感受。大家看，这几课中，作者按照时间的顺序或者地点变换的顺序，是不是让我们感受到了结构清晰，层次分明呢？所以呀，我们在推荐一个好地方时，要能够按照一定的顺序来介绍，比如，我们可以按照游览的顺序、方位的顺序、从整体到局部的顺序等。这样，你的推荐就会更有条理，更清楚哦！小朋友们，你们记住了吗？

师总结：我们在推荐一个好地方时，如果能够按照一定的顺序来介绍，你的推荐就会更有条理，更清楚。

2. 有画面。

老师介绍的第二个小妙招是，你的介绍一定要"有画面"。怎样让我们的介绍具有"画面感"呢？我们来看看这两段话。（出示《观潮》《走月亮》片段）

大家看看泡泡里的话："读这段话，我仿佛看到了潮水来时的样子，听到了潮水奔腾的声音。""读到这里，我仿佛闻到了水果的香味。"大家看，通过作者这样的描写是不是就在我们的眼前呈现出一幅有声有色的画面了呢？我们来看看这个学习单。

师总结：我们在推荐时，可以通过这样的描写，让读者仿佛能"看"到样子、"听"到声音、"闻"到香味。这样，具有"画面感"的推荐，是不是让大家就有了想去的念头了呢？

3. 有特色。

要想把推荐的这个好地方介绍得生动具体，要别人产生想去的冲动，还要把这个地方的特色介绍出来。这样你的介绍才能给大家留下深刻的印象。

我们三年级上册学习过的课文《大青树下的小学》中，作者用了许多有新鲜感的词句，写出了这所边疆小学的特别之处。我们本单元《走月亮》一课中，也有许多有新鲜感的语句，我们一起来看看吧！（出示《走月亮》第4自然段截图）

大家看，"每个小水塘都抱着一个月亮"，多新鲜的句子啊，作者在这里用了拟人的手法，形象贴切地勾画了"水塘映月"的画面，传达出一种温暖的情感。

再看《现代诗二首》（截图），"驮着"一词，既赋予画面动感，又让画面充满情意，给人以想象的空间。作者夸张独特的想象，以及修辞手法的妙用，让倦鸟、斜阳、芦苇构成了一幅瑰丽的秋江晚景图。

同学们，你们也可以运用一些让你感到新鲜的词语或句子，写出你所要推荐地方的特别之处，记住了吗？

4. 有情感。

出示《走月亮》第4自然段。大家看这一段的描写，通过作者这饱含深情的描写，你是不是也很想去那"细细的溪水"边去看一看那"灰白色的鹅卵石"和"可爱的小水塘"了呢？你的推荐要是能够让文字有了温度与情感，你推荐的地方一定会吸引人去的！

师总结：我们在推荐一个好地方时如果能够用上这四个小妙招，你的推荐一定会更能打动人哦！

四、梳理写作思路

写之前，老师再和你们一起梳理一下这次写作的思路：（大屏幕出示写作思路）

推荐一个好的地方（提纲）

开头：介绍自己要推荐地方的大致特征。

中间：介绍自己要推荐地方的景色（环境）、风俗、美食、文化、历史、特产……（有顺序、有画面、有特色、有情感）

结尾：写自己的内心感受。

五、例文赏析

下面我们一起来欣赏一篇例文吧！出示一篇例文《美丽的采石矶》，赏析习作。

六、布置作业

把你想推荐的好地方写下来吧！

第二课时　习作评讲课

【课时目标】

1. 能够对照评价标准评价自己和他人的习作。

2. 能够修改自己的习作。

3. 举办"最受欢迎的好地方"推荐会，看看哪些地方最吸引大家，有没有把这个地方介绍清楚，有没有把推荐的理由写充分。

【教学过程】

一、复习回顾上节课内容

同学们，大家好，今天我们继续学习四年级上册第一单元《习作：推荐一个好地方》。今天这节课我们来分享大家的习作。首先我们来回顾一下上节课的学习内容。上节课我们知道了把推荐理由写充分、写具体的四个小妙招"有顺序、有画面、有特色、有情感"，接下来我们一起进入今天的学习吧！

二、修改学生习作

昨天老师布置的习作，有一位小朋友总觉得自己的文章写得不好，没有把推荐的理由写充分、写具体，想修改，但又不知怎样修改，这是这位同学的习作《古城西安》，我们一起来看看，想办法来解决吧！

今年暑假，我去了十三朝古都——西安游玩。那里景色优美，到处都透着古色古香的味道。

在那里，最让我流连忘返的地方，非秦始皇兵马俑莫属。一进门，只见里面人山人海，人群摩肩接踵，热浪一股股扑面而来，但依然不能阻止我观看的热情。挤进人群，终于看到兵马俑的真容。只见他们头戴战盔，身披铠甲，排列得整整齐齐，俨然是一支雄壮严整的军队，将秦国当年横扫六国的赫赫军威表露无遗。

见到如此壮观的景象，我仿佛看到那威风凛凛，严阵以待的秦国军队，仿佛听到那响彻云霄的锣鼓声和将士们的喊杀声，仿佛闻到那遍布沙场的血腥味。参观结束后，我不由地赞叹："真不愧为世界八大奇迹之一啊！"

在西安你不仅可以欣赏到许多宝贵的历史遗产，美食也是一绝呢！肉夹馍皮薄肉鲜，咬上去，饱满的汤汁让我唇齿留香。凉皮清清爽爽，让我"爱不释口"。我狼吞虎咽，每顿都吃个肚儿圆。

小朋友们，快来一睹西安的风采吧！

同学们，我们对照着上节课老师教给大家的四个小妙招，来看看怎么帮助他修改吧！

师：这篇习作的开头没有加上推荐语，应该这样改："我给大家推荐的地方是古城西安，那里景色优美，到处都透着古色古香的味道。"这样写，别人一看就知道是一篇推荐稿。

　　第2自然段写兵马俑一段，我们可以按照由远到近、由整体到部分的顺序进行观察、描写。比如"只见"这段话的前面，我们就可以加上"远远望去，它们一行行，一列列，十分整齐，排成了一个巨大的长方形军阵，真像是秦始皇当年统帅的一支南征北战、所向披靡的大军"。这是从整体来描写，然后再在"只见"前面加上"走近一看"，在"表露无遗"后面加上"仔细观察每一个兵马俑"这句话，写出兵马俑神态动作的句子。大家看，第2自然段这样一修改，条理更清晰了，内容是不是也更具画面感，更生动了？

　　第4自然段描写美食一段，作者写得比较简单，没有写出西安美食的特色。我们可以这样修改：肉夹馍的模样有点像河蚌一样分为上下两块，中间夹着厚厚的馅。别看肉夹馍的样子不好看，但味道绝对是一流的！外面的馍表皮焦香酥脆，内瓤雪白绵软，里面的肉鲜嫩多汁，远远地你就能闻到一阵阵诱人的香味，让你忍不住直咽口水。等到一口咬下去，"嘎吱"一下，皮脆脆的，馅香香的，嚼在嘴里时，汁水从肉里呲出来，让你的口中充满了卤汁的香味，真是回味无穷啊！

　　西安凉皮可以这样描写：红艳艳的辣椒衬托着雪白光滑的凉皮，再加上绿中带白的黄瓜丝和嫩黄的豆芽菜，真是色彩缤纷啊！凉皮很爽口，吃在嘴里，滑溜溜的，好像随时都要逃出我的口中一般。而黄瓜很酥脆，咬在嘴里"咯嗒咯嗒"响，像一名诗人"咿咿呀呀"地朗诵着一样。

　　你们看，由刚才的两句话，变成了现在的两段话。小作者抓住了一些有新鲜感的词句，比如"它的模样有点像河蚌""咬在嘴里'咯嗒咯嗒'响，像一名诗人'咿咿呀呀'地朗诵着一样"，这样，是不是就把肉夹馍和凉皮写得与众不同了？通过这样的描写，肉夹馍和凉皮的特色就一一展现在我们面前，让我们读着读着就口水直流呢！

　　文章中的一些语气词，像"呢""啊""哦""吧"等字里行间中透露出小作者对西安的深深喜爱之情，这样的推荐稿，怎能不让我们心向往之呢！

　　三、学生修改自己的习作

　　好，现在请同学们拿出笔，试着用老师刚才教的方法，把你的习作改一改哦！

　　修改好了吗？老师这儿有一份评价表，我们对照着这份评价表，来给这篇修改好的习作打打星吧！

　　四、举办"最受欢迎的好地方"推荐会，共享"妙招"

1. 出示推荐稿《我家门前的书店》。（音频）

学生点评交流音频。

2. 出示推荐稿《上海迪士尼乐园》。（音频）

学生点评交流音频。

3. 出示推荐稿《黄河壶口瀑布》。（音频）

学生点评交流音频。

4. 同学们，你们也学着刚才几位同学的样子，把自己的习作读给小伙伴听听，大家一起来分享交流自己的习作，看看哪一位同学推荐的地方最吸引人，最后我们一起来评选出"最受欢迎的好地方"，好不好？

五、布置作业

分享交流自己的习作，看看哪一位同学推荐的地方最吸引人，最后大家一起来评选出"最受欢迎的好地方"。

【板书设计】

推荐一个好地方

写什么

怎么写｛不同角度

　　　　运用妙招

（本课例被评为 2022 年安徽省精品课例）

《月之韵》阅读欣赏课教学设计

【教学理念】

童年阅读是为人的成长打下精神底子的过程，是让人们的头脑变得丰富、精神变得美好的过程。作为一名语文老师，我们有责任用童年阅读来守望儿童心灵的故园，让孩子多一份语言的醇厚与灵动，多一份精神的丰裕与深广，让学生尽情地欣赏、品味着优美的语言，让我们的语文课堂成为连接人类文化长河的溪流，顺着这条溪流，学生可以溯源而上，寻找语文的源头，寻找知识的源头，寻找生命的源头！

本课的设计，就是想让学生在课外阅读大量的文学作品，通过课堂上的展示和讲解，让文学作品中的语言内化为学生自己的语言。希望这节阅读欣赏课，能够架设起学生课内阅读和课外阅读的桥梁，让学生从课内阅读走向课外阅读、经典阅读。

【教学目标】

通过对月亮的诗词、文章的欣赏，引导学生去欣赏祖国丰富的文化瑰宝，感受祖国语言文字的魅力，陶冶学生的情操，提高学生的文学素养。

【教学重点】

多角度地赏析语言文学，更深刻地理解语言文字，慢慢地把诗词和文章中出现的佳句转化为自己的语言。

【教学准备】

1. 课前搜集有关月亮的诗篇、文章，做好赏析的准备。

2. 准备贝多芬的《月光鸣奏曲》课件。

【教学时间】

一课时。

【教学设计】

一、阅读赏析

1. 欣赏指定篇目：《春江花月夜》《水调歌头》《荷塘月色》。

（学生对课前准备的指定篇目进行阅读赏析，发表自己阅读过程中的感悟、评论或收获）

2. 欣赏自由选择篇目。

（学生对课前准备的自己喜欢的关于月亮的其他篇目进行阅读赏析，发表自己阅读过程中的感悟、评论或收获）

二、听《月光鸣奏曲》想象画面

1. 学生听《月光鸣奏曲》想象画面。

2. 课堂小练笔。

三、望月抒怀

（学生望月抒怀，可以是一两句话，也可以是即兴创作的一首有关月亮的小诗）

四、齐诵《水调歌头》结束本课

【我的思考】

总体来说，我上这一课，一直是懵懵懂懂。因为没有看到相关的资料和可供参考的相关的课堂教学设计，只是凭着自己的感觉在摸索着前行。在整个摸索前行的过程中，要培养学生广泛的阅读兴趣，扩大阅读面，增加阅读量，多读书，读好书，读整本书，鼓励学生自主选择阅读材料。懵懂中依稀觉得，只要是朝着这个方向去努力，一定不会错的！因此，一路跌跌撞撞，摸爬滚打中，走出了一条未知的阅读与欣赏的语文教学之路。

语文的学习就是积累的过程，特别是小学语文高年级的语文学习一定要让学生汲取祖国丰富的文化资源。我每周开设一节阅读欣赏课，目的就是想引导学生去欣赏大量的经典作品，感悟祖国语言文字的魅力。

认读能力、理解能力、吸收能力和鉴赏能力是提升学生阅读能力的重要因素，这些能力是在大量的课外阅读实践活动中形成的，阅读实践活动的形式丰富多彩，才能激发学生课外阅读的兴趣。本课的设计，就是希望通过课堂上的这些阅读实践活动，让学生享受到读书的乐趣。

（2006年11月马鞍山市市级骨干教师展示课）

《月之韵》项目化学习教学设计

【项目描述】

本项目是基于小学语文统编教材六年级上册第一单元《古诗三首》中的《西江月·夜行黄沙道中》以及学生小学阶段接触到的有关月亮主题的诗词、文章，如四年级上册的《走月亮》、五年级上册的《月迹》、五年级下册《月是故乡明》等，最终形成围绕"月亮"这个专题的项目化学习活动方案——《月之韵》。

【主要关联技能】

收集、提取、整理信息技能；组织、交流技能。

【主要关联学科】

语文、音乐、美术、信息技术。

【教学对象】

小学六年级学生。

【项目目标】

1. 通过多渠道、多途径地搜集与月亮有关的神话传说、诗歌对联、音乐绘画以及与月亮有关的民风民俗，陶冶学生的情操，提高学生自主学习、实践的能力，进一步提升学生的语文素养。

2. 在整理资料中感受祖国丰富的文化瑰宝，能够交流自己的所得，并能运用智慧课堂的多种手段和形式展示自己的学习成果。

【项目结果表现方式】

以小组为单位进行汇报展示交流。

【驱动性问题】

千百年来，月亮一直是文人墨客吟咏歌颂、抒发胸臆的对象，那么对于月亮，你到底了解多少呢？

【项目完成时间】

三个星期。

【项目步骤】

第一阶段：指导分组，制订方案

【教学内容】

1. 激发学生对中国月亮文化的兴趣；

2. 指导学生根据兴趣确定活动内容；

3. 根据调查研究的内容对学生进行分组，指导组内分工；

4. 学写简单的活动计划。

第一课时

【课前活动】

通过电子白板直接推送微课，并一键导入月亮主题问卷调查单，将其布置为答题卡推送至学生平板，学生完成后提交。

【设计意图】通过观看微课后的10道选择题检测，老师更好地做到以学定教。

一、回顾旧知（创设情境），走近月亮

（利用互联网搜集整理月亮的高清图片，配上背景音乐，用剪映软件做成视频，利用电子白板插入功能，插入做好的视频）

1. 同学们，我们已经学过了第一单元《古诗三首》中的《西江月·夜行黄沙道中》，大家一起来背一背好吗？（学生齐背《西江月·夜行黄沙道中》）

2. 在整个小学阶段，我们学过哪些有关月亮的诗词或文章？

3. 你在课外还了解到哪些描写月亮的诗词或文章？（点击电子白板的学科工具栏"古诗词"，根据学生的回答，输入相应的古诗题目，能快速呈现这首诗的资源，界面除了有原文及翻译，还有诵读音频等）

4. 每年的农历八月十五，就是我们中国的传统节日——中秋节。之所以称为中秋，是因为这一天是三秋之中。这一天的月亮格外亮，格外圆，望向那一轮神秘的圆月时，大家心中在想什么呢？

【设计意图】上课伊始，教师以学生学过的《十五夜望月》这首诗引入，让学生回忆课堂上学过以及课外了解到的有关月亮的诗词或文章，再引导学生望月想象，利用电子白板播放月亮的视频，充分感受月亮的不同变化，从而打开了学生的形象思维，让大家情不自禁地进入月亮的主题之中，产生进一步交流的积极性，为下一个环节的学习奠定情感基础。

二、确定话题，走近月亮

1. 同学们，你们对于月亮有着这么多的了解，真了不起！月亮是神秘、浪漫、美好的象征。时圆时缺的月亮总能引起人们无限的遐想，文人墨客用尽词汇去描绘她、赞美她。这节课啊，我们就一起围绕"月亮"这个主题进行进一步的研究和探讨。下面我们一起来思考一下，关于月亮我们可以从哪些方面去研究呢？

2. 生自由发言。

3. 老师指导学生归类整理问题。

4. （利用思维导图）师生共同确定研究内容。

5. 确定主题，指导分组，制订小组活动方案。

（每个小组内大家共同制订一份活动方案，要求写清楚小组名称、小组成员、任务及分工、成果展示形式等，小组内通过后，组内人手一份，并按照要求执行、准备。组长负责对小组成员分工的协调、监督，落实活动方案。活动方案落实过程中组员要进行讨论交流、修改完善）

【设计意图】这次的项目化学习任务对于学生来说，是很重要的一次独特尝试。希望通过项目活动，激发学生的思维，在对话、讨论中，碰撞出智慧的火花，进一步培养学生整理、归纳问题的能力。教师在指导学生进行项目准备的过程中，重在学生过程的参与，不以查找的知识多少论成败，而是看谁在研究的过程中最努力，最积极。

6. 教师在指导学生进行项目化学习过程中的注意事项。

①为了让学生做到有的放矢，在明确各组的调查要求，尊重学生自己的调查意见的基础上，老师要不失时机地帮助其修改和制订切实可行的调查方案，让学生知道项目化学习制订计划或调查方案的重要性；并对学生的调查实践进行有重点的指导，随机进行检查，适时地教给学生方法帮助学生完成项目任务。

②给学生留出足够的时间去进行调查搜集关于月亮的知识，语文学科有意识地少布置作业，给学生留出更多调查和研究的时间。

③学生进入调查研究一周后，要求各小组提交自己的活动汇报形式，形成各小组

活动汇报安排表。

三、作业布置，亲近月亮

利用课余时间，在组长召集下根据活动方案去搜集相关资料，进行项目化学习成果的展示准备。

【设计意图】通过明确活动任务，让学生的项目化学习与实践更有针对性，自由按兴趣组成小组，能增强学生凝聚力，并充分调动学生的激情和动力，更大程度地发挥学生的潜力。

第二阶段：自主合作，方案实施

【教学内容】

1. 指导学生根据方案内容来搜集、整理资料；

2. 指导学生整理资料时逐步形成自己的观点；

3. 根据学生活动内容以及所搜集整理的资料，鼓励学生通过智慧课堂的多种形式来汇报活动成果，形成富有特色的活动展示。

第一课时

【教学过程】

一、月亮文化知识问答

（利用电子白板的"课堂活动"，分别设计趣味分类、超级分类、选词填空、知识配对、分组竞争等有趣的游戏）

经过一个星期的时间，大家按制订的学习方案进行活动，已经搜集了不少的资料，了解了关于月亮的不少知识。现在我们做一个有关月亮的知识问答，看哪一个小组回答得最好。（大屏展示问题）

（1）月亮有哪些美称或雅号？请说出两个：_____、_____。

（2）请说出与月亮有关的神话传说的名称：_____、_____。

（3）请说出与月亮有关的诗句：_____、_____。（利用"知识配对"，学生把表示月亮的诗句和相对应的诗句搭配起来）

（4）在科技高度发达的今天，人们仍然喜欢月亮文化，这是因为：_____。

（老师点击易课堂"发表观点"，学生利用平板写出理由发送，老师随机点击）

（5）你能猜出这几个有关月亮的谜语吗？（利用电子白板小工具笔里的图案或自带的掌声，对学生进行鼓励）

①明天日全食（打一字）

②月是故乡明（打一农业名词）

③蟾宫曲（打一曲牌名）

④月有阴晴圆缺（打一经济学名词）

⑤长安一片月（打一水浒人物名）

⑥中秋菊盛开（打一成语）

⑦僧敲月下门（打一外国地名）

⑧冰轮乍涌（打一电影名）

【设计意图】利用智慧课堂的"课堂活动"设计答题游戏，这些游戏以其图、文、声、像并茂的众多特点及优势，将普通的知识问答变成有趣的小游戏形式，使语文项目化学习变得轻松、愉快，从而增加了课堂的趣味性，优化了学习过程。

二、讨论交流

1. 看来，大家经过一周的搜集，已经掌握了很多有关月亮的资料，你们是运用什么方法来搜集资料的呢？

2. 学生自由交流自己搜集资料的方法及过程。（利用计时器功能）

3. 大家搜集了这么多的资料。那么，这些搜集的资料如何进行整理、筛选呢？

三、指导筛选资料

1. 出示资料整理的标准。（电子白板的易课堂传送整理标准至学生平板上）

2. 以月之风俗组资料为例，具体操作如何筛选。（利用电子白板授课助手拍摄资料传到大屏幕）

3. 学生小组内进行资料整理，共同决定。

四、形成见解

1. 以"月之音画"小组为例，指导学生根据整理的资料，形成自己的见解。

2. 各小组根据本小组所整理好的资料，讨论并形成观点。

（师巡视，指导建议）

【设计意图】教师在巡视指导过程中，可以为学生提供针对性点评，可以通过手机拍摄，把该小组搜集到的资料传到大屏幕，将图片放大，用电子笔勾画重点内容，为学生讲解，使该小组学生更加清楚地看到其中各项细节，充分掌握优势和不足。

五、作业布置

利用课余时间梳理并完善本组的研究资料。

第二课时

一、导入

通过上节课搜集、整理的资料，想必各个小组对自己的资料相当熟悉，也形成了本组观点，哪个组愿意来汇报一下？

（生踊跃发言）

二、形成总结

1. 指导活动总结的写法。

2. 讨论：你们组想用怎样的形式来汇报自己的活动成果？（利用易课堂中的"发表观点"功能）

（朗诵、演示文稿、电子小报、手抄报、音乐舞蹈、图文结合等）

3. 分组完成简单的活动总结。

【设计意图】本次项目化学习活动，是学生自主参与，自主探究的过程。活动研究的问题、研究方法、研究的成果、小组人员的分工均由学生自己讨论决定，而不是由教师来代替，教师只是活动的组织者、参与者、指导者，充分体现学生的自主性。同时在这一过程中，让学生体会到，无论干什么事都要有一定的计划性，防止活动的盲目性。项目的内容和形式十分丰富，学生的个性体验和感受也不同。教师要承认和尊重学生的分歧和差异，用多元的方法来评价，并给予疏导和点拨。

三、作业布置

利用课余时间完善活动总结。

第三阶段：成果展示，总结评价

【教学内容】

1. 通过多渠道、多途径地搜集与月亮有关的神话传说、古诗、成语，感受古代文化，培养学生搜集和处理信息的能力；

2. 在整理资料中感受祖国传统文化魅力，能够交流自己的所得，并能运用智慧课堂提供的多种手段和形式展示自己的学习成果；

3. 培养学生口语交际能力、写作能力、听说读写能力，从而使学生的语文素养得到全面发展和提升。

第一课时

【教学过程】

一、谈话导入

（放《明月几时有》的音乐，营造一种浪漫的气氛）

月亮是一个永恒而美好的话题。自古以来，月亮就以其神秘和美丽吸引着我们。文人墨客争相吟月，为其写下多少诗篇；民间百姓仰望星空，又传颂着多少神话故事。经过三周精心准备的《月之韵》项目化学习活动，同学们对中华民族赋予月亮的各种文化意义、情感符号有所了解。月文化不愧是祖国传统文化中的一枝奇葩。下面，我们就走近月亮的天地，感受月亮的风采。我宣布，"月之韵"各小组活动成果展示现在开始！

二、展示交流

（一）"月之神话"小组成果汇报展示

"月之神话组"小主持人：如水的月亮带给人美妙的意境，缠绵的情思不仅是因为它的皎洁、无瑕，还来自它悠远的传说，我们小组的同学用上网，去图书馆、书店等形式查到了一些关于月亮的传说及故事，下面就请我们小组的同学，把这些神话故事和大家一起分享。

1. 一位学生简单介绍小组分工情况。（学生平板"拍照上传"）

2. 成果展示：利用动画设计，制作成演示文稿配合学生的故事讲述。

（小组内一位学生调控演示文稿：大屏幕上，一轮明月冉冉升起，花木扶疏，茅舍竹篱，炊烟袅袅，《月光曲》轻柔的旋律缓缓流淌……伴随学生声情并茂的讲述，一幅幅PPT画面随着故事情节不停地变换。）

小组内其他学生分别讲述《嫦娥奔月》《吴刚伐桂》等关于月亮的神话传说。

3. 组长进行本组"关于月之神话的活动总结"，利用学生平板拍照上传本组的活动总结。

师：美丽神奇的传说，让月亮蒙上了一层神秘的面纱，让我们对她产生了无限的遐想！

【设计意图】通过收集关于月亮的神话故事和讲述故事，在听、讲故事中体验到我国文化的源远流长、博大精深，让学生热爱我们中华民族独具魅力的传统文化，增强民族自豪感，并引发对"月亮文化"的探究兴趣和关注，同时培养学生说、听的能力。

（二）"月之习俗"小组成果汇报展示

1. 组长介绍本组成员如何搜集整理资料的情况并展示相关图文资料、影像资料。（运用电子白板相关联的剪辑师工具制作微课视频，穿插到希沃白板中，以"超链接"的形式呈现出来。）

2. 展示"月之习俗网页"，介绍与月亮有关的风俗习惯。

3. 介绍各地欢庆中秋的情况。（配合演示文稿）

【设计意图】这一环节的教学，通过学生展示的形式，让学生通过学习伙伴了解知识，得到启发，丰富自己的知识储备。学生能在倾听互动中体验成功的乐趣，有利于学生学习能力的提高。

（三）"月之诗文"小组成果汇报展示

1. 主持人：人们常用"月圆、月缺"来形容悲欢离合。客居他乡的文人墨客更是以月来寄托深情，写下了无数的诗篇，下面请我们小组同学跟大家一起分享。

三位学生分别朗诵《水调歌头》《春江花月夜》《荷塘月色》片段。

2. 主持人：除此之外，在查找资料的过程中，我们还了解、积累了许多关于描写、赞美月亮的诗句，现在我们进行"诗文接力"活动。规则：每小组派两名同学参加，我们出上句，你们接下句，失败了可以求助于小组内其他的同学。（分组竞争）

（小组之间进行诗文接力）

3. 主持人：我们小组不仅找到了写月的诗，还找到了许多写月的成语，大家敢挑战吗？（利用"遮罩"功能把答案盖住）

花前——月下、风花——雪月、日新——月异、花好——月圆、披星——戴月……

学生边说边在大屏幕上打出成语。然后集体背诵，积累成语。

4. 关于月亮的对联。

主持人：诗歌词赋令人回味无穷，除了诗歌词赋，我国古代人民创造了光辉灿烂的楹联文化。名联佳对，浩如烟海。我们是中华文化的传承人，更应从我国这份独特的、珍贵的文学遗产中汲取营养。我们在屏幕上方出示的是上联，下方出示的是打乱的下联，请各小组任选一个，合作找出下联，如果能够小组合作创作出新的下联就更好了！要求对仗工整，并说出你们的理由。（利用"蒙层"功能把下联盖住，当需要使用时用"橡皮"擦掉即可）

月月月明，八月月明明分外

楼高但任云飞过

满地花阴风弄影

中天一轮满

天若有情天亦老

中秋赏月，天月圆，地月缺

（小组学生对对子、创作对联）

5. 组长谈关于本次活动的收获和感受。

【设计意图】本环节目的是让学生在阅读、欣赏、品味大量描写月亮的诗文佳句中积累语言，感受祖国语言文字的魅力。整个环节加入了小组之间的互动交流，学生的现场创作，学生兴味盎然。

（四）"月之音画"小组成果汇报展示（多媒体）

1. 不仅是诗人在赞美月亮，音乐家、画家也把对月亮的赞美和理解融入了自己的作品之中。

2. 今天我们组给大家带来了二胡名曲《二泉映月》。（一边播放《二泉映月》，一边播放课文《二泉映月》片段，学生轻声朗读）

3. 欣赏古筝名曲《春江花月夜》。(配文字《春江花月夜》，学生边听边欣赏)

4. 聆听了两首风格迥异的名曲，你能说说作者或者谈谈音乐所流露的情感以及你自己的感受吗?

5. 配乐欣赏画作。如《松溪泛月图》《月下赏梅》等。

6. 组长谈关于本次活动的收获和感受。

【设计意图】在欣赏音乐及画作中，对学生进行审美教育的同时，寓传统文化于美育之中，使学生不断了解中国传统文化的精髓，领悟中国传统文化的博大精深，感受中国传统文化的绚丽之美，并让它们浸润到自己的内心深处。

三、"我心中的月亮，我心中的诗"——望月抒怀

师：通过这一段时间以来同学们对月亮文化的了解，现在，你心中对月亮又有了怎样全新的认识呢? 现在，让我们对着这一轮明月，进行"我心中的月亮，我心中的诗"活动，把你近段时间以来对月亮的感知说出来，可以是几句话，也可以是现场创作的一首小诗。(学生完成后，借助电子白板的拍照上传功能，师生用电子笔共同评价)

(先小组内讨论交流，然后每个小组选一个学生望月抒怀)

【设计意图】学生通过这一个阶段对于月亮文化的探究和了解，已经对中国的月亮文化有所认识和掌握，中国的传统文化已经深植于学生内心。此环节的设计，既是对本项目驱动性问题的总结，又让学生在了解和认识月亮文化的基础上能够有自己的见解和创新，让学生学有所思，学有所得，最终提升学生的语文素养。

教师最后总结：经过这一段时间以来对月亮文化的探究，今天，当我们再次在一片清辉中举头仰望那一轮明月时，我相信，此时我们眼中一定会有不一样的风景! 月之遐思，余韵悠长。我宣布，《月之韵》项目化学习活动到此结束。

(本教学设计写于 2021 年 2 月)

《千年梦圆在今朝》项目化学习教学设计

【教材分析】

《千年梦圆在今朝》是人教版语文六年级下册第五单元的一篇略读课文。课文叙述了中华民族几千年来的飞天梦想在几代人的不懈努力下，今朝得以梦圆的过程，赞扬了中国航天人热爱祖国、团结合作、默默奉献、锲而不舍的精神。

【设计理念】

项目化学习是国际流行的教育方式之一，是实现综合能力教育的有效途径。"项目化学习"视角下的语文教学设计，主要体现为语文知识的综合运用，听说读写的整体发展，语文课程与其他课程的沟通，书本学习与课外阅读、实践活动的紧密结合。本课的教学设计，希望通过这样的项目化学习，拓展学生的学习空间，让学生围绕"航天"这个主题，综合性地展开相关的调查、实践和研究，培养学生团结合作、主动探究、勇于创新的精神，最终提升学生的综合素养。

【学习目标】

1. 积累"人飞于天、鲲鹏展翅、九天揽月、嫦娥奔月、炎黄子孙、积劳成疾、风华正茂"等四字词语。

2. 正确、流利、有感情地朗读课文。

3. 通过自读自悟理解课文内容，了解我国航天技术的伟大成就，体会到现代科学技术成就的取得要靠一代代科技工作者艰苦的工作和不懈的努力。

4. 学习作者在具体的事实描述中说明道理的方法，体会文章的语言美。

5. 通过项目化学习，拓宽学习空间，让学生围绕"航天"这个主题综合性地展开相关的调查、实践和研究，最终形成自己的学习成果。

【教学重点】

1. 培养默读课文、把握课文主要内容的能力，了解我国载人航天飞行成功的经过。

2. 学习作者在具体的事实描述中说明道理的方法。

【教学难点】

1. 体会载人航天工程的艰巨和困难，感受载人航天飞船顺利发射和成功返回的伟大意义。

2. 通过项目化学习，进一步了解中国航天的历史，感受航天人的精神，培养学生独立自主、合作探究的学习能力。

【教学方法】

讲授法、分组讨论法、小组合作探究法等。

【教学准备】

1. 教师准备多媒体课件。

2. 把全班学生按照组内异质、组间同质的原则进行分组。

3. 事先下发项目化学习任务单，根据项目化学习任务单中的内容，每个项目化学习小组围绕"中国航天人，中国航天梦"这个主题，通过各种途径查阅相关资料，制作课件、视频等，合作完成学习项目，并以小组为单位做好在课堂上展示项目化学习成果的准备。

【教学时间】

一课时。

【教学过程】

一、导课

播放神舟五号升空的视频，学生看视频，教师问：作为一名中国人有什么样的心情？

今天我们就来共同学习《千年梦圆在今朝》这篇课文，了解一下中国人飞天梦想实现的历程。

二、初读课文，出示要求

1. 自读课文，读准字音，读通句子。

2. 思考：中国千年的飞天梦是怎样一步一步实现的？

（注意按时间顺序在文中找出答案，并用简洁的语言加以概括）

3. 汇报交流：

①检查字词的掌握情况。（课件出示词语）

②指名读词语，引导学生积累"人飞于天、鲲鹏展翅、九天揽月、嫦娥奔月、炎黄子孙、积劳成疾、风华正茂"等四字词语。

③交流千年的飞天梦是怎样一步一步实现的？（先从课文中找相关句子，再用自己的话概括）

4.小结，进一步理清飞天梦实现的过程。

三、再读课文，出示要求

飞天梦的实现极为艰辛，哪些句子使你感受到这些追梦人的可贵精神？请默读课文，画出你感受最深的句子，并做简单批注。

1.学生自读完成问题。

2.学生在小组内交流自己的学习心得。

3.全班交流，教师点拨。

①抓住四字词语体会航天人的品质。

②你还可以用哪些你积累的四字词语来评价他们？（板书：无私奉献）

③句末的"……"省略了什么？

④这段话采用了什么修辞方法，有什么好处？

（这个排比句强调突出了航天人为了实现梦想，放弃了优越的生活条件，忘我工作，默默奉献的精神。）

4.为了"神舟五号"飞船的飞天，有多少人忘我工作，默默奉献。他们付出的是青春，是健康，甚至是生命。同学们，一个个英雄的背后还站着无数的无名英雄。（出示补充材料指名学生读）

为了保证"神舟五号"的成功发射，科学家们共设计了20种救生方案保证航天员安全，针对飞船系统的故障对策有139个；8位科学家未见飞天身先死，这些科学家有的倒在出差的火车上，有的牺牲在实验室，他们努力了数十年却没能看到飞天成功的壮丽场景。

在酒泉卫星发射基地还有一座烈士陵园，这里长眠着600多位航天工作者，他们牺牲时平均年龄还不到25岁，有的人为了寻找飞船的残骸活活渴死在了茫茫沙漠中；有的人为了攻克技术难关，年轻的生命早早地凋零；有的人为了排除险情，献出了自己宝贵的生命……

5. 同学们，一座座墓碑不会说话，但却铭记着一个个感天动地的航天英雄，让我们一起饱含深情地再来朗读这段话，表达我们心中的敬意。

四、项目化学习成果展示（补充中国航天的资料）

1. 出示项目化学习任务单。

表2-1　《千年梦圆在今朝》项目化学习任务单

每个学习小组围绕"中国航天人，千年飞天梦"这个主题合作完成以下学习任务：

(1)介绍中国航天的发展史(可以以制作课件的形式进行解说,也可以以手工画思维导图的形式进行解说)。

(2)介绍有关航天的人物及故事。

(3)可以自己创作有关航天的诗歌也可以找书上的诗歌,朗诵诗歌(可以配乐朗诵)。

(4)为牺牲的航天英雄写墓志铭。

(5)从网上找一段精彩的有关航天的视频(视频时间不超过2分钟),为视频写解说词并现场进行解说。

(6)查找资料,为本文作者填补空白:选择一个成功发射的载人航天飞船或嫦娥探测器(神舟7~11号或嫦娥1~5号等),也写进课文中,加在你认为合适的地方。

温馨提醒:

(1)每个学习小组选择以上学习任务进行学习,可以六个任务全部选择,也可以选择其中几个任务进行学习。

(2)在任务学习过程中,小组成员必须分工合作,各司其职,最后以小组的形式进行展示。

(3)每个小组成员在搜集资料的过程中,要学会取舍,提取关键信息,用自己的语言进行归纳、整理。

(4)每个小组汇报展示的时间不得超过5分钟。

(5)如果有视频和课件的,请在上课之前把文件拷贝到电脑桌面上(视频和课件以小组的名称加内容命名文件)。

2. 各小组选择任务单上的一个内容，以小组为单位上讲台进行项目化学习成果展示。

3. 展示结束之后，请其他小组对展示的小组进行评价，从每一组展示的内容和形式两方面进行评价。

4. 教师结合学生项目化学习成果展示进行总结性评价。

五、集体朗诵板书结束新课（板书是前面课文内容的梳理）

千年梦圆在今朝

万户首飞志未酬

历经失败苦索求

东方乐曲响太空

神五神六升苍穹　　　　　无私奉献

中国航天竞风流

执着追求梦不休

探索火星登月球

飞天之梦终成功

（2019年5月马鞍山市李翠霞语文教育名师工作室主持人展示课）

《月光曲》读写融合教学设计

【教材分析】

《月光曲》是人教版九年义务教育六年制小学语文教科书中的一篇精读课文。课文讲述了德国著名音乐家贝多芬在幽静的莱茵河畔，听到了盲姑娘的琴声而受到触动，不请而进的他看到兄妹俩又心生感动，便为其弹奏一曲，可他没想到遇上了知音——一位对音乐痴迷且极富音乐理解力、有极高音乐素养的盲姑娘，因此内心激动不已以至不答而弹，在那个月光如水、情感如潮的时刻，即兴创作出了《月光曲》的传奇故事。

课文中对于月光曲旋律的描写一段运用了联想的写作手法，教师应抓住这一教学重点，加以展开，引导学生通过第9自然段分辨什么是联想的事物，什么是实在的事物；引导学生初步了解相关联想、相似联想和相反联想的写作手法；引导学生联系课内外知识，注意读与写结合。学会根据实在的事物，展开适当的联想，在读写结合的训练中，提高语言的运用能力，便是本文教学的重点、难点所在。

【教学目标】

1. 朗读课文第9自然段。

2. 通过第9自然段让学生分辨什么是联想的事物，什么是实在的事物。

3. 初步了解相关联想、相似联想和相反联想。

4. 课内外联系，读与写结合。学会根据实在的事物，展开适当的联想，在读写结合训练中，提高语言的运用能力。

【教学重难点】

1. 通过第9自然段让学生分辨什么是联想的事物，什么是实在的事物。

2. 初步了解相关联想、相似联想和相反联想。

3. 课内外联系，读与写结合。学会根据实在的事物，展开适当的联想，在读写结合训练中，提高语言运用能力。

【教学过程】

一、复习导入

同学们，上节课我们学习了《月光曲》这篇课文，知道了贝多芬正是被兄妹俩的真情所感动，为找到这样一位知音而兴奋。幽静的夜晚，轻柔的月光，善良懂音乐的盲姑娘，这一切的一切，怎能不激起贝多芬的创作灵感呢？"名曲本天成，妙手偶得之"，贝多芬就是在这样的情况下，"他飞奔回客店，花了一夜工夫"，即兴创作了不朽的名曲——《月光曲》。

下面让我们再次来聆听这美妙的乐曲吧。

1. 听音乐。

2. 同学们，听完了乐曲，再联系上节课的学习内容，你能完成这道填空吗？

指名学生回答填空。贝多芬的《月光曲》时而＿＿＿＿，时而＿＿＿＿，时而＿＿＿＿，真是＿＿＿＿！（平静、柔和、舒缓轻柔，轻快明朗、明快、刚健，激昂、奔放、激越等）

二、通过第9自然段，学习联想的写作手法

1. 你能通过你的朗读表现出乐曲跌宕起伏的旋律吗？大屏幕出示第9自然段。

①先自由练读。

②请一位学生读第9自然段。

③多美的意境呀！听你读，老师也仿佛来到了波涛汹涌的海边，领略到大海的雄浑壮美。让我们全班同学一起来读读这一小节，感受那优美的意境。（全班齐读）

2. 同学们，皮鞋匠真的看到了月光照耀下的波光粼粼的大海了吗？那是什么呢？

学生回答，师总结：是的，这是皮鞋匠听到月光曲后产生的联想。（板书"联想"）

3. 请大家默读第9自然段，用波浪线画出联想的句子，横线画出描写实在事物的句子。

①学生默读第九自然段，边读边画。

②指名读画出的联想部分的句子。

4. 比较句子：

①出示句子（大屏幕），指名读。

皮鞋匠静静地听着。皮鞋匠看看妹妹，月光正照在她那恬静的脸上，照着她睁得大大的眼睛。

②去掉了这些联想的句子后你觉得怎么样？

生：不美了，不具体、不充分。

③那加上联想的句子呢？

生：内容具体，丰富、充实。（生回答，师板书：内容更充实，情感更丰富）

④师：对。如果去掉了这些联想的句子，那么《月光曲》那跌宕起伏的旋律就不会如此打动我们，这就是联想的神奇作用。通过对比，我们进一步明白了，写文章的时候既要把自己看到的、听到的写得很具体，又能恰当地加上自己的联想，文章的内容就会更充实，表达的感情就会更丰富。

三、了解相关联想、相似联想和相反联想

在《月光曲》一文中，皮鞋匠由月光曲的旋律联想到相关的事物——月光、大海，这种联想叫相关联想，我们学习的《山中访友》也运用了相关联想的手法。其实，除了相关联想，还有相似联想和相反联想，学生齐读名称。那么什么叫相关、相似、相反联想呢？

1. 请同学们拿出作业纸，看资料袋，快速浏览，了解这三种联想，然后不看作业纸，你能告诉我你了解到了什么吗？

2. 不看作业纸，通过刚才的浏览，你知道了什么？

3. 学生回答。师点评：你们能够把资料袋上的知识转化为自己的知识，真好，学习就应该这样。

4. 同学们，告诉你们一个小秘密：比喻、拟人这两种修辞就是通过联想来完成的，你知道他们属于什么联想吗？

5. 老师这儿有选自课文的三段话，你们看看，他们分别属于哪一种联想呢？请同学们拿出作业纸，（出示三个语段）思考，同座可以相互交流一下。

6. 师总结：我们在写文章时，如果能够抓住人物或者事物之间的相似、相关、相反之处，运用比喻、拟人等修辞手法来展开联想，那么你的文章一定会大放异彩！当然，不同的联想方式我们在写文章时往往会交叉使用。

四、拓展运用

1. 下面我们就来看看这个练习：由"绿"分别进行相关、相似、相反的联想，看看你能联想到什么？

（1）学生四人一小组交流讨论。

（2）请学生站起来交流。师点评：①你联想到了一幅画面。②你联想到了一件事情。③老师联想到了一首诗：野火烧不尽，春风吹又生。你又联想到了什么？④师大屏出示答案，进行总结。

绿——小草、树木、环境保护（相似联想）

绿——生命、希望、和平、青春（相关联想）

绿——雾霾、环境污染、乱砍滥伐（相反联想）

师总结：同学们，你们看，一个简单的"绿"字，通过大家的联想，赋予它生命、希望、和平等新的内涵；通过相反的联想，它还能警示我们要保护树木，珍爱环境。古人云：文之思也，其神远矣。可见，联想可以让我们的视野更宽广，思想更深刻。

2. 实践运用。

同学们，我这里还有一篇短文《水之畅想》，大家可以抓住相关、相似或者相反之处，运用比喻、拟人等修辞手法来展开联想，为这篇文章润色，好吗？

①学生展开联想习作，教师巡视。

②学生朗读自己的习作。其他同学要仔细倾听，看看他通过"水"联想到了什么？

③师生评议。

④师总结：同学们，你们看，有了联想，我们的思路就可以跨越时空，任意驰骋。联想可以让我们思接千载，视通万里。这样一篇简单的小短文，加入了联想，你们的文章就变得妙语连珠，文采飞扬！这就是联想展现的魅力！

五、总结全文

师总结：通过今天下午两节课的学习，我们不仅了解了贝多芬创作《月光曲》的经过，感受到了贝多芬为穷苦人民创作音乐的伟大情怀；还学习了联想的几种方法，领略了联想所展示的无穷魅力！

动听的《月光曲》令我们心驰神往，动人的联想让我们文采飞扬！希望你们今后能够插上联想的翅膀，在语文这片天空自由翱翔吧！

【我的思考】

拿到《月光曲》这篇课文，我反复研读，就想能否在"联想"上下些功夫？刚开始，我是想按照我以前的方法进行训练，学完《月光曲》之后，再让学生听《月光曲》，看看学生还能联想到什么？但是，第一遍教案出来之后，总觉得少了些什么？后来，我又看了许多名家的教学设计，于永正老师、支玉恒老师等，他们的教学设计给了我很大的启发。我想，既然六年级上册各单元多次提到了"联想"，而这一课主要的训练点就是"联想"，那么为何不在"联想"上下足功夫，让学生学深、学透？于是我后来的备课就朝着这个方向设计。整个教学设计，我是一遍遍写完，一遍遍推翻，大大小小的修改，一共进行了8次。在这期间，马鞍山市教育局的孙友红老师和花山区教育局的鲁燕老师给了我莫大的帮助，最终才定下来的这篇教学设计。

整个的教学设计，我是以《月光曲》的第9自然段作为一个引子，来源于教材，但是又不拘泥于教材，以教材为原点，生发开去。所以，课堂一开头我是让学生听《月光曲》，既是上节课学习内容的复习回顾，又引出了本节课的学习内容——第9自然段。接下来，让学生朗读、画出联想的句子，进行对比，这是引导学生初步分辨联想和实在的事物，体会两者结合的作用，完成了教参上规定的教学目标。

接下来，我以资料袋的形式拓展了相关联想、相似联想和相反联想的概念，然后出示了三段选文《山雨》《山中访友》（这两篇都是六年级第一单元的课文）《落花生》（五年级课文），都是大家熟悉的课文段落，以加深学生对于这三种联想的理解和认识。当然，语文的学习最终的目的是学以致用，所以我后面又出示了"绿"的联想的训练，算是"小试牛刀"。最后让学生为《水之畅想》这篇小短文润色，由刚才"绿"的片段的训练到成篇的训练，希望学生对"联想"的几种方法能够熟练、恰当地使用，做到融会贯通。

整个这一段时间以来，我都是忐忑不安的，不知道自己的这些尝试是否妥当？并且在整个设计和课堂教学的过程中，有很多不完善的地方，还请各位听课的老师和专家批评指正，多提宝贵的意见和建议。谢谢！最后，在我这次备课和上课的过程中，孙友红、鲁燕、王岚、孙婷老师，以及我们学校的老师和领导都给了我极大的支持和帮助，在这里也向他们表示感谢！

附：

资料袋

　　相似联想是由一个人或事物想到跟他们有相似之处的人或事物。

　　例如，看到柳树柔软的枝条联想到姑娘的长发。

　　相关联想则是由一个人或事物想到在空间或时间上相接近的另一个人或事物。

　　例如，看到黑板，人们会想到在黑板前讲课的老师。

　　相反联想就是朝着相反的方向联想，即由某一个人或事物联想到跟他们有对立关系的人或者事物，又叫对比联想。

　　例如，由下沉的夕阳联想到日出的朝气和蓬勃。

例文赏析

默读下面三个语段，想一想他们分别属于哪一种联想？

选文一：《山雨》节选

飘飘洒洒的雨丝是无数轻捷柔软的手指，弹奏出一首又一首优雅的小曲，每一个音符都带着幻想的色彩。

选文二：《山中访友》

捧起一块石头，轻轻敲击，我听见远古火山爆发的声浪，听见时间隆隆的回声。

选文三：《落花生》

花生的好处很多，有一样最可贵：它的果实埋在地里，不像桃子、石榴、苹果那样，把鲜红嫩绿的果实高高地挂在枝头上，使人一见就生爱慕之心。

　　提示：你可以用"＿＿＿这段话采用了＿＿＿联想，作者由＿＿＿联想到了＿＿＿。"这样的句式说一说。

实践运用

请大家抓住事物之间的相关、相似或者相反之处，运用比喻、拟人等修辞手法来展开联想，给这篇文章润润色。

水之畅想

看着眼前这小小的水滴，我不禁浮想联翩……

_____

_____

_____

_____

水是世间最富于变化的事物。

_____

_____

_____

_____

这就是我眼中的水！

（2015年4月马鞍山市教学研究周示范课）

第三篇章　教学研究

　　教师进行教学研究的目的在于解决自己教学中的问题，改进教学方法，提高教学质量，促进学生发展。教师要用研究的视角、思维、态度去对待教学研究。教师通过教学研究，激发出学生学习的兴趣，探索新的途径和方法，让学生真正理解学习的重要性，获得学习的愉悦感。只有不断地进行深入研究，引进新的教育理念，探索新的教学模式，提高教学能力，优化课程内容，才能让我们的教育顺应时代的发展，才能让我们的课堂充满生命的活力……

等闲识得"东风"面　万紫千红总是春

——谈如何在教学中发挥学生的主体作用

素质教育的重要内容之一是让学生主动发展。要让学生主动发展，在教学中就必须充分发挥学生的主体作用。如何全面地确立学生的主体地位，发挥学生的主体作用，是现代教学实践和教学理论中具有普遍而深远意义的课题。下面我就自己的教学实践，谈谈自己实际的做法。

一、把"问"的权利交给学生，才有百花齐放

传统教学中，提问权牢牢地抓在老师的手中。教师通过"问题"引导学生承认、接受前人确定的知识，并努力记忆这些固有的知识。教师以"提问"为跳板，以最终消灭学生的问题为归宿。这种传统的"问"，死死地牵着学生围绕着老师的问题转，紧紧地束缚了学生的思维，所以在课堂教学中要把"问"的权利交给学生，让学生尽可能地拥有充分的提问权，在课堂教学中以学生的问题提出为教学的开始，以学生个体或群体的自主的问题解决为教学的主线，以学生不断地解决问题和产生新问题为教学成功的归宿。通过质疑，提高学生的学习自觉性，培养学生良好的阅读习惯，促使学生有较多练习的口头表达的机会，把思维和语言的训练紧密结合起来。教学前，让学生在预习中质疑，培养独立阅读能力；教学时，让学生质疑问难，发展思维能力；教学后，让学生再质疑解疑，拓展阅读的广度和深度。

如我在教《小猫种鱼》一课时，让学生看课题提出问题，学生在质疑过程中，提出了很多有价值的问题，如①小猫为什么要种鱼，②小猫是怎样种鱼的，③小猫种鱼能收到小鱼吗，④小猫的做法对不对，等等。整堂课我都是围绕学生提出的这些问题进行教学，对于学生的质疑，我没有作简单的答复，而是在教学中巧妙地引导学生让他们围绕自己提出的问题，畅所欲言，各抒己见，在热烈的讨论中解疑。只有把"问"的权利交给学生，课堂上才能变过去的"一枝独秀"为现在的"百花齐放"。

二、把"读"的时间还给学生,才有源头活水

"读"是语文学科的特点之一,是传统语文教学经验的总结和发展,它在语文教学中的作用十分重要。语文课上,没有了读也就不称其为语文教学了。没有了读,要落实其他的目标也就成了一句空话。"皮之不存,毛将焉附",读是根本。因此,教师要把"读"的时间还给学生,要将主要精力放在指导学生读书上。在课堂上,语文课要"以读为本",让学生多读、读好。要舍得花时间让学生读,不读熟不开讲;要切准可读处让学生读出感情。要精心选择读的形式和方法,如"以读导读",以教师的范读,读得好的同学的读引导学生读;"以境诱导",用语言描述,画面展示等直观形象的教学手段和音乐渲染把学生引入情境,让学生在情境中读;"以问促读",以画龙点睛式的问题,激发学生思考想象,引导学生在读中感悟;"以评促读",通过老师对学生的评读,学生对老师的评读,以及学生间的互评促进读得深入。通过这样灵活多变的朗读形式,学生始终处于一种积极兴奋的读书状态。

我校的陈芳老师执教《我爱祖国》一课,就是采用这种灵活多变的"读"的形式来展开的。在课堂上,教师先用声情并茂的范读激起学生读的兴趣。然后又播放一段祖国各地风景的视频把学生引入情境,最后教师让学生自己练读,互相评价。这样,课文的内涵教师不用多讲,学生在一次次感情不断升华的朗读中,自能领悟。另外,这样的"读",又能增加学生语言的积累,真是一举两得!

教师不仅要在课堂上还给学生"读"的时间,在课下更要让学生有充裕的"读"的时间。新课标首次把"丰富语言的积累",列入"目的"之中,第一次规定了学生阅读总量和阅读进度,第一次明确规定了背诵的篇数。如果仅仅让学生在课堂上读,远远不能达到这样的要求,这就要让学生在课下进行大量的阅读。教师要想方设法激发学生的阅读兴趣,注意课内外的联系和结合,努力将课文的学习延伸到课外。如教了《赤壁之战》可以引导学生看《三国演义》;学习了《林海》可以引导学生看老舍的长篇小说《骆驼祥子》等;还可以开展读书笔记交流,每周一会,"小小辩论会"等让学生交流阅读所得,分享阅读的喜悦。

"问渠哪得清如许?为有源头活水来",只有教师把"读"的时间还给学生,学生通过大量的阅读感知、感悟、熟读背诵,形成语言材料的积累和语感经验的积淀,范

文的精美语句、精当的遣词造句方式等输入大脑，逐步内化，这样才能变"无源之水，无本之木"为"源头活水"不断涌来。

三、把"讲"的时间让给学生，才有百家争鸣

在课堂教学中，教师的精讲是必要的，但学生主动表达自己认识、感情的交流则更重要。教师要多提供让学生充分发表自己见解的机会，而不是教师的一人主讲主宰了整个课堂。因此教师要学会三不讲：学生已经懂的不讲；读书能弄懂的不讲；小组讨论合作学习能学懂的不讲。教学时教师要让学生充分地讨论交流，而不是让学生当听众，唯唯诺诺。要建立一种平等合作甚至是"对手"式的教学氛围，学生的自主探索的精神才能被激活。因此教师要让学生多讲，对学生的创见，要充分鼓励；对学生的异见，要尊重理解；对学生的误见，要宽容引导。这样，才能激活学生的思辨力、创造精神，才能使学生"青出于蓝而胜于蓝"，才能造就出有独立见解的创新型人才。

我在教《小猫种鱼》时，就有目的地营造了一个学生充分发表自己见解的课堂氛围。在课堂上，我并没有左右学生的思维，让学生听我讲解课文内容，而是让学生围绕他们自己提出的问题，组织讨论。在小组讨论中，他们智慧的火花不断闪现；课堂上，学生纷纷举手发言，表达了自己的观点。有的学生说："我觉得小猫很傻，鱼怎么可以种呢？"这位同学的观点和教参中的说法一致，我正准备表示赞成时，突然另一位学生站起来说："我觉得小猫这种做法并不傻，小时候我听妈妈说过爱迪生的故事，爱迪生看见小鸡孵蛋，他也学着去孵蛋。结果他不是成为一名大发明家了吗？所以我认为这是一只爱动脑筋，善于模仿的小猫，我觉得他长大后也能成为大科学家！"接下来其他同学也纷纷发表了自己的看法。课堂上，孩子们各执己见，犹如一位位小小的辩论家。在这堂课上，虽然没有进行讲解，可学生通过小组讨论，通过与老师的"争辩"，通过和同学的议论，学生们学到的东西远远比我设想的要多得多！

因此，课堂上，要以学生为主体，改变过去课堂上"万马齐喑"的情景，必须要让学生放开手脚大胆地讲，尽情地讲，充分发挥他们内在的潜能。把"讲"的机会让给学生，才能使语文课堂变过去的"一家之言"为现在"百家争鸣"的喜人场面。

四、把"想"的空间留给学生，才有浮想联翩

教师在平时的教学中要充分利用教材，留给学生完整的想象空间，激活学生的创新意识，同时也能活跃学生的主动参与意识，使"学生为主体"真正落到实处。

我在上《月光曲》时，为了启发学生的创造性思维，在课堂上先让学生欣赏贝多芬的《月光曲》，然后在讲解课文皮鞋匠听到乐曲所产生的联想的内容时把银光（舒缓）→微云（稍快）→浪花（激昂）提出，板书在黑板上，让学生对《月光曲》的旋律有所了解，然后再反复地让学生听乐曲，更多地吸收感性信息，让优美的乐曲打开学生情感的闸门，点亮学生智慧的火花，让学生想象力得到发挥。最后，我问学生："你们听到了这么美妙的乐曲后眼前会出现什么样的情景呢？"一石激起千层浪，学生在我的感染和启发之下，静静地听着音乐，眼前出现了一幅幅动人的画面。有的学生联想到："在打着深蓝色灯光的舞台上，舒缓的音乐渐渐响起，一只白天鹅慢慢地舞动手臂飘然而起，那柔美的舞姿让人陶醉，过了一会儿音乐节奏变快，天鹅随着音乐旋转着。接着音乐节奏越来越快，天鹅旋转也越来越快，让人眼花缭乱……"；有的学生听着乐曲联想到日出由露出笑脸到慢慢上升及最后冲出重围的全过程；还有的学生联想到洁白的雪花飘落人间的情景；等等。在听完学生带有自己强烈感情色彩的联想之后，我真是百感交集。

在教完《琥珀》之后，我告诉学生这块琥珀的形成过程是科学家进行的合理设想，你们还能够进行怎样的设想？学生思维活跃，俨然一位位小小科学家。其中有一位学生反其道而行之，进行了这样独特的设想：在很久以前苍蝇和蜘蛛是一对好朋友。有一天苍蝇和蜘蛛在一起聊天，突然苍蝇发现一滴松脂从松树上落下，正好要落在蜘蛛身上。说时迟，那时快，苍蝇张开翅膀想挡住松脂，挽救同伴的生命，可松脂却将苍蝇和蜘蛛一起包在了里面。临死之前苍蝇欣慰地笑了……最后这位学生说，这块化石是象征着友谊的化石。千百年来，这块化石一直在向人们述说着这样一句话："友谊地久天长！"在听了学生的述说之后，我为学生惊人的想象力所叹服！

真正的创造就是艺术的想象活动，想象力是创造力最显著的特征。在日益强调学生的主体地位、重视学生的创造精神的今天，教师要把"想"的空间留给学生，变过去的"思想单一"为现在的"浮想联翩"。

五、把"学"的时空交给学生，才有百川汇集

个体在发展过程中总会有些差异，"一刀切"的做法是违背客观规律的。统一掩盖了学生个体认知的差异性，冲淡了学生的认识过程。这就要求教学的时间、空间、任务等，应该是有弹性的。对同一任务，有的学生完成时间不用40分钟，有的学生40分钟不够。对学有余力的学生，可以在课内自学自己喜欢的其他内容；对于学习有困难的学生，允许在课外补缺补漏。从空间上看，要鼓励学生在课前课后进行自学、复习、观察、查阅资料等。即使在课堂上，学生也不应终年固定在一个座位上，应该有更大的活动范围。如讨论问题时，可以让学生自由换座；有疑难问题时，可以让学生自由寻找能够帮他解疑的对象。

学习不再只是在课堂上，从影视、网上得到的信息越来越被重视。"减负"工作逐步得到落实后，学生课余观看影视的时间多了。因此，教师要重视引导学生通过影视学习文化，拓宽知识面。如教育、少儿、电视诗歌散文之类的节目，要向学生推荐，要求他们认真观看，并做适当的记录。

学习时空的拓展，有利于学生广泛学习各方面的知识，有利于个体在学习内容、形式等方面自由选择，个性更能得到充分发挥。因此，只有教师指导学生把"学"的时空无限拓展，才能"百川汇集"，形成学生浩瀚的知识海洋。

小学语文教学应立足于促进学生的发展，学生是语文学习的主人。"等闲识得'东风'面，万紫千红总是春"，语文教师只有遵循以上原则，充分尊重学生的主体地位，语文课堂才会呈现出万紫千红，春意盎然的喜人场面！

（本文2001年获马鞍山市小学语文教学论文评比一等奖）

奏响语文课上的交响曲

——《林海》一课教学摭谈

这篇课文是著名作家老舍先生写的，选自老舍的游记《内蒙风光》。全文运用了多种修辞方法，描写了大兴安岭的美丽景色以及由此展开的联想，抒发了老舍先生对祖国林区的无限喜爱和赞美之情。

这篇课文按照参观大兴安岭的顺序，将课文分为三段。第一段讲刚入这一原始森林的感受。第二段从岭、林、花三个方面讲大兴安岭的景物特点。第三段讲参观林场时的见闻感受。在这三段结束处都讲到"亲切、舒服"，反映了作者随着对大兴安岭的了解深入，这种"亲切、舒服"的体会也逐步加深。

在这篇文章中，作者的观察顺序和表达顺序是一致的。就全文的观察而言，作者由"初入森林"到"深入森林"再到"看到林场"，顺序是由外到内，由表及里。而作者的三次亲切舒服之感正好与之相应。在写景部分中，作者先写"岭"，再写岭上的"林"，林中的"花"，观察是整体到部分，由大处到小处的。为什么作者连林中的花、花丛中的小红豆都看得那么仔细呢？因为，作者深深地爱大兴安岭，用心地感受了林海的美，因而一草一木，一花一豆，都写得那么传神。

就全篇的表达而言，文章情景交融，景中见情，作者通过丰富的联想抒发了自己独特的感受。

一、选择多样的教学方法，力求提高教学质量

老舍散文文质兼美，是对学生进行爱国主义教育、品行情操陶冶、语言文字训练的好教材。在上《林海》这篇课文时，我从"三练"的角度出发，切实加强语言文字训练，提高课堂教学效率。所谓"三练"，即练读、练说、练写。这是加强语言文字训练的基本环节。读要做到读中有思，思中有读，读中理解，读中欣赏；说，要做到语言准确、流畅；写，要培养学生"不动笔墨不读书"的习惯。

1. 练读。

小学语文教学就是要指导学生正确地理解和运用祖国的语言文字，使学生具有初

步的听说读写能力；在听说读写训练的过程中，进行思想品质教育，发展学生智力，培养良好的学习习惯。在这里指导学生正确理解和运用祖国的语言文字，使学生具有初步的听说读写能力是小学语文教学最基本的目标。不言而喻，提高读的能力，理解语言文字，这是实现教学目标的基础。因此，从某种意义上来说，学语文就要读。语文课上，没有了读，也就不称其为语文教学了。没有了读要落实其他的目标也就成了一句空话。读是根本，读是课堂教学中最重要，最经常的训练。读包含着语言文字"理解吸收—记忆积累—转换创造"的潜移默化的过程。课堂教育以读书为主线，可以引发和联结所有的语言文字基本功训练，可以促使教学尽快地向素质教育转轨。

像《林海》这样一篇优美抒情的散文，更应该发挥读的优势，使学生掌握读的方法，激发读的兴趣，在读中体会感情，升华认识。朗读的方法、技巧是多样的。在本课的教学中，我着重教给学生如下读的方法。

（1）根据文意把握读的感情。

正确把握朗读的关键是理解文句的意思。在这篇课文的第2自然段的教学中，我让学生初读课文后，抓住"横着的，顺着的，高点儿的，矮点儿的，长点儿的，短点儿的"这些词语，追问学生："从中能明白什么？"学生通过研读，知道这些词语写出了岭的千姿百态，数量众多。这时教师及时点拨，要求学生说出岭有哪些。课堂上，师生反复试读、讨论，借助声音高低长短的变化来表现岭的多姿多彩。在理解"多"的基础上，读出了"多"，这是读的第一个层次。

随后，教师抓住这句话，再次追问学生"从中能明白什么"，将学生的理解进一步引向深入。这下子学生的思维异常活跃，众说纷纭。此时，教师适时地出示幻灯片，让学生将"高点儿的，矮点儿的"和"高的，矮的"作对比，从而明白词语中的"点儿"说明岭与岭之间的差别不大，线条显得温柔。在此基础上，教师指导学生读好"点儿"，读出了岭的"温柔"。就这样一句话，学生经过反复朗读、揣摩、体味，深入理解了文字的内涵，感受到林海的意境美。

（2）创设情境，引起"共鸣"，激发读的情感。

在朗读教学中，必须设法使学生的心态化入言语角色，同步进入语言所描绘的情感氛围中，才能达到"入境始与亲"的境界，使学生与作者心灵相契合，感情得到交流。

《林海》是一篇意境优美，诗情浓郁的抒情散文。我在这课的教学中，为了让学生进入老舍所描绘的优美情境中，在上课的一开始，先用一段声情并茂的语言描绘一番大兴安岭的美丽景色，然后出示挂图，教师配乐范读课文。学生眼看着大兴安岭无边的林海，聆听着教师有感情地朗读。感人心者莫先乎情，在教师富有感染力的朗读中，在悦耳的如潺潺流水般的乐曲声中，学生跟随作者去观察，去体会，去想象，去思考，眼前浮现出语言文字所描绘的一幅幅美丽的图画。学生仿佛置身于大兴安岭那无边的林海里，仿佛站在那长满珍贵树木的温柔的山岭上，又仿佛来到清可见底的小河旁。在读中，对于作者观察有顺序，写景抓特点，以及丰富的联想、独特的感受，学生都在潜移默化中有所领悟。

通过创设这样的情境，使学生与作者心灵相契合，情感共交流，学生读的兴趣愈加浓厚，效果也就更好。

（3）通过抓重点词，确定朗读的重音。

在朗读中，重音的确定是读好的基础。重音的确定可通过关键词语来体现。如，"看，海边上不是还泛着白色的浪花吗？那是些俏丽的白桦，树干是银白色的。"这句，我在指导学生朗读时，先让学生自己在底下大声地朗读找感觉，然后再问学生这句话中哪些词语可以重读？读出什么样的感情？学生通过自己的推敲，知道这句中的"看""泛着""俏丽"这样的词可以重读。通过语言的抑扬顿挫，学生感觉到了白桦树干在阳光下银光闪闪，远远望去像粼粼的波光的情景。

再如本课的一句反问句"人与山的关系日益密切，怎能不使我们感到亲切、舒服呢？""怎能"一词更加强调了亲切、舒服的程度，引导学生确定其为重音，就会读出深刻强烈的感情来。

有人说："在语文课上，学生哇啦哇啦的读书声就像一支美妙的交响曲。"在这课的教学中，我以读书为主线，贯穿于整个课堂教学始终，通过对学生练读的指导，奏响语文课上的交响曲，让学生在读书中提高素质，陶冶情操。

2. 练说。

读可以训练学生的语感，但要培养学生深刻理解和灵敏感受语言文字的能力，还要借助于说。在教完岭、林、花后，我让学生把浩瀚无边的林海，亲切温柔的山岭，艳丽多姿的野花用自己的语言描述出来。学生通过刚才的语言的感染，音乐的启迪，思绪驰骋于林海的千山万岭之间。脑海里出现了一幅幅大兴安岭美丽的图画。这时，学生纷纷举手把自己所见到的，所感受到的情景，用生动的语言描述出来。经过学生再创造，大兴安岭的一草一木都充满童心童趣。

3. 练写。

课堂教学中要保证学生有写的时间。在教学中，我让学生边读书边用笔画出比喻、拟人句。边读边画可以培养学生"不动笔墨不读书"的习惯。画完以上的比喻、拟人句后，我又让学生自己仿照书上的比喻、拟人句造一两个句子。

另外，我还设计了一张表格，让学生在课堂上自己动手填写。

在这节课的教学中，我还利用电教、画简笔画等其他方法进行直观教学，创设情境，激发了学生的兴趣，让他们始终处于兴奋之中，极大地提高了学生学习的积极性。

同时，我还注意教给学生学习的方法。在这节课的学习中，我先指导学生学习了"岭"这一段，归纳了学法：一读，找特点；二读，体会感情；三读，理解写法。然后我让学生用这样的方法自学林、花两段。教学有法，但无定法。我在教学中根据自己的教学实际和学生的身心特点，灵活运用这些教法。我想，这对于提高学生的语文素质将大有裨益。

二、教学程序的安排

对于《林海》这样一篇意境优美的文章，我认为就要抓住文章的精华"美"进行教学，让学生通过语言文字去体味美感，受到美的熏陶。

1. 创造情境，感受美。

在这课的一开始，我为了让学生进入老舍描绘的诗情画意中去，先用一段声情并茂的朗读描绘大兴安岭的景色，然后出示挂图，配乐朗诵，学生在音乐声中感受到了大兴安岭的美丽景色。"转轴拨弦三两声，未成曲调先有情"，通过创设这样的情境，让学生去感受美。

2. 整体感知，再现美。

在这环节的教学中，我出示"按照提纲，说说大兴安岭的景物特点""课文几次讲到'亲切、舒服'是在怎样的情况下感到亲切、舒服的"的习题，让学生围绕这两个习题去读书，去思考。读书有所疑，方能有所思；读有所思，方能读有所得。学生在读中思索，读中理解，感知整体课文内容，欣赏到了课文内容的美。

3. 品词析句，体会美。

老舍的散文感情真挚，语言流畅，用词简洁凝练，修辞方法运用恰到好处。品析老舍文笔，能让学生感受祖国语言文字的优美，提高学生语言运用的能力。

在教学"林"一段中，我提出了一个问题："静止不动的白桦树干为什么会像浪花呢？"这个问题于无疑处生疑。学生的思路一下子打开，学生抓住"树干是银白色的"等词句有了理解，白桦树的树干是白色的，看上去像浪花，我顺势引导：仅仅是白色的东西就像浪花吗？我让学生再读句子，看看有什么新的发现，最后学生抓住"大片青松的边沿""闪动"等词语，又有新的理解：白桦树长在大片青松的边沿，在阳光下，树干银光闪闪，此时才像海边涌动的浪花。一个"泛"字把林海写活了。

"兴安岭多么会打扮自己呀：青松做衫，白桦为裙，还穿着绣花鞋。"这句，我让学生抓住"打扮""衫""裙""绣花鞋"等，体会这些词赋予大兴安岭的思想感情，使它具备了人的属性，大兴安岭犹如一位亭亭玉立的少女出现在人们的眼前。学生体会这样写不仅把大兴安岭的美丽景色写得生动活泼，更主要的是使读者感觉到特别亲切，因此很容易接受作者热爱祖国林区，赞美大兴安岭的思想情感。

4. 指导朗读，欣赏美。

课堂教学要通过朗读训练，理解词句，初步理解课文内容。为了达到这一目的，在学生对课文有一定理解后，指导学生有感情地朗读课文。学生朗读时要掌握停顿、重音，要读出亲切舒服的语气来，在朗读中抒发自己的情感。

最后，再让学生带着感情配乐朗读，在优美抒情的乐曲中，学生又一次进入大兴安岭那浩瀚的林海中，去领略岭的温柔，去欣赏花的艳丽。配乐朗读中，学生不仅领略了课文的意境美，而且激发了学生对美的追求，对美的创造。

以上是我所设计的大致上课程序。

最后，我认为一堂课下来，学生的大脑疲劳，情绪低落，如果下课铃一响就草草收场，那是"为山九仞，功亏一篑"，会使教学效果打折扣的。为此，在课临结束的短短几分钟内，教师应做"画龙点睛，统摄全课"的总结，给学生留下余趣犹存，遐想无穷的余音。因此，我设计了一段结束语。结束前，我配乐朗诵了这段话，运用美的形式去感染学生，这样不仅可以使学生摆脱低落的情绪，而且可以陶冶他们的情操，巩固所学内容，有效地培养学生的审美能力。

在这节课的教学中，我选择"读"这种基本训练方式，引导他们把课文读通，通过学生反复朗读揣摩、体味，深入理解了文字的内涵，感受到了林海的意境美。在理解内容之后，我提出"作者是怎样抓住岭的特点进行描写的"引导学生在读中学写，体现了从理解内容再到欣赏语言文字的过程，让学生"在阅读中走一个来回"，力求体现"读中抒情，读中学写"的教学特点。

另外，我觉得一个出色的教师，不仅要善讲解，善叙述，其课堂语言更应富有情感性、启迪性，用渲染创设美的意境，用惊叹激起心灵的震颤，用分析拨开重重迷雾，用引导引发学生的深思。所以，我在设计课堂教学时，特别注重对教师课堂语言的设计，力求做到教师课堂语言精练、优美，具有启迪性。

（本文2004年获小学语文教学案例评比二等奖）

辩论让课堂如此美丽

——谈辩论在语文课堂中的运用

一、理论依据

在传统阅读教学课堂组织上，教学过程、节奏都由教师一人来调控，教学秩序在教师的调控中而有序，其主要原因在于：传统阅读教学模式下，教师侃侃而谈，学生正襟危坐。在这样一个刻板的课堂氛围中，一些问题被教师暗示下的众口齐声所掩盖，一些疑难被学生唯命是从的众口一词所隐藏。现代对话理论要求阅读教学营造良好的课堂气氛，有利于学生与学生，教师与学生之间轻松、顺畅地对话。课堂注重培养学生的思维，重视学生的独特感受和体验。"百花齐放，百家争鸣"，在对同一文本的解读中，持不同意见的双方积极阐明自己的见解，它是师生真实情感体悟的流露，是师生思维横向、纵向的拓展，相对传统的有序来说，是一种更高级的有序。针对这种情况，教师应根据教学内容灵活调控秩序，充分听取学生的不同回答，不刻意去追求"标准答案"，肯定学生对同一文本的不同理解，鼓励各抒己见，再分门别类地整理、归纳，及时进行概括、分析。面对学生的不同解读，教师该点明的就点明，该引导的就引导，该肯定的就肯定，该质疑的就质疑。如果教学时间不够，可以将争论搁置课后或者下节课继续。上这样的课，教师事先要做好充分的准备，尽量考虑到各种可能性。总之，现代对话理论浸润语文课堂，给语文课堂注入了新的活力，带来了语文课堂的革新。

二、策略研究

1. 灵活引导——让语言熠熠生辉。

《颐和园》中有这样一段话"正前面，昆明湖静得像一面镜子，绿得像一块碧玉。游船、画舫在湖面慢慢地滑过，几乎不留一点儿痕迹。"许多学生都能从比喻句中感受出昆明湖的平静、美丽。我在教这课时，正带领学生感悟这句话，有一位学生站起来说："老师，在这两句话中，作者好像用错了一个字，应该是'划'过而不是'滑'

过。"听了学生的问题，我趁机引导"是作者用错了吗"。这时学生开始交头接耳，窃窃私语起来，讨论一会之后，学生开始辩论。

一学生说："游船、画舫在湖面慢慢地滑过，这'滑'字写错了，应该是'划船'的'划'。"这时其他学生开始反驳："我认为没错，划船时，湖面会产生许多波纹，而文中说'几乎不留一点痕迹'，如果用'划'这样就自相矛盾了。"另一位学生补充："文中说昆明湖像镜子、碧玉，镜子和碧玉表面是很光滑的，这儿用'滑'应该是很准确的。"

另外，我在上《珍珠泉》一课时，一位学生站起来说："老师，我觉得课文中'那绿得没有一点儿杂色的蕨草，那悄悄开放着的花朵，给珍珠泉编了个朴素的花环'这句中的'朴素'一词用得不好，因为我觉得开放的花朵一定是五颜六色的，绿色的草加上五颜六色的花朵，那应该是漂亮的、鲜艳的花环，所以我觉得书中的'朴素'一词可以改一下。"话音刚落，另一位学生立刻反驳："文中的珍珠泉给人一种纯净、静谧、空灵的感觉，所以用'朴素'一词更恰当些。"接下来，学生就"朴素"一词的运用进行了激烈的辩论。

【解读】

课堂上，学生这种灵感的闪现，教师及时地进行引导，不仅激发了学生的探究意识，促进学生对课文内容的深刻领悟，也使学生具体地感受到作者遣词造句的精妙之处。

2. 节外生枝——让思维闪现火花。

我在上《小猫种鱼》一课时，让学生讨论："你喜欢这只小猫吗？"我的本意是想引出这课的寓意：不能看见别人做什么自己也跟着做什么，要多动脑筋。我本来预设的答案是学生回答：不喜欢这只小猫，因为它不爱动脑筋。但在实际的课堂讨论中，有一位学生却站起来说："老师，我喜欢这只小猫。"当时，我有些吃惊，其他学生也一样感到不可思议。这时，我并没有让学生这个难得的智慧的火花熄灭，而是巧妙地把握住了话题，让学生说说喜欢的原因。这位学生说："小猫的行为有点像爱迪生，我听妈妈说爱迪生小时候看见老母鸡在孵蛋，不是也学着老母鸡的样子蹲在那儿孵蛋吗，后来爱迪生成了伟大的发明家；这只小猫看见农民种玉米、花生，也学着种鱼，我觉得这只小猫以后也能成为像爱迪生一样的发明家，所以我喜欢这只小猫。"听了这位同学的话后，我带头为他鼓掌。然后，就这位同学的发言让全班同学进行讨论。这时学生在那位同学的带动下，情绪激动，思维活跃，纷纷发表了自己的观点。课后，我还就这一话题让学生回去续编《小猫种鱼》的故事。有的学生说这只小猫第二年没有种出鱼，他向别人请教，知道了原因，改正了方法，变种鱼为养鱼，终于有了收获；有的学生说这只小猫像爱迪生一样采用了先进的技术，终于"种出了小鱼"；等等。

【解读】

这样的节外生枝，点燃了学生智慧的火花，打开了学生思维的闸门。虽然学生的观点还有些稚嫩，但这毕竟是学生个性化思维的结果，是学生心灵感悟的结晶，老师和学生都会因这样的节外生枝而得到意外的收获。

3. 制造矛盾——让表达异彩纷呈。

上《圆明园的毁灭》一文时，我在课堂上故意制造矛盾："现在对于重建圆明园有两种不同的看法，你的看法是什么？"

一石激起千层浪，课堂上学生围绕"可以"和"不可以"进行激烈的辩论。

正方观点：可以！

生：我认为可以重建，因为现在我国实力雄厚，重建圆明园可以向全世界宣布：中国已经站起来了，中国已经强大了！

生：我认为重建圆明园不仅可以向全世界宣布中国强大了，而且可以增加旅游收入，还可以进行爱国主义教育，一举三得！

反方观点：不可以！

生：我认为不可以重建圆明园，要让那些残垣断壁永远提醒我们："落后就要挨打！"

生：不能重建，因为这些残垣断壁是最好的罪证，它让我们所有的中国人都不能忘记那段屈辱的历史！

学生围绕圆明园能否重建，自主地表达自己的认识和理解，因为有了心灵的碰撞，圆明园的毁灭在学生头脑中自然地生成了具体的画面，化成了痛惜、愤怒等情感，此时的课堂也因为辩论而变得美丽。

另外，在上《落花生》一课时，我也故意制造矛盾："你愿意做像花生一样的人还是像苹果、石榴一样的人？"课堂上教师要转变角色，把学生当做"知识源"，善于制造一些矛盾"推进剂"，在这种理念和教学行为下，师生对话必会恰似"一江春水"充满生机活力。

【解读】

有"矛盾"的对话才有创新，我们要在新课程理念的指导下，认真钻研文章，精心设计矛盾，引导学生深入研究文章，发掘矛盾，珍视学生差异，因势利导生成矛盾，让学生置身于矛盾的课堂中，从而使学生的思维琴弦弹奏出创新的音符，让学生的心笔写出动人的华章。

三、反思

1. 学生——课堂活力的缔造者。

现代教育理论认为学习者是主体，是知识文化的创造者，是课程的开发者。在现实的课堂中，当我们拿着课前精心预设的教学方案静心与学生对话时，学生们常常会有意无意地跳出我们课前预设的框架，面对"意外"，教师不应固守预设，而应该尊重学生，力求在对话中生成"对话"，这是新理念指导下的教师应有的情怀。

注重感悟，不浮躁，在阅读教学中有效、生动的对话，是学生在教师搭建的平台上展现对文章的独特感悟及分享智慧的过程。深刻的感悟是进行积极、有效对话的前提，只有想得越多，想得越深，感悟才会越丰富。如此，对话就会成为"一口泉眼"，不断喷涌出鲜活的水来。在以上案例中，学生不仅敏锐地发现并提出了问题，而且凭借自己的力量，在自读自悟中，在互动交流的思维碰撞中，顺利地解决了问题。自始至终，学生主动参与、自主探究，在与文章零距离接触，进行心灵沟通的同时，更是深深地体悟到了祖国语言文字的神奇魅力。突破常规无疑是课堂焕发活力的神来之笔。

古人语："学起于思，思源于疑。"学生自发地学习，最大限度地发挥自身的主动性和创造性，他们在课堂上尽情地读书、说话，不断地质疑、解疑，这样他们的思维才能活跃起来，语言才能生动起来。

2. 教师——点燃火炬的智者。

头脑不是一个要被填满的容器，而是一根需要点燃的火把。学生在阅读中并不是消极地接受意义，而是联系自己原有的知识和生活经验，积极主动地发现和建构意义，乃至创造意义，教师的职责便是挖掘学生思维的潜能，使他们的灵光得以闪现。

　　另外，在对话过程中，强调学生主体地位和尊重学生的独特视角并不意味教师要放弃引导的职责。因为小学生作为特殊的群体，受自身认识水平、生活阅历的局限，所以要使这种对话更为生动、有效，显然需要教师的指导。在上述案例中，教师能充分发挥"组织者、指导者和激励者"的作用，善于把学生的对话逐步引入正题，引导学生展开切实有效的讨论、探索、实践，让学生置身"合作"的氛围中。来自他人的信息为自己所吸收，自己既有的知识被他人的观点所唤醒和激活，能准确地对对话质量和价值进行定位，珍视学生间"智慧、灵性的碰撞"，从而促成了文本新意义的生成，实现了"潜在文本"向"现实文本"的转化，在潜移默化中达到了育人的目标。

　　教师要努力使自己成为一名智者，拥有一双慧眼，及时捕捉稍纵即逝的火花，精心充当学习的组织者、引导者、促进者，让学生在主动积极的思维情感活动中，加深理解和体验，有所感悟和思考，受到情感的熏陶，获得思想的启迪，享受审美的乐趣，创新之火必定燎原！

（本文2006年获马鞍山市小学语文教学论文评比一等奖）

一花独放不是春　百花齐放春满园

——谈语文教学中的对话

在21世纪的今天，"对话"已经成为当代社会的关键词。从国际事务到人与人之间的关系，从政治领域到学术领域，"对话"不仅是人们追求的一种状态，更是人们达成目的的有效策略，甚至可以说，人类社会正步入一个对话的时代。一个新的时代的发展，必然会使教育精神的内涵获得极大的丰富。我们有理由相信，"对话"将会发挥它在当代教育以至未来教育中的价值。回顾教育的过去，对话教学是存在的，以对话为教学手段的教学也是存在的。然而，由于处在非对话时代，对话仅仅是一种教学艺术而非教学的精神。我们提出"对话教学"，在某一个侧面，可以说是古老的教学艺术的复兴，整体地看，是对当代对话精神呼唤的回应。

小学语文教学课程改革敏锐地把握了"对话教学"这一富有时代特征的教学改革话题。语文教学应在师生平等对话的过程中进行。阅读教学是学生、教师、文本之间对话的过程。的确，"对话教学"依托语言，又发展语言，承担语言教学基础的小学语文课程与对话教学有着密不可分的关系。

一、师生对话策略研究

1. 在对话视域下的课文讲解。

对话型的语文教学将彻底改变老师是文本发言人的角色，教师单方的讲解将被师生双方的对话所取代，师生在对话中思想相互碰撞，从而激发学生产生智慧的火花。

（1）转轴拨弦三两声，未成曲调先有情。

课堂导入是教师在课堂教学起始环节中采用各种教学媒体和教学方式，激发学生对话的兴趣，把学生引入新知识，使学生迅速进入新课学习状态的活动方式。课堂导入的对话设计得好与坏，将直接关系到该堂课的成功与失败。正如著名特级教师于漪所说的："课的第一锤要敲在学生的心灵上，激发起他们思维的火花，或像磁石一样把学生牢牢地吸引住。"一个精彩的导入，既使学生兴趣盎然，激起强烈的求知欲望，又为课文的讲解开启了一扇对话的大门，让课文教学收到良好的效果。

　　如我校一位教师在执教《秋天的怀念》一文时，在上课伊始就用阎维文的歌曲《母亲》导入，引出"母亲"，然后推荐写母亲的文章——《母亲的怀念》，教师用声情并茂的语言说道：这是我非常喜欢的文章，它的作者是史铁生，中国著名的作家，21岁双腿截瘫，27岁发表第一篇文章。同学们，这中间整整隔了6年，你们有没有想过这是怎样的6年？有了这样一个话题，学生纷纷发表了自己的看法。有的说这是伤心而无助的6年；这6年他一定灰心过，但肯定有人给予他鼓励……在学生充分发言的基础上教师总结：是啊，在这漫长的6年中是什么力量让他走出来的呢？让我们一起走进文章中去看看吧！

　　（2）旁敲侧击巧点拨，踏雪无痕显智慧。

　　教学艺术的本质不在于传授本领，而在于唤醒、鼓舞和激励。课堂上教师巧妙的点拨、启发和讲解，如绵绵细雨，悄悄地浸润着学生的心田，让学生有一种柳暗花明又一村的惊喜，会获得智慧的源泉，创造的动力。

　　如我校一位教师在执教《富饶的西沙群岛》一文时，首先让学生自由朗读课文，扫清生字障碍，初步感知课文。然后出示课件（含有生字的词语），运用多种方法引导学生识记。接下来引导学生交流：通过自己读书，你除了认识了这些生字、词语以外，你还了解到了西沙群岛的哪些特点呢？指名让学生说一说。然后让学生再读课文，看一看西沙群岛有哪些东西可以用"多"来形容？是从哪些地方看出来的？

　　学生先小组交流，说出自己通过读课文了解到的西沙群岛什么很多，并说出是从哪些词语看出来的，顺便说出对词语的理解；接着全班交流：指名说出自己对西沙群岛的了解，学生说到哪一部分，教师就出示那一部分的课件（相关的景物和朗读），帮助学生直观地了解西沙群岛的海水、海底、海滩、海岛；体会文中"五光十色、瑰丽无比、蠕动、栖息、分枝的鹿角、一簇红缨、飘飘摇摇"等词语的意思；总结出课文的写作顺序；最后教师小结：西沙群岛真是一个风景优美、物产丰富的好地方啊！

　　这一环节的教学，教师充分放手让学生自读自悟后，自由汇报，满足了学生自主学习的愿望，在有限的时空里使所有的学生参与了学习，获取更多、更丰富的信息。他们交往的愿望也得到了满足，既受到了尊重，个性又得到了张扬；课堂上的对话训练既锻炼了学生的说话能力，又加深了学生对课文的理解与感悟，课堂效率得到了极大的提高。

这样的教学，教师以文本语言为依托，抓住文中精彩语句，精心设计对话训练，积极进行语言实践，使理解内容与语言训练有机地结合。

（3）识得庐山真面目，只缘身在此山中。

课堂教学中教师带领学生与文本充分地对话之后，引导学生走进文本，教师创设一定的情境，让学生在情境中学习语言，积累语言，运用语言。如上完《长城》《颐和园》《鸟的天堂》等文后，教师让学生当小导游来向别人介绍长城、颐和园和鸟的天堂；上《观潮》一文，教师让学生当电视台的主持人向大家现场直播钱塘江大潮的盛况；上《世纪宝鼎》一文，教师让学生当中央电视台《国宝档案》栏目主持人，向大家介绍世纪宝鼎。学生经过前面和文本的亲密接触已经积累了文中的语言，这时学生各尽其能，程度好的学生用自己的语言并且加上平时阅读到的知识向别人进行介绍，程度差一些的孩子就用书上的语言介绍。底下的"游客""观众"们还可以向导游、主持人提问，进行互动。通过这样的对话，学生把课文的语言内化为自己的语言，既巩固了课文的内容，又训练了学生的语言表达能力、思维能力，可谓一举多得！

（4）走出文本天地宽，余音绕梁不绝耳。

"大语文"理念下的课堂教学不是一个圆形的完整结构，学完了课文并不意味着知识学习的结束，而应该是学生学习新知识的又一个开端。

如鲁迅先生《少年闰土》中的闰土在孩子的心目中，是一个很完美、很值得向往的形象。学完课文了，学生都津津有味地谈论着闰土的勇敢、聪明。教师说："你们想知道中年闰土的样子吗？"学生对此兴趣很浓。教师便将《故乡》推荐给了学生。学生读完后，对中年闰土的变化以及造成他变化的原因，提出了各自不同的见解。有的学生讲闰土变了，变傻了，变呆了。也许让学生理解其中的深刻道理很难，不过，把学生从课内带到课外，这一点我们做到了。课外的世界更精彩，教《草船借箭》一文时，便把学生带向三国，教师在课堂上也举办"百家讲坛"；教毛泽东的《七律·长征》一文时，便向学生介绍毛泽东的诗词，学生通过课外查找，他们读了《沁园春·雪》《卜算子·咏梅》等许多毛泽东的诗词，然后在课堂上进行对话。学生在相互对话中，领略到了毛泽东诗词的磅礴大气。教描写春天的文章时，把学生带进著名作家朱自清所描写的《春》中，再由朱自清的《春》让学生走进朱自清的《荷塘月色》等优美的散文中。教《猫》一文时，带学生走向老舍……

2. 在对话视域下的作业批阅。

课堂教学是一种对话，作业批阅也应该是一种对话。教师从学生的作业中可以读到学生的思维过程，体会到学生情感的变化，了解到学生对社会及生活的个人见解。同时教师也应该在学生的作业本上给学生留下更多的反馈信息，因为批阅作业是师生心灵的对话过程。

做作业和批改作业是师生之间的一种交往形式，是一种人文活动。作业本是教师和学生思想碰撞、情感交流的一个平台。在此，学生感受到教师的才华、学识、风度和修养，体验到民主的、平等的交往氛围，纯真的情趣和进步的快乐。知识显现是作业的主要内容，但完成作业的过程，学生的观念想法、价值判断以及种种情绪都蕴藏其中，一本看似单一的作业本其实蕴涵着一个学生的个性特征，反映着学生的心理世界。对于教师来说，它提供了稍纵即逝的教育良机。因此，教师批改作业时，不应仅仅从知识学习的结果来评价学生的作业，给学生的作业写个分数就完事，而应及时抓住学生的思想动态，主动介入学生的心灵世界，指点迷津，分享他们的成功和快乐。

学生把写满词句的作业本交给老师，教师只是简单地在本子上标上"阅"，评上"优""良"，作业批改只是简单的文本符号。即使有作业评语，也是缺少情感，没有感染力，缺少"人情味"。如何使学生对教师的批改怀着急切的期盼，如何使教师从这种固有的批改作业的思维定式中解放出来，一个重要的指导思想是对话。对话不仅仅指师生双方在作业中书面语言的狭义交谈，而且指师生双方向对方各自的精神放开和彼此的接纳，是一种真正意义上的精神平等和沟通。对话意味着民主和平等，意味着沟通和合作，意味着互动和交往，意味着创造和生成，意味着以学生发展为本。

要研究性地批阅学生的作业，不只是判断对与错、好与差，更要发现学生练习中的优点和思维中的亮点，研究学生发生差错的原因，以加强评价指导的针对性。要加强激励性评价和指导性评价，不只是校对作业练习的正误，更要引导学生总结、反思自己的学习方法和思维方法，引导学生自己发现失误、改正失误，引导学生举一反三、发散迁移。不只是课堂上统一讲评，更要加强个别指导，应在作业本上多作指导性、启发性的批注，如"想一想，到底是哪儿错了？""你写得真棒，老师真喜欢改你的作业！""回答得很好，试一试，语言能不能再简练一些？""你的作业让老师赏心悦目！"等等，这样的批注体现了教师的耐心、细心，指导了学生思考、解决问题的路径。用倾注爱心的评语与学生进行心与心的沟通、情与情的交流，来感化学生、激励学生，不仅能激发学生的学习潜能、学习兴趣，也有利于促进学生人格的完善，作业批改走向对话，教师带着微笑欣赏学生的作业、带着真诚赞扬学生的作业，让学生在老师的批改中有更多的收获，这样的批改无疑会成为学生人文素养养成的重要的增长点，潜移默化地引导学生学会生活、学会做人。

二、生生对话策略研究

1. 在对话视域下的课堂讨论。

在课堂上，就某一问题或主题，学生之间展开探讨和交流。

如我校一位教师在执教《蟋蟀的住宅》一文时，教师先后设置三个层次的阅读话题，由浅入深地激发学生讨论的兴趣。首先，教师让学生齐读一遍课文题目，然后试探性地引导学生："对这个题目会有疑问吗？"希望以此作为学生与文本对话的切入点，启发学生对文章标题的表述提出质疑，进而引起阅读文本的兴趣。而当学生初读课文后，教师让学生思考在阅读文本过程中遇到的问题。阅读前不要求学生带着问题阅读而是让学生独立自主地与课文进行交流对话。因为处于四年级的学生，对于自然界的现象是抱有极大好奇心的。虽然他们大多没有观察蟋蟀构建住宅的经历，但对蟋蟀有一定认知。在这个认知基础上，他们便会对作者观察的目的、手段和结果产生浓厚的兴趣。此时教师给予学生充足的阅读时间，使学生对文本内容产生联想和思考，从而能够得到自身思维与文本碰撞生成疑问的答案。而当学生解决初步疑问后，教师再构建第二层次的对话："蟋蟀完全可以像其他动物一样随便找个洞穴安家，但为什么它没这么做呢？"以此给学生再营造一次讨论对话的氛围，让学生抓准文中"不肯随遇而安"这个重点语句进行讨论，探究作者对于蟋蟀的看法。最后，教师再建立第三层次的对话："蟋蟀的住宅是怎样建成的？"以此让学生厘清文章思路，归纳总结蟋蟀的住宅的构建过程，形成一个科学的理解体系。通过三个层次的对话讨论，让学生在对蟋蟀已有了解的知识基础上，以自己的眼光看文本。发现疑问，由文本寻求答案，就像与别人交流一样，有疑惑立即发问。老师应该充分信任学生，相信自己的学生通过与文本对话，与同学之间的交流、探讨，可以自己解决一部分难题。教学中，教师以三个层次的话题让学生各抒己见，进行对话，得到比较全面、完整和深刻的理解，理解题目的含义和表达手法以及蟋蟀住宅的特点，知道写说明文时应有的顺序。

2. 在对话视域下的课堂辩论。

教学过程中，学生就某一观点进行辩论，展开思想碰撞。随着教学改革的不断深入，如何充分调动学生学习的主动性，充分激活学生的创造思维，我们认为在课堂教学中开展辩论教学不失为开展对话教学，训练学生语言、思维的一个新思路。

由于历史原因，传统教学长期着眼于应试升学，形成了一种轻听说能力培养的教风与学风。结果学生的口才大多不佳，走上社会后社交能力较弱。辩论教学以听说促读写。出于辩论双方的观点都要以确凿的事实、材料为依据，方能站稳脚跟，因此可以促使学生在课外阅读大量的读物，并从中提取信息，去粗存精，去伪存真，为自己所用。阐明自己的观点时，必须思路清晰、严密。而要具备以上素质，必须要求学生见多识广，思维活跃。至于在辩论过程中，更要求学生把听说读写几方面能力综合起来。可以说"胸藏万汇凭吞吐"，因而才能"笔有千钧任翕张"。辩论又成了检测学生听说读写四项能力的综合手段。

在学习课文《赤壁之战》一文中，学生质疑：曹操是好人还是坏人？教师抓住这一问题，要求学生课后收集曹操的资料。课堂中学生分成两组进行辩论。

反方：曹操发动战役，当然是坏人。

正方：不对，曹操是一位政治家、军事家，还是一位诗人，应该是好人。

反方：课文最后讲，曹操见手下的兵将丢盔弃甲，无心应战，只得带着他们从华容道逃跑。"丢盔弃甲""逃跑"这两个词都是用来描写坏人的，所以曹操是坏人。

正方：曹操爱民如子，军纪严明，是好人。

反方：我从《三国演义》上了解到，曹操疑心很重，所以曹操是坏人。

正方：曹操在北方屯田，兴修水利，使那里的农业生产得到了恢复和发展，所以他是好人。疑心重也不一定是坏事。

听着他们有理有据的争论，学生敢问、善思，表现出了强烈的参与意识，探究意识。

积极倡导自主、合作、探究的学习方式是新课程标准的重要理念。面对这一新的要求，许多老师无从下手。实际上，这种新的学习方式孕育在我们教学的每一个细节之中，只要我们善于动脑，善于引导，充分发扬教学民主，这一新的教学目标不难达成。所以要提高学生素质，开展辩论教学自有一功。

三、师生与文本的对话策略研究

1. 在对话视域下的课文朗读。

朗读是语文教学中的重要环节，是训练学生理解课文，提高学生语言表达能力，丰富学生想象力的重要途径。在语文教学中应鼓励学生多朗读，在朗读实践中增加积累，发展语感，加深体验与领悟。我们现用的人教版语文教科书的思考练习中原先放在理解课文之后的朗读背诵要求现在也一跃排在了第一。由此可见，朗读教学的重要性已经不言而喻。语文教学过程中师生的课文朗读是一种传递精神和交流信息的方式。

以下是我校一位教师上的《月光曲》一课中的师生朗读教学的片段：

师：老师有个问题想问大家，这篇课文的题目是《月光曲》，可我看了半天，文章并没有写《月光曲》呀，这《月光曲》在哪呢？

生：课文第9自然段就是。

师：那是写大海和月光的变化，没写《月光曲》呀！

生：我觉得文章是通过写兄妹俩的联想来表现贝多芬的曲子弹得很好！

师：那曲子的旋律、节奏到底是什么呢？请同学们好好地把这段读一读，并小组讨论，然后有条理地告诉老师。

（学生用自己喜欢的方式读课文，四人小组讨论老师的问题。）

师：谁能说给老师听？

生：我觉得（读）"他好像面对着大海，月亮正从水天相接的地方升起来。微波粼粼的海面上，霎时间洒满了银光"是曲子刚开始时，皮鞋匠所联想到的，这时的曲子一定很慢。

师：那就是曲子很慢，很舒缓，对吗？（板书：舒缓）

生：我觉得月亮刚升起时，照得海面一片银光，这时的月光一定很柔和，那贝多芬弹的曲子也一定很柔和。

师：好，看来这时的曲子是非常舒缓柔和的。（板书：柔和）那你能把这种感觉读出来吗？

生：（读）"皮鞋匠静静地听着……洒满了银光。"

师：谁接着说，后来呢？

生：后来（读）"月亮越升越高……一个连一个朝着岸边涌来……"这时的曲子的调逐渐变高，节奏也应该快些啦。

生：我觉得除了节奏快，它的力度应该加大了。

生：我觉得这时一定有反复的小节，因为是"一个连一个朝着岸边涌过来……"说明曲调有反复。

师：那就是节奏也快，弹得也有劲啦，是吗？（板书：快速有力）谁来读呢？

生：（读）"月亮越升越高，……朝着岸边涌过来……"

师：你能告诉大家你为什么这么读吗？

生："忽然"说明时间很快，所以我读得也快，还有刚才说这时的曲子快速而有力，所以我读"雪亮的浪花""一个连一个朝着岸边涌过来"也读得快，而且有劲。

师：他不仅读得好，说得也很好。我们一起来读一读。

（生齐读。）

师：谁来把皮鞋匠看妹妹这一层读一读呢？看这时的曲子又是怎样的？

生：（读）"皮鞋匠看看妹妹……波涛汹涌的大海。"我觉得这时的兄妹俩都已经完全陶醉啦，这儿应该是高潮部分。

生：我想这时的曲子一定更快，节奏感更强。

师：节奏快了，到了高昂的部分，情绪也就激荡啦。（板书：高昂激荡）

师：好，那谁能从头到尾完整地说一说呢？

生（自由说、指名说）：贝多芬面对着月光，面对着兄妹俩，按起琴键来，一开始他的琴声是柔和的，舒缓的，接着曲子有了变化……

师：贝多芬的《月光曲》真是这样吗？让我们跟随兄妹俩一起来欣赏一下。

（放《月光曲》，生闭目欣赏。）

师：听了《月光曲》，你的眼前仿佛出现了什么呢？

生：听了曲子，我感觉在一个拥有清幽月光的夜晚，独自一人来到海边，双眼紧闭，感受着大海的呼吸，倾听着大海的声音。皎洁的月光给海面披上了银纱，美极了。

忽然，海面失去了平静，海水变成了巨浪，在咆哮，在翻滚，在不停地拍击着岸边坚硬的礁石……仿佛世界上每一个角落都充满了海浪。

生：音乐响起来，我仿佛置身在小湖边，一轮皎洁的明月慢慢升起来，把平静的小湖，湖边的蒲草、芦苇都镀上银光，异常美丽。忽然，只听一声水花溅落，一条金黄的鱼儿跃出水面，在空中划出优美的弧线，接着又钻进了水中。接着第二条、第三条……一条条鱼儿跃起又落下，似乎正伴着月光跳起了"月光舞"，平静的湖面变得热闹非凡……

生：听了曲子，我仿佛看到了一位勇敢的探险家在海面上拼搏。傍晚，微波粼粼的海面上洒遍了银光，海面幽静而美丽，探险家坐在船舱欣赏着窗外美景。忽然，海面上刮起了大风，卷起了巨浪，快把船都掀起来啦，这时的探险家竭尽全力地摆动方向盘……勇敢者终究会取得最终的胜利。

……

师：贝多芬的琴声让我们也陶醉啦，皮鞋匠正是在这优美的琴声中看到了慢慢升起的月亮，看到了波涛汹涌的大海，我们能在朗读的时候感受大海的变化，并把这变化表现出来吗？

（生自己练读。）

师：好，谁愿意读？这有三层，你愿意读哪一层就读哪一层。

（指名学生，选择自己喜欢的一层读。）

师：谁能把整段读给大家听呢？这次还要找个人和你比，看谁读得好！

（两名学生比读。）

师：你们认为他俩谁读得好？哪儿读得好？

生：……

师：他们俩读得都很好，各有特色，我们一起来读一读吧！

在这一片段的教学过程中，老师和学生之间是自主的对话，心灵的沟通，学生成了课堂的主人。学生通过自读、对话，理解了语言文字；通过展开丰富的想象，感受到了《月光曲》的优美；通过有感情地朗读，抒发了自己的情感。通过师生的对话，学生的创造性思维得到了发展。

2. 在对话视域下的写作。

作文源于生活，重在积累，得益于练笔。作文过程是观察、活动、思维、想象、表达等有序的训练的过程，而整个过程需要对话的支持。学生作文的内容，不完全是个体的经验与感悟，他们需要在交流互动中借鉴、模仿、领悟、创新。作文也是思维的碰撞过程，生命的运动过程，心智的沟通过程。

在作文教学中，首先，教师应营造一种师生交流的氛围，让学生在平等、民主的气氛中进行平等对话；教师可以通过设计一些师生对话的情境，开展一些师生共同参与的活动，让学生在情境中对话，在师生活动中增强与教师对话的信心，发挥自己在对话中的主动性。作文的灵感在活动中生成。活动是体验的载体。学生没有材料可写，主要是没有观察和积累，没有情感的积蓄。实践证明儿童对临近或现实的经历是最感兴趣的，思维也是最兴奋的，欲望也是最强烈的。因此，应该充分利用儿童的这个特点开展作文教学。

如我在指导学生写水果时，让学生从家里带来了石榴，课堂上让学生摸摸石榴的皮，看看石榴皮的颜色，再剥开石榴的皮，看看石榴籽的样子、颜色，然后尝尝石榴的味道，相互交流。又如我布置学生完成一项特殊的作业——伺候鸡蛋，要求学生把鸡蛋带在身边一天，通过各种方法保证鸡蛋不碎，学生兴致勃勃，想出了各种保护鸡蛋的方法。这些有趣的活动，增进了学生之间的交流，自然地伴随着对话。对话是随意的，是真实的，是自由的，是开放的，是多维的，学生在有意识或无意识中获得了个性体验。这个对话过程也是学生的发现与探究的过程。学生对某一事物或现象的认识，除了自己的灵感之外，多来自他们之间的互动，通过你说我说，你问我答，你做我想，全方位地参与，才能深入地认识事物的现象与本质。

其次，教师让学生汇报交流。有了活动的经验和情感的积蓄，就要让他们把所看、所听、所想通过对话的形式表达出来。对话的主导者是教师，教师要以问题来启发对话的情境，使学生遵循一定的思维逻辑组织语言，回答问题。同时，对话又是动态的，生成性的。学生可以根据自己的要求，提出讨论的问题，发表自己的见解。对话的关键是放飞学生的思维，教师以尊重为前提，激励学生敢想、敢说、敢评。对话不能有教师的语言霸权，要平等地对待学生。要注意的是，对话不能只关注情感，还要特别注意对话语言的合理性、准确性、条理性。这个过程是思维的碰撞、思辨、展开、互补、借鉴、模仿、创新等综合的过程，是智慧的提升，是合作的结晶，是真善美的发现的过程。

再次，教师应积极地转变观念，主动地向学生介绍自己，融入学生中间去，成为学生的朋友。在平时的小练笔中，可以增加一些师生交流的话题，如："老师我想对你说……""悄悄话信箱""我向老师提建议"等，以此来促进学生主动与教师交流。

最后，师生共同评议学生的作文。好的作文是改出来的，学生初步完成作品以后，要引导学生对作品进行修改，而修改的策略是评议。过去叫讲评课，是老师根据学生出现的共性问题进行讲评，学生是听众。现在是让学生主动地参与，让学生在评议中自我提高。在评议中，教师要提供技术支持，要明确评议的重点，否则是"大杂烩"的评议，会失去评议的有效性。评议的技术重在赏识，所以教师激励性的语言很重要，同时也要教会学生互相赏识，要防止评议演变成批判。

实践告诉我们：作文不仅是学生练笔的好形式，更是师生感情沟通的桥梁。

3. 在对话视域下的评价。

新课程改革非常强调建立促进学生发展的评价机制，把评价活动和过程当作是为被评价者提供了一个自我展示的平台和机会，鼓励被评价者展示自己的努力和成绩，让学生获得一种成功的满足和喜悦。

课堂上，学生的创造性思维是稍纵即逝的，教师要善于把握时机，适当延时评价，进行对话交流评价，促进师生、生生心灵沟通。

如，教学老舍的《猫》一文时：

生：我最喜欢的句子是"用身子蹭你的腿，把脖子伸出来让你给它抓痒"。因为这句话写出了猫很可爱，特别是"蹭"字我觉得很好。

师：能说说"蹭"的意思吗？

生：是"摩擦"的意思。

师：请同学们再比较一下，看看有什么不同？

生：用"摩擦"，句子中就没有猫那种可爱的感觉了。

生：用"摩擦"，猫就没有温柔可亲的味道了。

师：是的，你们说得真好。看来"蹭"虽然有摩擦的意思，但不仅仅是摩擦那么简单，大家再联系上下文读一读，老师相信你们一定会有新的发现！（学生自由品读）

生：我觉得是轻轻摩擦。因为很重的话，老舍爷爷肯定不高兴了。

生：我觉得这里"蹭"应该是一种温柔的"摩擦"，因为课文中说"它要是高兴，能比谁都温柔可亲"。它用身子蹭老舍爷爷的腿，其实是在打招呼呢！

生：我觉得这个"蹭"很亲昵，因为老舍爷爷很喜欢猫，所以猫对他也很友好，他们两个就像好朋友一样，见了面很亲热。

师：理解得真深刻！猫这样轻轻、温柔、亲热地蹭老舍爷爷的腿，你觉得还蹭出了什么？

生：蹭出了友谊！

生：蹭出了感情。

生：蹭出了一个人爱猫、猫爱人的动人场面。

师：同学们，一个"蹭"字，就让我们感受到了猫爱人、人爱猫的动人场面，老舍爷爷不愧是语言大师。

教师紧紧抓住"蹭"这个问题，进行延时评价，通过师生的对话，既加深了学生对课文的进一步理解，更有利于培养学生思维的广阔性、深刻性、独立性、敏捷性和创新性，从而发展了学生的智力，提高了学生的语文素养。

以上几种对话除了作业中的对话外，其他的几种对话其实是有机地融合在一起的。如课文讲解中融合着课文朗读的对话、课堂评价的对话、课堂讨论的对话以及课堂辩论的对话。写作教学中的对话也融合着评价的对话训练。在课堂讨论、辩论中其实也包含着评价的对话方式。另外在课文的讲解中有时教师也会穿插习作的指导与训练。如《荷叶圆圆》一课，在课堂上教师指导学生模仿课文的语言也来说一说还有哪些小动物也会来到荷叶下，他们又会把荷叶当成什么呢？在师生的对话中一篇篇孩子们自己创作的《荷叶圆圆》诞生了。

因此，以上几种对话的策略其实是你中有我，我中有你，不能机械地把他们分割开来。

语文教学是对话的过程，是每个个体运用自我的期待视野同文本撞击的过程。语文课堂的"对话"是一个多角度、多层次的网络结构。这样的对话，会丰富学生的第一生活，触动学生的思想和灵魂，实现人本回归，既品读课文，也品读人生。"一枝独秀不是春，百花齐放春满园"，这样的对话，才会改变我们以前课堂上传统的"一枝独秀"的局面而呈现出"百花齐放"的喜人场面!

（本文系安徽省教育科学规划重点课题"小学语文对话教学策略研究"阶段性研究成果,2009年3月结题,2009年4月在安徽省教育科研课题管理研讨会上进行了交流,并获二等奖）

静听花开的声音

——语文课内外阅读教学浅谈

"作为一名语文教师，应该把学生的读书兴趣和习惯放在语文教学的重要位置上，语文老师有这个责任和义务。"这是我在上海进行骨干教师培训时我的指导教师吴忠豪教授对我的谆谆教导。作为一名语文教师，我们有责任用童年阅读来守望儿童心灵的故园，让孩子多一份语言的醇厚与灵动，多一份精神的富裕与深广，让学生尽情地欣赏，品味着优美的语言。我们的语文教师要沉下心来，潜心课内外阅读教学，懂得用心浇灌，细心呵护，静静聆听花开的声音……

——引子

学生语文能力的提高不是教师对课文内容的讲解和分析，是学生阅读语言的积累。教师应该改变对文本解读式的、低效的阅读教学模式，教师的重点应放在学习课文的语言、练习表达、进行运用上，并用课文的语言作为基础，来丰富学生的语言积累。在我的整个语文课内阅读教学和课外阅读教学的过程中，我以"务本求源"作为我的指导原则。"本"有两层含义，一是文本，首先坚持把教材中的文本内容认真扎实地教好；二是生本，根据学生的实际情况在教材的基础上，补充一些脍炙人口、千古传诵的优秀经典作品或者和教材内容相关联的内容，举办一些学生喜闻乐见的、形式多样的活动来调动学生的积极性，让学生对于所学的知识有所巩固和提高，让学生的精神世界得到更为丰富的濡染。我构建了整个课内外阅读一体化的教学模式三部曲：走进文本——务本求源，延伸阅读——源头活水，实践活动——厚积薄发。

这三步主要是通过三种课型来进行的。第一步：走进文本，主要就是扎实地上好平时的语文课，这是课外阅读的基础。第二、三步：延伸阅读和实践活动，主要是在每个星期的两节阅读课上指导学生进行。这两节阅读课，我分别把它们取名为课外阅读指导课、综合实践活动课。这两节阅读课是课外阅读得以实施的有力保证。以下就这三个方面来分别谈一谈自己的做法。

一、走进文本,畅游于文本之内——务本求源

要想培养学生广泛的阅读兴趣,扩大阅读面,首先得从引导学生读好语文教材中的一篇篇范文开始。因为语文教材中的一篇篇范文都是专家们从浩如烟海的经典名篇中精心挑选的,每一篇都有它独特的魅力。这一篇篇文章就好像盖楼房时打基础的一块块砖石,只有基础打牢了,才能盖出高楼大厦来。因此,作为一名语文教师,要想培养学生的阅读兴趣,首先得从每一堂语文课上下功夫。语文教师需要带领学生,"浸入"文本体悟,对文本的内在结构、文本的体裁特点、文章的遣词造句以及细小的特点细细咀嚼,品出字里行间所包孕的丰富的情味与理趣。学生只有对语文课本产生了浓厚的兴趣,课内阅读进行得扎实有效,才能依托于文本,走向课外阅读更广阔的天空。课内阅读课的教学,平时大家上得最多,也讨论得最多,在这里就不做过多介绍。

二、延伸阅读,链接于文本之外——源头活水

"只见树木不见森林"的进入,能把文本的"内在肌理"摸个透彻,为学生的阅读打下坚实的基础,但难免会有"不识庐山真面目,只缘身在此山中"的局限。如何"跳出庐山看庐山"?既以"本"为本,又不拘泥于"本"。进行课外阅读,可帮助学生开阔视野,引进源头活水,让学生的阅读走向更加深广的境界。

1. 课外阅读内容的选择。

(1) 选择和教材相关联的作者的文章进行延伸阅读。

选择同一作者、不同写作内容的文章进行延伸阅读,可以加深对作者的了解和对文本的把握。如教毛泽东的《七律·长征》,便向学生介绍毛泽东的诗词。学生通过课外阅读,他们读了《沁园春·雪》《卜算子·咏梅》等许多毛泽东的诗词文章。教朱自清的《匆匆》时,把学生带进朱自清所描写的《春》《荷塘月色》《绿》中,让学生领略朱自清散文的独特魅力。

(2) 选择和教材相关联的同一主题的文章进行延伸阅读。

教师在指导学生进行课外阅读时,可以根据教材中的相关主题,让学生延伸阅读。如教《望月》时,教师可以推荐学生看古今中外的作者描写月亮的文章;教《送孟浩然之广陵》时,可以引导学生看有关送别主题的文章;教《秋天的怀念》时可以让学

生读有关母爱的文章。选择和教材相关联的同一主题的文章进行阅读，能够让学生更好地把握文本的"神韵"，对相关主题理解得更全面、深入。

（3）选择和教材相关的体裁延伸阅读。

现行的语文教科书中安排了各种体裁的文本，教师可以从这方面入手，有目的地让学生进行课外阅读。如教《寓言两则》时，让学生读《伊索寓言》《中国古代寓言故事》；教《丑小鸭》时，让学生读《安徒生童话》《格林童话》；教《新型玻璃》《鲸》时，让学生读《少儿百科全书》《动物世界》等。教散文时，引导学生读散文；教小说时，引导学生读小说；教古诗词时引导学生读古诗词；等等。通过这样对同体裁的文章的阅读，学生能够更加深刻地感受到不同体裁文章的风格。

（4）选择和教材相关的原著延伸阅读。

如鲁迅先生《少年闰土》中的闰土在学生的心目中是一个很完美且向往的形象。学完课文，学生都津津有味地谈论着闰土的勇敢、聪明，这时，教师可以适时地将鲁迅先生的《故乡》推荐给学生，让学生了解中年闰土的变化，以及造成他变化的原因。教《草船借箭》时，便把学生带到《三国演义》；教《景阳冈》《猴王出世》《"凤辣子"初见林黛玉》），便向学生推荐《水浒传》《西游记》《红楼梦》。让学生读原著，走近原著中的人物，学生能更加深入全面地了解这些栩栩如生的人物形象。

（5）选择和教材相关的历史知识延伸阅读。

自古"文史"不分家，对于像《将相和》《田忌赛马》《晏子使楚》《圆明园的毁灭》这样的文章，可以结合历史内容让学生进行课外延伸阅读。以《圆明园的毁火》为例，这是一篇有关中国近代史的文章。教师在学习之前可以引导学生了解相关的历史背景，在此基础上，再来学习这篇文章，学起来就会感到轻松。学完课文之后，再引导学生读相关的历史文章，让学生对这一段屈辱的历史有一个较为全面的了解。这样，学生所获得的信息远比课内所学要多得多。至于《将相和》《田忌赛马》等关于春秋战国时期的故事，同样可以以"史"作为学习的先导，然后在学完课文的基础上，让学生去阅读相关的历史故事，让他们对当时的历史有所了解。

2. 课外阅读方法的指导。

以上是指导学生进行课外阅读内容的选择。另外，在每周一次的阅读指导课上，教师还要对学生进行阅读方法的指导。教师在阅读指导课上要帮助学生找到自己要读的书，教会学生阅读的方法（如学会读目录，做读书笔记，做读书卡片，做摘录，等等）；还要教会学生怎样把一本好书介绍给别人，介绍推介的理由，怎样介绍人物（如对人物的评价，学生对同一人物的特点发表自己的看法），介绍书的内容，等等。教师可以指导学生厘清故事情节，评论人物；可以提出问题，要求读后回答；可以指导学生欣赏语言、总结写作方法；可以指导学生写观后感、随笔；等等。如为了让学生积累大量的好词好句，促使他们更深入地阅读，教师可以要求学生对于一些精彩片段中的好词佳句，进行圈点，完成《阅读报告》。报告中"本书主要人物""我学到的词汇和佳句""情节简析""我最喜欢的段落""我的感悟"等栏目使学生在积累的同时，不知不觉中养成了"不动笔墨不读书"的好习惯。

对于不同年级的学生的阅读要提不同的目标，每个年级的目标都应有所提高。像一年级就让学生记录所读的书名；二年级可以让学生列出读书计划；三四年级可以指导学生写摘录、写读后感；五六年级可以让学生写读书体会、做读书评论。每一年级每一阶段推荐一本读本，结合教材的名家名篇，把阅读课上成名家名篇推荐课、课外读本推荐课。

另外还要利用一节专门的阅读交流课来对一段时间里所读的书进行交流评价。自从我们班安装了多媒体之后，我就充分利用多媒体的优势，让学生自己制作课件，在班级展示、交流读书的收获和体会，然后再让学生把这些活动上传到我们班级的博客上，我们班级的博客名叫"湖东路二小504班"，直接在百度上搜索名字即可。比如，在上完《少年闰土》时，我推荐学生阅读鲁迅的有关作品，然后在阅读交流课上，以"走近鲁迅"为主题，让学生交流阅读后的收获，还有《古诗词赏析》，《走近古典文学》，《科普书籍推荐会》，《让名著中的人物走上舞台》等，在我们班级创办的博客上都有所呈现。这样既能提高学生阅读的兴趣，又能在相互的交流中增加对阅读的体验和感受。思维的碰撞激发灵感的闪现，阅读课上的交流让学生畅所欲言，各抒己见，学生会对所读的书有更深、更多的理解和体会。有些收获往往是意想不到的，有些体会往往是个体的阅读所不能达到的。通过这样一个"阅读—积累—内化—运用"的过程，学生积累的语言由量变而达到了质变，学生自然就完成了语言的内化过程。

三、实践活动，升华于文本之上——厚积薄发

指导学生阅读是一个学习过程，更是一个积累的过程，需要教师在平时教学的过程中通过各种形式多样的活动来调动学生的积极性。如果说前面的课堂上的文本阅读与课外延伸阅读是"厚积"的过程，那么实践活动就是"薄发"的过程。通过各种活动激发学生的阅读兴趣，学生能够对所学的知识有所巩固和提高。以下就每一个年级段所进行的阅读活动课类型来进行简单的介绍。

1. 低年级活动——促识字。

对于低年级的孩子，我主要是通过活动来激发他们的兴趣，让他们在低年级阶段就能爱上课外阅读，并且在课外阅读中让他们多识字，丰富他们的词汇量。

（1）故事会。

故事是一双五彩斑斓的翅膀，它飞向孩子；故事是一双可寻可探的手，它触摸着孩子。低年级孩子不识字也认不了多少拼音，因此刚开始是教师声情并茂地讲述故事。扣人心弦的故事情节和传神的语言让孩子们陶醉，慢慢地他们爱上了故事。等到孩子的拼音学得差不多了，我就在班级里举行故事会，让孩子们上讲台讲故事，并评选出每期的"故事大王"，以激发孩子参与活动的兴趣。每期的故事可以规定主题，如成语故事、寓言故事、童话故事、历史故事，也可以不按规定让学生讲自己最喜欢的故事。

（2）诗歌朗诵会。

除了故事会，诗歌朗诵会也是我常开展的活动。朗诵包括朗读和背诵，它不仅能帮助学生学习普通话，提高朗读能力，而且在学生朗读、背诵的过程中识字量自然而然地增加了。我在班级里主要以我们市教育局编的《中华经典诵读》和一些短小简单的儿歌为主要阅读书目，学生在诗歌朗诵会上可以背诵，可以朗读，教师不做强行要求，不要让孩子带着负担参加活动，主要以激发兴趣为主。

（3）词语接龙。

这是一项很有趣的活动，孩子们非常喜欢。它可以检查学生的词语积累情况，从另一面培养学生的阅读兴趣，增加他们的识字量。

除此以外，还可以开展读书竞赛等多种形式的活动。这些活动不仅可以丰富学生

的课外生活，而且可以激发他们的阅读兴趣，帮助学生形成良好的阅读习惯，促进他们积极主动地进行课外识字。

2. 中年级活动——促积累。

对于中年级的孩子，我主要让他们通过各种活动来激发他们阅读的兴趣，让他们在阅读中有所积累。在这一阶段，除了和低年级一样继续开展一些故事会、诗歌朗诵会（要求有所提高，比如：故事和诗歌必须会背诵等）等活动外，我还设计了一些活动，既增加活动的难度，又丰富他们的课余生活。

（1）古诗新唱。

随着年龄的增长，一些流行歌曲也逐渐为孩子所喜爱，周杰伦、王菲等成为孩子们谈论的话题。听着孩子们唱着王菲《但愿人长久》，这可是由苏轼的词改编的啊，如今成为人们传唱的歌曲，我们班的孩子也能一字不落地从头唱到尾。因此，我举行了"古诗新唱"的活动，活动一开展就受到孩子们的欢迎。学生们上网搜索，古诗新编曲，还真有不少，我们所耳熟能详的就有岳飞的《满江红》、李煜的《虞美人》、李清照的《月满西楼》，还有谷建芬老师专门为孩子们学古诗谱的作品二十余首——《春晓》《出塞》《长歌行》……活动课上那些曾经被我们像和尚念经式地背诵的古诗词，现今却成为一首首美妙的歌曲，多棒啊！在此基础上，我又让学生把自己喜欢的诗词自己谱上曲子，在班级演唱。这样，一些流行歌手的歌曲旋律被孩子们填上了"新词"，在班级传唱。为诗歌选配合适的流行音乐的过程，其实也是对诗歌咀嚼消化品味的过程，只有对诗歌的内涵有深刻、独到的理解，才能找到与之相配的音乐来表现。孩子们的兴致格外高，学得格外投入，效果特别好。在孩子们的演唱过程中，一首首古诗词被他们背得滚瓜烂熟。在寻找配乐和歌唱的过程中，孩子们对古诗词的意境也有了更深一层的理解，真可谓一举两得！

（2）评书新说。

小时候通过广播听单田芳的评书，听得如痴如醉，尤其不能忘记的是单大师开头的一句："话说……"，让人听了按捺不住内心的那份渴望与喜悦。而说到关键之处，一句"欲知后事如何，且听下回分解"，把听书人胃口吊足。受说书的启发，我们可以借说书的形式激起学生的阅读兴趣，学生在准备的过程中，可以把语文书中的故事改编成说书的形式，也可以把课外阅读的历史及其他故事改编成说书的形式。除了采取开头的"话说……"和结尾的"欲知后事如何，且听下回分解"外，在说书的过程中，学生可以根据故事内容加入适当的动作。在准备的过程中，学生要认真阅读故事，揣摩故事，消化故事。在活动课上进行表演时，学生不仅注意了形式，插入了动作，而且说得惟妙惟肖。其他同学也听得津津有味，在这听、说的过程中，学生对故事的理解更加深刻了。

（3）演讲比赛。

除了进行以上的活动外，还可以指导学生进行演讲比赛。演讲的内容可以是学生自己创作的作品，也可以是别人或是名家的作品。但要求学生上讲台演讲一定要有演讲的样子，要情绪饱满，要脱稿进行。要求学生脱稿的目的就是促进积累，把书上的语言内化为自己的语言，达到消化吸收的目的。

3. 高年级活动——促运用。

如果说中年级学生的阅读是一个量的积累过程，那么高年级学生的阅读就是一个由量的积累向质的飞跃的过程。因此，在高年级阅读活动课上，除了进行一些简单的语言的背诵、积累，记忆性的活动外，更重要的是通过这些活动能够让学生灵活运用这些语言，达到学以致用的目的。所以高年级的阅读活动主要体现在它的开放性、灵活性及学生对语言的综合运用上。

（1）百家讲坛。

中央电视台的《百家讲坛》栏目深受广大电视观众的喜爱。因此，我把《百家讲坛》栏目也搬到了我们班的课堂上。《百家讲坛》主讲人变成了学生自己，每一周的活动课确定一个主题，然后选一位学生为主讲人，其他学生也可以就这一主题进行准备，以作补充发言。学生们模仿央视的《百家讲坛》，精心准备。我们班的孩子品三国、话红楼、说唐诗、论史记，虽然孩子们的发言显得有些稚嫩，有些观点看法也不成熟，但活动的过程中，他们在不断地成长，不断地进步。

（2）佳作赏析。

高年级的学生已经具备一定品词析句的能力，对于一些美文佳作也有一些自己独到的见解。因此，我在活动课上，有意识地引导学生赏析一些美文佳作，以提高他们的欣赏品位。有时是就一些名家名篇以及千古传颂的名句进行赏析，有时是规定某一主题让学生围绕这一主题去寻找相关的文章对比阅读，然后赏析。如让学生找"雨"

"雪""春"等主题的文章进行赏析。我在市骨干教师展示课上，就大胆地尝试了一节阅读欣赏课——《月之韵》。这一节课我是规定了一个主题——月亮，课前让学生大量收集一些古今中外描写月亮的文章，然后进行点评、欣赏。点评、欣赏时，学生既可以把自己在课外查找到的资料进行整合，也可以是自己的感悟、体会。在课堂上，我先让学生欣赏指定篇目：《春江花月夜》《水调歌头》《荷塘月色》，对于这三篇同是描写月亮，但风格各异的文章，学生课前收集了大量的资料，深入地了解了这三篇千古名篇的遣词造句的独特之处，感悟了文章的意境，然后在课堂上交流。这样，学生个别的感悟、理解，经过全班的交流之后，他们的认识就会更加深刻。然后我又让学生自由选择描写月亮的文章，接下来让他们听贝多芬的《月光奏鸣曲》，想象画面。最后，让学生望月抒怀。整堂课，围绕"月亮"这个主题层层推进，多角度地欣赏了描写月亮的文章。慢慢地，学生会化他人的佳句为自己的语言，他们对月亮的认识也更深刻。

（3）辩论。

在活动课上开展辩论活动，不仅能充分调动学生学习的主动性，还能充分激发学生的创造思维。因为辩论双方的观点都要以确凿的事实、材料为依据，方能站稳脚跟。因此，学生必须在课外阅读大量的读物，并从中提取信息，去粗存精，去伪存真，为己所用。

比如在学习课文《赤壁之战》一文时，学生质疑：曹操是好人还是坏人？教师抓住这一问题，要求学生课后收集曹操的资料。课下，学生阅读《三国演义》《三国志》等大量读物，进行归纳、整理，形成自己的观点。在活动课上，学生分成两组进行辩论。

还有在五年级下册第六单元综合性学习《走进信息世界》中，我让学生以"网络的利与弊"为辩题进行辩论。学生课后大量查找资料，整理资料，最后分成正方、反方进行辩论。

反方：我认为网络的弊大于利。现在电子游戏早已成为青少年的"杀手"。近年来，网络游戏早就成为"时尚潮流"，这些网络游戏影响了一批批青少年，让他们沉迷其间，不能自拔。

正方：网络世界资源共享，它就像一个聚宝盆，你可以从中最快速地查找资料，可以获取更多课堂外的知识，并灵活地运用课内外知识，促进思维的发展，培养我们的创造力。

反方：网络在给我们带来便利的同时，更给我们的生活带来了很多隐患。其中非法网站，趁着网络管理还不健全，散布着黄毒、暴力，防不胜防，这对我们的身心是一个极大的伤害。

正方：网络能够让我们足不出户，就知天下事；点开视频就能够和远在千里之外的亲人视频聊天，这难道不是网络的好处吗？

……

以上所列举的各个年级段的活动只是一个大致的划分。其实，除了低年级以外，中高年级所列举的各项活动在三到六年级都能够在班级举行，只是不同的年级要求有所不同而已。因此我们在带领学生开展活动时不能把形式框得太死，应该根据班级学生情况灵活运用。

认读能力、理解能力、吸收能力和鉴赏能力是构成学生阅读能力的重要因素，这些能力是在大量的课外阅读实践活动中形成的。阅读实践活动的形式丰富多彩，才能激发学生课外阅读的情绪、情感和兴趣，才能激发学生的思维，强化学生阅读能力的培养。为此，教师必须通过开展形式多样、丰富多彩的课外阅读实践活动，让学生有充分展示自我的机会，让他们在活动中享受读书所带来的乐趣。

教学艺术的本质不在于传授本领，而在于激励、唤醒、鼓舞。当学生的阅读热情得到了赞扬，当阅读的进步得到了肯定，他们的阅读激情也就得到了唤醒和鼓舞。长此以往，相信学生的课外阅读将会步步深入。走进文本—延伸阅读—实践活动，教师带领学生以文本为起点，从课内阅读走向了课外阅读这块广袤的土地。相信在这块土地上，一定能开出最绚烂的花朵！

"花开花落本无声，唯有静听方有声"，让我们沉下心来，潜心课内外阅读教学，悉心呵护，用心浇灌，静静聆听花开的声音……

（本文2013年获马鞍山市小学语文论文评选一等奖）

"项目化学习"视角下的教学设计探索

——以统编教材四年级下册《千年梦圆在今朝》为例

项目化学习是国际流行的教育方式之一，是培养学生综合能力的有效途径。"项目化学习"视角下的语文教学设计，主要体现为语文知识的综合运用、听说读写的整体发展、语文课程与其他课程的沟通、书本学习与课外阅读及实践活动的紧密结合。

下面以统编教材四年级下册《千年梦圆在今朝》为例，来进行"项目化学习"视角下的教学设计探索。本课是略读课文，课文内容以及情感学生很好理解和体会，因此在本课的设计中，对于课文内容的梳理和品词析句上并没有花太多的时间，而是把设计的重点放在后面的航天人、航天梦的拓展性学习上面。以"你对中国的航天人和航天梦有着怎样的了解和认识"这个驱动性问题，来引领学生对中国千年的航天梦和中国航天人所付出的艰辛进行深入学习和探索。

一、前置性学习,聚焦项目任务,进行项目活动

本课在教学设计时，教师通过前置性学习，让学生围绕"航天"这个主题综合性地展开相关的调查、实践和研究，最终形成自己的学习成果。

《千年梦圆在今朝》前置性学习教学流程：

1. 谈话导入,激起兴趣。

师：中国千年来探月飞天的脚步不曾停歇过。那么这千年的飞天之梦是如何一步一步实现的？接下来的日子里，我们就以"你对中国的航天人和航天梦有着怎样的了解和认识"这个驱动性问题，来进行我们的"飞天之梦"项目化学习吧！

2. 出示项目化学习任务单(任务单见表3-1)。

表3-1 《千年梦圆在今朝》项目化学习任务单

每个学习小组围绕"中国航天人，千年飞天梦"这个主题合作完成以下学习任务： (1)介绍中国航天的发展史(可以以制作课件的形式进行解说，也可以以手工画思维导图的形式进行解说)。 (2)介绍有关航天的人物及故事。 (3)可以自己创作有关航天的诗歌也可以找书上的诗歌，朗诵诗歌(可以配乐朗诵)。 (4)为牺牲的航天英雄写墓志铭。 (5)从网上找一段精彩的有关航天的视频(视频时间不超过2分钟)，为视频写解说词并现场进行解说。 (6)查找资料，为本文作者填补空白：选择一个成功发射的载人航天飞船或嫦娥探测器(神舟7~11号或嫦娥1~5号等)，也写进课文中，加在你认为合适的地方。 温馨提醒： (1)每个学习小组选择以上学习任务进行学习，可以六个任务全部选择，也可以选择其中几个任务进行学习。 (2)在任务学习过程中，小组成员必须分工合作，各司其职，最后以小组的形式进行展示。 (3)每个小组成员在搜集资料的过程中，要学会取舍，提取关键信息，用自己的语言进行归纳、整理。 (4)每个小组汇报展示的时间不得超过5分钟。 (5)如果有视频和课件的，请在上课之前把文件拷贝到电脑桌面上(视频和课件以小组的名称加内容命名文件)。

3.把学生按照组内异质、组间同质的原则进行分组。

4.学生按照项目化学习方案进行学习（学习方案见表3-2）。

表3-2 《千年梦圆在今朝》项目化学习方案

小组名称			组长	
小组成员				
小组任务				
分工	内　容	负责同学	方　法	
	介绍中国航天的发展史		书籍(　)网络(　) 请教(　)其他(　)	
	介绍航天的有关人物及故事		书籍(　)网络(　) 请教(　)其他(　)	
	创作、朗诵航天诗歌		书籍(　)网络(　) 自己创作(　)	
	为航天英雄写墓志铭		书籍(　)网络(　) 自己创作(　)	
	为航天视频配音解说		网络(　) 自己创作(　)	
	为本文作者填补空白		书籍(　)网络(　) 自己创作(　)	

续　表

成果展示	1.说一说（　　　） 2.写一写（　　　） 3.画一画思维导图（　　　） 4.朗诵诗歌,配乐（　　　） 5.下载制作相关视频资料,进行视频配音解说,制作PPT（　　　） 6.其他形式:

本环节旨在通过前置性学习，对课文内容进行拓展，对文章主旨进行深化和提升。

二、文本学习,聚焦词句,感受航天精神

经过一段时间的前置性学习，学生按照项目化学习任务单和项目化学习小组方案进行分工合作。学生通过各种途径查阅相关资料，制作课件、视频，撰写文稿等，合作完成学习项目，并以小组为单位做好在课堂上展示项目化学习成果的准备。

接下来，教师带领学生进入文本的学习之中。

《千年梦圆在今朝》文本学习的教学流程：

1. 导课。

播放神舟五号升空的视频，学生看视频，教师问：作为一名中国人有什么样的心情？今天我们就来共同学习《千年梦圆在今朝》这篇课文，了解一下中国人飞天梦想实现的历程。

2. 初读课文，出示要求。

（1）自读课文，读准字音，读通句子。

（2）思考：中国千年的飞天梦是怎样一步一步实现的？

（注意按时间顺序在文中找出答案，并用简洁的语言加以概括）

（3）汇报交流：

①检查字词的掌握情况。（课件出示词语）

②交流千年的飞天梦是怎样一步一步实现的？（先从课文中找相关句子，再用自己的话概括，教师根据学生的回答，相继提取关键词板书）

（4）小结，进一步理清飞天梦实现的过程。

3. 再读课文，出示要求。

飞天梦的实现极为艰辛，哪些句子使你感受到这些追梦人的可贵精神？请默读课文，画出你感受最深的句子，并做简单批注。

（1）学生自读完成问题。

（2）学生在小组内交流自己的学习心得。

（3）全班交流。

①抓住四字词语体会航天人的品质。

②你还可以用哪些积累的四字词语来评价他们？（板书：无私奉献）

③句末的"……"省略了什么？

④这段话采用了什么修辞方法，有什么好处？

（这个排比句强调了航天人为实现梦想，放弃了优越的生活条件，忘我工作，默默奉献的精神）

（4）为了"神舟五号"飞船的飞天，有多少人忘我工作，默默奉献。他们付出的是青春，是健康，甚至是生命。同学们，一位英雄的背后往往还站着无数的无名英雄。（出示补充材料让学生读）

为了保证"神舟五号"的成功发射，科学家们共设计了20种救生方案保证航天员安全，针对飞船系统的故障对策有139个；8位科学家未见飞天身先死，这些科学家有的是倒在出差的火车上，有的牺牲在实验室里，他们努力了数十年却没能看到飞天成功的壮丽场景。

在酒泉卫星发射基地还有一座烈士陵园，这里长眠着600多位航天工作者，他们牺牲时平均年龄还不到25岁，有的人为了寻找飞船的残骸倒在了茫茫沙漠中；有的人为了攻克技术难关，年轻的生命早早凋零；有的人为了排除险情，献出了自己宝贵的生命……

（5）同学们，一座座墓碑不会说话，但却铭记着一位位感天动地的航天英雄，让我们一起饱含深情地再来朗读这段话，表达我们心中的敬意。

本环节，通过教师带领学生品析词句，理解课文内容，了解我国航天技术的伟大成就，体会现代科学技术成就的来之不易。

三、拓展性学习,聚焦项目成果,拓宽学习空间

在本课的教学设计中,对于课文内容的梳理和品词析句上并没有花太多的时间,而是把设计的重点放在后面的航天人、航天梦的拓展性学习上面。

《千年梦圆在今朝》拓展性学习教学流程:

1. 项目化学习成果展示(补充中国航天的资料)。

各小组选择任务单上的一个内容,以小组为单位上讲台进行项目化学习成果展示。

小组成果展示一:介绍中国航天的发展史。

(1)学生制作课件,梳理中国航天发展史,进行解说。

(2)学生画思维导图,梳理中国航天发展史,进行解说。

小组成果展示二:介绍航天的有关人物及故事。

(1)学生制作课件,介绍航天人物。

(2)学生讲航天人物小故事、趣事。

小组成果展示三:航天主题的诗歌朗诵。

(1)学生自己创作有关航天的诗歌,配乐朗诵。

(2)找书上的诗歌,小组配乐朗诵。

小组成果展示四:为牺牲的航天英雄写墓志铭。

(1)面对卫星发射基地的烈士陵园(课件),小组朗诵墓志铭。

(2)小组成员在心愿卡上给航天英雄送上祝福,贴在小组制作的宣传海报上。

小组成果展示五:航天视频现场解说。

(1)从网上找一段精彩的有关航天的视频(视频时间不超过2分钟),为视频写解说词并现场进行解说。

(2)"嫦娥五号"顺利返回视频,学生进行现场直播。

小组成果展示六:查找资料,为本文作者填补空白。

(1)学生选择成功发射的神舟系列其他载人航天飞船,写进课文中。

(2)学生选择成功发射的嫦娥系列探测器,续写"飞天之梦"的精彩。

2. 互评。

展示结束之后,请其他小组对展示的小组进行评价,从每一组展示的内容和形式

两方面进行评价。（评价表见表3-3）

表3-3　《千年梦圆在今朝》项目化学习评价表

组别	第1组	第2组	第3组
表述清晰	☆ ☆ ☆ ☆ ☆	☆ ☆ ☆ ☆ ☆	☆ ☆ ☆ ☆ ☆
语言流畅	☆ ☆ ☆ ☆ ☆	☆ ☆ ☆ ☆ ☆	☆ ☆ ☆ ☆ ☆
创作内容	☆ ☆ ☆ ☆ ☆	☆ ☆ ☆ ☆ ☆	☆ ☆ ☆ ☆ ☆
形式新颖	☆ ☆ ☆ ☆ ☆	☆ ☆ ☆ ☆ ☆	☆ ☆ ☆ ☆ ☆
团队合作	☆ ☆ ☆ ☆ ☆	☆ ☆ ☆ ☆ ☆	☆ ☆ ☆ ☆ ☆
组别	第4组	第5组	第6组
表述清晰	☆ ☆ ☆ ☆ ☆	☆ ☆ ☆ ☆ ☆	☆ ☆ ☆ ☆ ☆
语言流畅	☆ ☆ ☆ ☆ ☆	☆ ☆ ☆ ☆ ☆	☆ ☆ ☆ ☆ ☆
创作内容	☆ ☆ ☆ ☆ ☆	☆ ☆ ☆ ☆ ☆	☆ ☆ ☆ ☆ ☆
形式新颖	☆ ☆ ☆ ☆ ☆	☆ ☆ ☆ ☆ ☆	☆ ☆ ☆ ☆ ☆
团队合作	☆ ☆ ☆ ☆ ☆	☆ ☆ ☆ ☆ ☆	☆ ☆ ☆ ☆ ☆

3. 总结性评价。

教师结合学生项目化学习成果展示进行总结性评价。

本环节，教师立足课本，自主地增加一些难度适宜、形式多样、贴近生活的项目化学习内容。学生通过讲故事、配乐朗诵、视频解说、创作诗歌、墓志铭等形式多样的项目化成果展示，培养了多方面的能力。

四、总结性学习，聚焦梳理回顾，进行情感升华

教学的最后环节，教师利用板书再次对中国千年飞天之路进行梳理与回顾。

《千年梦圆在今朝》总结性学习教学流程：

师：千年飞天梦想，十载揽月追星。星空浩瀚无比，探索永无止境，中国探月飞天的脚步永不停歇！（全班集体朗诵板书诗歌）

万户首飞志未酬，历经失败苦索求。东方乐曲响太空，神五神六升苍穹。中国航天竞风流，执着追求梦不休。探索火星登月球，飞天之梦终成功。

本环节，既是对本文的一个总结和提升，又利用集体朗诵诗歌，让学生的情感得到进一步升华。

项目化学习是一种新的学习形态，小学语文项目化学习是一种探究性学习。本课

的教学设计，教师立足课本，自主地增加一些项目化学习内容，让学生通过小组合作等方式进行分工协作，共同完成项目任务，对课文内容进行拓展，对文章主旨进行深化和提升。这些内容既有课外资料的查找、整理，又有视频资料的下载、剪辑、配音、解说，还有结合课文内容的写作。笔者希望通过这样的项目化学习，拓宽学生的学习空间，培养学生团队合作、主动探究、勇于创新的精神，最终提升学生的综合素养。

（本文系马鞍山市"三名"工作室专项课题"小学语文统编教材'项目化学习'的实践研究"[课题编号：MJZ 1922]阶段性研究成果，刊发于《语文教学通讯》2021年第3期）

浅谈低年级学生的说话写话训练

　　说话在人们日常学习、工作中用处最广泛。人们之间的交往越来越频繁，运用语言的机会也越来越多。养成良好的听说习惯，不仅能为作文打下扎实的基础，而且对他们今后从事学习、工作都是极为有益的。

　　我在低年级的教学中，在保证字词基本功扎实的基础上，对及早开发学生智力，发展学生思维能力和说话、作文能力，做了一些积极的探索。

一、注重字词句的教学，加强语言文字的训练

　　低年级孩子的主要任务还是字词句的学习，通过对大量字词句的掌握，增加他们的词汇量。我在进行教学时，总是着眼整个篇章结构、句子，在一定的语言环境中帮助学生对字词进行理解和巩固。

　　我在上《小猴子下山》一文时，先让学生找出表示小猴子拿玉米、桃子、西瓜三样东西的动作的词语。学生找出"扛、捧、抱"，我让学生分别演示了这三种动作后问：为什么玉米要用"扛"这个词，而桃子则用"捧"这个词，西瓜又用了"抱"这个词呢？学生通过对整个篇章的多遍阅读后，理解到玉米又长又大，要用"扛"这个词；桃子大，又是几个，再加上桃子的皮很容易破，所以要用"捧"；而西瓜很大、很重，所以要用"抱"。在具体语言环境中，学生了解到如何准确地运用动词。这样，他们在以后的写作中就能注意到不同的动词的不同运用，以及所带来的不同效果。

　　一年级下册《春风吹》，是一篇歌颂春天的优美诗歌，孩子们非常爱读这篇课文。课前我先提出问题："吹绿了柳树，吹红了桃花"是什么意思？学生通过多次的朗读，知道"吹绿了柳树"，就是柳树发芽了；"吹红了桃花"就是桃花开了的意思。在理解了意思的基础上，我又问学生："吹红了桃花"这句还可以怎么说？孩子们争先恐后地回答，"桃花张开了笑脸""桃花笑红了脸"等。我不满足于此，又进一步启发：张开了怎样的笑脸？聪明的孩子们立刻想到了：桃花张开了甜甜的笑脸。这个句子使桃花

可爱的样子一下子就展现在我们的面前。通过这样一步步对句子进行扩充，不仅丰富了学生的词汇量，而且也丰富了学生的句式表达。在以后的学习中，学生就知道要用准确的句子来表达自己的意思。课后，我又让学生贴画写话《春天来了》，并针对孩子们的小作文进行评讲。不管是程度好的孩子还是程度差的孩子，只要有一句话写得完整充实，我就提出表扬并打上星予以鼓励。这样每一个孩子都从说话过渡到写话，在写话中他们都注意到要用最充实完整的语句来表达自己的意思。孩子们在自己的作文中热情地歌颂了春天的生机盎然。他们说"春姑娘用她那神奇的画笔给大地换上了鲜艳的新衣裳""小草儿探出了小脑袋""鸟儿在唱着欢乐的歌"等等。

在教学中遇到的句子，我也采取了以上方法，使学生从理解语句到会运用语句。学习语言的目的是运用，教师在课堂上如果能够足够地重视字词句的教学，让学生打下扎实的基本功，从理解过渡到运用，这样学生的词汇量就会逐渐增加，句式也越来越丰富，最终学生运用语言的水平也就提高了。

二、注意想象力的培养，提高思维能力

低年级的孩子思维非常活跃，具有很大的潜力。教师要充分挖掘孩子的潜力，注意想象力的培养，提高他们的思维能力。

我在教学实践中，依附教材，进行理解插图意思，扩展图意的说写训练；进行仿照说写和延续内容的说写训练。比如我在上《跳伞》一文时，我就充分利用了课文中的彩色插图，让学生合理想象。《跳伞》一文的插图中有三个小朋友：一个站在草地上，一个坐在草地上，一个用手指着天空。我让学生根据人物的表情、动作进行想象。孩子们的想象力特别丰富：他们说穿红裙子的女孩在数天上的降落伞，小男孩在喊加油，另一个女孩在找姐姐的伞花等。在孩子们理解了图意之后，我又进一步引导，问：如果你也在观看跳伞比赛，你会想些什么，说些什么？孩子们一下子打开了智慧的闸门，有的说："姐姐真了不起！"有的说："啊！我要是能当个跳伞运动员那该多好啊！"等等。课下，孩子们又写出了一篇篇《观看跳伞比赛》的文章。孩子们在描写中都注意到把人物的神态、语言、动作写得具体生动。有的孩子写道："小明最起劲，他在草地上不停地跳着、喊着：'加油！加油！'"

《春天》这篇课文中，有春天对冰雪说了什么，春天对小草说了什么……我在教这

课时，就抓住了春天说了什么话，来引导学生进行想象。我先设置了情境，让学生先上台表演课文中的内容。表演完，让学生想：春姑娘会对冰雪、小草、花儿说些什么？根据这个问题，学生聪明的小脑袋马上想出了：春姑娘对冰雪说，你快快化吧；春姑娘对小草说，你快快发芽吧；春姑娘对花儿说，你快开吧；等等。

在上完《小白兔和小灰兔》一文后，我提出这样一个问题：小灰兔听了小白兔的话后，他会怎么想，又会怎么做呢？孩子们发言热烈，课后写出了《小灰兔种白菜》这篇小作文。可见，孩子们的想象力是十分丰富的，关键是要靠老师去引导。

三、重视训练形式的活泼多样，提高教学效果

起步说写训练要体现低年级的特点。低年级的孩子活泼好动，注意力容易分散。因此，在"教"和"学"中都要注意训练形式的活泼多样，要符合儿童的兴趣。教学时，可以让学生戴上动物头饰进行表演，然后再进行写话。还可以配以音乐、幻灯片、讲故事等以吸引孩子，从而增加课堂教学情趣，增强学习效果。比如，我在教《小小的船》一文时，就是先用幻灯片打出船儿彩图，再配以《小白船》歌谣，设置情境，让孩子体会在蓝蓝的"大海"中，一只"小白船"飘啊飘的情境。学生进入了这种优美的情境之中，他们把蓝色的天空比作蓝色的大海，把飘浮的白云比作洁白的浪花……

在学生学习时，也可以有多种多样的形式：看图填空说话写文，看图比较说写，字词句的延伸扩展说写、课文的仿写、续写等。这些符合儿童特点的活泼多样的训练形式可以起到事半功倍的作用。

我想通过这样坚持不懈的努力，学生的说话、写话能力一定会有所提高。

（本文写于 1995 年 6 月）

小学作文教学序列训练的探索与实践

　　小学习作教学的两个任务：一是培养学生"用词造句，连句成段、连段成篇的能力"，即语言表达能力；二是培养学生"观察事物，分析事物的能力"，即认识事物的能力，通过培养认识能力，提高学生的认识水平。这两方面能力的培养贯穿小学语文学习的全过程。小学各年级，习作的要求是逐步提高的。低年级主要是写句子，写话的训练；中年级主要是写片段到写简单的记叙文；高年级主要进行篇的训练。从三年级开始，教材中习作训练每单元安排一个重点训练项目，这些重点训练项目形成一个环环相扣的训练序列，课堂习作教学扎扎实实地落实好每一个作文训练重点，教给方法，总结规律，提高学生的习作能力。

　　我在自己的课堂教学中，对小学作文教学序列训练进行了探索与实践，形成了小学作文序列训练操作体系，其流程图如图3-1。

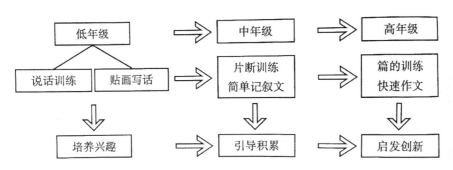

图3-1　小学作文序列训练操作体系流程

具体做法如下：

第一，训练低年级学生口语表达能力，为写话打下基础。

口头语言表达能力既是日常生活的需要，又能促进读写能力的提高和思维的发展。我在进行"作文序列训练"的实践中狠抓第一环节——对学生口语表达能力的培养，为今后的贴画写话打下坚实的基础。

1. 消除胆怯心理，激发说话兴趣。

低年级学生入学时间短，胆子比较小，声音轻，语言表达能力差，怕说错话，怕老师批评，少数学生能举手发言，但想到什么就说什么，针对这种情况，教师首先必须消除他们的胆怯心理，鼓励学生大胆地说话。其次要充分提供学生说话的机会，如生字扩词、口头造句、猜谜语、复述课文、举行讲故事比赛，组织看学生爱看的"大风车"等节目。通过这些活动激发学生的说话兴趣。再次，评说结合，通过赞扬和评价，激励学生说话兴趣，学生在进行说话训练时，教师聆听，偶尔画龙点睛评上几句，待学生说完后，师生不约而同地鼓起掌来，学生就兴趣盎然，纷纷争先恐后地要求说话。有的说了一遍感到不满足，还要求再说。

2. 凭借插图，练习说话做到"三性"。

（1）练说话的完整性。低年级学生要先从一句话，几句话说到一段话。特别注意由说好一句完整的话开始，做到由易到难，由浅入深，从简单到复杂，逐步提高。在教学中根据图画内容，系统地培养学生听话和说话能力。如在教汉语拼音"e"时，引导学生看图：图上画的是什么呢？它正在干什么呢？学生回答："图上画的是一只大白鹅，正在水里唱歌。"接着教师再问："这是一只什么样的大白鹅？它在怎样地唱歌呢？"学生回答："这是一只美丽的大白鹅，它正在水里高兴地唱着歌呢！"学生说得多好呀！这样，在学生刚入学学拼音时就凭借插图训练学生说完整连贯的句子，长期坚持下来，学生的语言能力就能得到长足的发展。

（2）练说话的条理性。学生说话存在着重复、颠三倒四的现象，要使学生的思维有条理地发展，把话说得具体，有次序，就要指导学生认真细致地观察，并逐步教给学生观察的方法。观察插图时，先让学生从总体观察图上画了什么，接着让学生把看到的东西连起来了解图的内容，再让学生组织语言，按一定顺序表达出来。如教《小猫钓鱼》，先让学生按图的顺序逐一观察，大体说出每幅图意，再让学生把几幅图连起来说出故事梗概，这样学生说的话就比较有条理了。

（3）练说话的具体性。在让学生仔细观察插图的具体内容后，先用自己的话说一说图意，再图文结合分节朗读，看课文是怎样描述的，用这种方法能帮助学生逐渐把话说得具体。

3. 拓展想象，培养说话能力。

想象是储存于大脑中的表象重新组合意象的过程。想象的触角伸得越长，它所唤起的意象就越丰富。只有拓展学生的想象，发展学生思维，才能提高学生的口头表达能力。在阅读教学时，应根据不同体裁、不同内容的课文，设计好富有启发性的问题，引导学生展开想象，培养说话能力。如教《诚实的孩子》一文时，说到列宁回家躺在床上不说话，在妈妈的帮助下写信向姑妈认错。教师启发学生想一想列宁在信上会怎么说，有的说："姑妈，您家的花瓶是我打碎的，我当时说了谎，回家后躺在床上怎么也睡不着，妈妈见我不高兴，教育了我，让我写信向您认错，今后，我要做个诚实的孩子。"这样进行说话训练，学生说话的逻辑性就能得到发展。

4. 重视课后练习，加强说话训练。

课后"思考练习"中提供了丰富的说话空间。其中，读写词语是引导学生联系上下文进行说话训练的好材料。如《小猫种鱼》一课课后练习要求提供八个词语让学生读一读，写一写。让学生说出这些词语分布在课文中哪个自然段，利用这些词语作为"珍珠"，引导学生"串珠连线"，加强对学生说话的训练，既增加了说话训练的密度，提高学生说话能力，又使学生积累了丰富的词语。

从语言发展顺序看，说是写的先导和基石。说话训练能为作文训练提供大量的词汇、正确的句式和适当的表达方式，而且还能促使学生的内部语言得到较快的发展。因为学生在说之前把自己要说的话在脑子里组织好，先说什么，后说什么，重点是什么，等等，都想好了之后才能说。这样，就为作文训练从语言、结构、重点、中心等方面打好基础。因此，我们要坚持循序渐进，灵活多样的训练方式，做到课内外相结合，学生就会逐步做到想说，爱说，会说，说好，为写话打下坚实的基础。

二、贴画写话，低年级作文起步尝试

在教学中，教师在训练学生说话的基础上，还要让学生进行实际动手操作训练，学生会写了，会运用了，这才是语文教学的真正目的。

在教学时，针对学生乐于表现自己的好胜心理，在学习了一定量的音节后，便让学生写词，先是写一个一个的词语，然后到简单的成语，慢慢地发展成写一句简单的句子，逐步发展到写几句连贯的话。

另外，为了激发学生写的兴趣，我还在黑板上开辟了一个小栏目"一日一话"，每天轮流由一名学生在黑板上用拼音写一句话，内容不限，学生想写什么就写什么，让全班同学去看，读他写的这句话，然后进行评价。这样，不仅是用拼音写话的孩子兴趣高昂，其他的孩子也兴致勃勃，看、评别人的写话，另外自己也在准备要写的句子，不知不觉中学生已经爱上了写话。

在进行以上训练的基础上，教师就可以让学生借助汉语拼音，以图画为素材，采用贴画的形式，对学生进行写话训练，具体方法如下：

1. 选图。

图是写话的依据，是贴画写话的前提。一幅图或多幅图，能反映一定的生活和事件，提示人物的精神面貌。引导学生看图，实际上是为儿童提供典型化的生活素材。训练学生贴画写话，首先是选好图。选图，就是让学生从报纸、杂志、书籍、明信片、小型挂历等上面选取自己喜欢的，能明白意思的，利于想象的人物画、风景画、动物画等。

2. 贴图。

贴图就是把自己选好的图贴在自己专用本（我们班是软面抄）的适当位置上，留出写话的空白。这样，既培养了学生动手、动脑的能力，又陶冶了情操，丰富了知识，为写好话提供了素材。

3. 看图。

看图是写图的基础，是培养学生观察、思维、概括能力的重要步骤。训练学生贴图写话，首先是指导学生认真看图。在指导学生看图时，要求学生从图的整体出发，看懂图的主要内容。图上有什么事物，有什么人物，在干什么……通过这样的反复训练，培养学生初步的看图能力和良好的看图习惯。

4. 说图。

这是把观察、思维、语言有机结合起来的中心环节。在学生仔细看图，弄清图意的基础上，再指导学生进行合理想象，然后有条理地进行说话训练。这样，可以把静止的图画想象成活动的画面，把孤立的画面与生活实际紧密联系起来，可以培养学生的想象力，发展学生的口头表达能力。

5. 写图。

写图是看图的归宿，是学生写话能力的综合训练。通过看、想、说把图的中心挖掘出来，然后再写出来。引导学生写图时注意语句通顺、完整，使用学过的词汇和句式，由一句话到几句话，再到一段话，表述清晰。

在贴画写话本上，孩子们用拼音尽情地抒发自己的所见、所感、所思。这样，长期坚持下来，一本本充满童趣的贴画本就成了孩子们创作人生的一件作品。现在，一本本图文并茂的贴画写话本已经成为我们班学生和家长最珍爱的东西了。贴画写话不仅拓宽了丰富多彩的写话源泉，激发了儿童强烈的写话兴趣，还培养了学生动手、动脑的良好习惯，促进了学生想象力的发展，实现语言发展和思维发展的和谐统一，为今后的习作打下了坚实的基础。

三、创造良好的习作条件，完善中年级的习作过渡

要想完成从低年级的贴画写话向中年级的片段及简单的记叙文的过渡，首先要创造良好的习作条件，让学生对习作产生兴趣。要想学生对习作产生兴趣，玩是一个重要的途径。我们知道，玩是儿童的天性，玩不仅是学生放松身心、劳逸结合的形式，也给习作提供了素材，还是亲近大自然、亲近生活和伙伴的有效方式。因为作文来源于生活，只有多看、多听、多观察，才能获取写作素材。所以，每周我都要给学生开展丰富多彩的班队活动，如"谈天说地""成语接龙赛""课外游戏"等，其目的就是积累素材。

引导学生积累，可以从两个方面进行。一是阅读积累。如记人记事状物等文体知识，还有字词句段等语言知识，这些知识除教师在阅读教学中逐步渗透外，还需要学生在大量阅读中不断积累。像"谈天说地""成语接龙赛"等活动，是大量阅读书籍的动力。二是生活积累。随着儿童年龄的增长，生活阅历的不断丰富，仅靠家庭、学校提供的内容远远不够，还要多接触大自然。而学校每学期举行的"春秋游""慰问敬老院"等是最好的途径。因为学生可以在活动式的玩中认识自己，认识伙伴，认识大自然。因此，这种"玩"不仅锻炼了学生的胆量和意志，还为习作提供了真实的素材。

中年级习作带有过渡性，起着承上启下的作用，那么如何对中年级的学生进行习作训练呢？其具体做法如下：

1. 仿写片段法。

中年级习作教学，着重训练学生习作内容由抽象到具体，条理由模糊到清晰，逐步完善由说到写，由段到篇，由看图作文向命题作文，由形象思维向抽象思维的过渡。这一过渡至关重要，它决定着学生今后习作的兴趣与好坏。因此，在语文教学中，善于利用教材中与写话关系密切的典型课文，通过讲析，使学生从中学习写作方法，仿

写作文，这是向高年级习作过渡的途径之一。

如教学《我爱故乡的杨梅》一文，首先让学生懂得这课抓住了杨梅果的形状、颜色、味道等进行描写的，在课堂上指导学生反复朗读课文，领悟作者的写法。然后让学生模仿课文描写杨梅果的写法，去写另一种自己喜欢的水果。因为在课堂上教师已经具体指导水果的写法，所以学生在写水果的片段时写得特别生动。如一位学生这样写橘子："剥开橘子那软软的橘皮，就看到像一片片月牙似的红润润的橘瓣。橘瓣外面裹着一层白色的纱衣。姐姐告诉我，这叫橘络。橘瓣被它裹得紧紧的，像亲密的兄弟一样团结在一起。掰开橘瓣，就看见了那鲜艳的果肉，放到嘴里咬，凉冰冰的，甜滋滋的。吃下去，心里好舒服！"在这个小片段中，学生抓住了橘瓣的形状、颜色和橘子的味道来描写，使读者如见其形，如尝其味。这样学生今后在描写水果时就能得心应手了。

2. 情境创设法。

教师可以从发生在学生身边的事情入手，引导学生观察、描述事件的全过程。

有一次，我就尝试了这样一节习作即写课。上课了，我说："今天这节课是习作即写训练。"话音刚落，忽然听见门外一声"报告"，几十双眼睛都投向门外。只见一位满头大汗，还不断地喘着气的小男孩站在门口，我微笑着让他进来。可这位男生不知怎的，却跑到第一组的位置上，见有人，涨红了脸挠挠后脑勺，才跑到第四组自己的位置上。同学们见状哄堂大笑，笑后又用疑惑的眼光盯着他。我抓住时机说："这位同学平时很遵守纪律，今天怎么迟到了？他怎么连自己的位子也找错了？"学生踊跃发言，课堂气氛十分热烈。而后，我才说出这件事的真相，学生们恍然大悟，原来是老师特意安排的一场戏。最后，教师要学生把事件的起因、经过具体写下来，学生兴致很高，仅用了二十多分钟就完成了习作。不仅写得生动逼真，而且立意新颖，富有童趣。

我们学校的史秀晴老师在她的习作课堂上进行了这样的尝试：有一次，她把旧报纸揉成一大团，装进一个黑色的大塑料袋里，然后装着很吃力的样子拎进了教室，放在讲台上，说这是一份神秘大礼，让学生猜黑色塑料袋里装的是什么，谁猜中了，神秘大礼就送给谁。学生纷纷猜测，并说出自己猜测的理由。最后老师解开谜底——原来这个黑色塑料袋里装的是一团旧报纸！接着史老师就指导学生把刚才看到的、想到的、大家议论的写下来，并给文章加个合适的题目，《老师的恶作剧》《神秘大礼》等文章题目应运而生。

我们语文老师可以在自己的课堂教学中更多地创设这样的情境，引导学生进行即写训练。

3. 因势利导法。

一天下午放学，忽然天上乌云密布，雷电交加，震得窗户乒乓响，暴风雨以排山倒海之势逼向教室。胆小的女生吓得缩成一团。我抓住时机说："请同学们仔细观察。"学生瞪大了眼睛仔细观察起来，有的跑到走廊上观察外景。后面的习作课上，我要求学生把下雨前前后后所看到的、听到的以及想到的写下来。这次学生写得很好，不但内容真实丰富，而且想象力特别棒。如《伞中情》说妈妈怎样冒雨送伞，今后自己怎样报答妈妈；《雨过天晴》说下雨前虽然可怕，但雨后又是一个艳阳天；《胆小的女孩》批评这位女生这么一点雷雨就吓成这样，将来怎样对待挫折；等等。

还有窗外天下大雪，教师可以让学生到操场上去看雪、玩雪，然后因势利导，让学生写出自己的真情实感。因势利导习作，学生不但做到了事真、景真、情真，而且也激发了学生习作的兴趣。

完善中年级向高年级写作过渡是多渠道的，只要我们抓住该年级段的特点，因材施教，有计划、有步骤地强化引导，就会使学生把掌握的知识转化为技能，帮助学生顺利地打下高年级习作的坚实基础。

四、"海阔凭鱼跃，天高任鸟飞"，让高年级学生在习作的天空中自由翱翔

孩子们在中年级初学习作时，教师可以提供范文，让他们模仿着去写，帮助他们开拓思路，以求入门。但到了高年级，学生已初步找到了习作门径，教师就应该让学生大胆地去写，鼓励他们大胆构思，巧妙表达。

1. 看图形编故事。

在高年级的习作教学中，可以利用简单的图形及图形组合，使学生从形及物，从物及事，从事及理，逐层地展开学生想象的翅膀，进而培养学生的想象力、创新力。

我校陈芳老师就上过一节这样的"看图形编故事"公开课教学。上课时，教师在黑板上画"——"，启发学生看到这个线段，能想到什么事物？学生说："教鞭、公路、

独木桥、粉笔……"教师又画一条曲线，学生说："心电图、海浪、山头……"接着教师启发学生，能想象一下和这些物体有关的事情吗？回想一下在这些地点你曾有的经历？有的学生想到大海边的情景；有的学生想到奶奶突发心脏病去做心电图的情景；有的学生想到登山时的情景；等等。学生的思路在一点点打开，他们开始抛弃固有模式，将触角伸向生活的方方面面，从生活的事例中感悟真理。训练到此，学生的思想已经挣脱束缚，想象的翅膀已经展开，但在培养创新能力上还要再上个台阶。这时教师请学生在黑板上用各种颜色的笔画各种图形而后对学生说，你们选择其中的图形，任意组合，编一个故事讲给大家听。这时有的学生将圆和三角形组合在一起，有的学生将长方形和曲线组合在一起，围绕着组合的图形，展开想象，讲述着一个又一个生动的故事。

2. 剪贴图画。

在高年级的习作训练中，教师还可以让学生把自己喜欢的，认为有故事可编的图剪下来，拼贴成一幅有主题的画（舍不得剪的书报，可用透明纸描下来涂色后再剪贴），然后让学生辅以想象的"酵素"，把画面编成故事写下来。由于剪贴习作是让学生自己决定所写的内容，因而也就最容易触及孩子的"兴奋点"，使他们有话可写，有情可抒。另外，通过剪、拼、贴或影描、涂色等操作，不仅可以使学生增长知识，培养他们的动手能力，而且会大大激发学生的习作兴趣，从而调动习作的内驱力和积极性。通过观察、想象、概括，能够有效地发展学生的想象力和创造力。如学生把书报杂志上小兔拉琴、大象弹琴、小猴吹笛等各种动物表演的画面剪贴在一起，组成了"森林音乐会"的画面，然后他们把故事写成文章。

3. 拓展课文内容。

拓展课文内容是一种把阅读和习作融为一体的"写"的训练。要求学生在读懂课文的基础上，展开合理想象，对课文内容进行加工，建立新形象。练习形式有加写、续写、改写等。如在上《月光曲》时，为了启发学生的创造性思维，课堂上先让学生欣赏贝多芬的《月光曲》，然后在讲解课文皮鞋匠听到乐曲所产生的联想内容时把银光（舒缓）—微云（稍快）—浪花（激昂）提出，板书在黑板上，让学生对《月光曲》的旋律有所了解，然后再反复地让学生听乐曲，更多地吸收感性信息。学生静静地听音乐，眼前出现一幅幅动人的画面，学生联想到日出，雪花飘落人间，小溪流淌等情景，每个学生对《月光曲》都有自己的独特见解。

又如在上《穷人》一文，课文的最后写道："你怎么啦？不愿意吗？你怎么啦，桑娜？"

"你瞧，他们在这里啦。"桑娜拉开了帐子。

课文写到这里就戛然而止了，课堂上教师可以让学生续写课文内容。

4. 歌词改写创编。

音乐优美的旋律，能唤起人们美好的回忆和丰富的想象，能将人们带入神奇美妙的境界之中，能激起人们心灵的共振，情感的共鸣。教师可以选择歌曲，引导学生想象，构筑形象，进行习作的训练。

（1）据词扩写。

对叙事型歌词，教师可以引导将歌词扩写成记叙文。如：《听妈妈讲那过去的事情》这首歌曲，可以分以下几步指导学生进行扩写：

①以歌激情。播放歌曲录音，引导学生想象画面，体会感情。

②知事明旨。引导学生有感情朗读歌词，了解歌词写了什么事，表达了什么感情。

③厘清层次。

④指导重点。把第2自然段作为重点引导想象扩写。

⑤学生习作后再引导齐唱，再次体会歌曲的情感。

无疑，歌词的扩写，使学生加深了对感情的理解。

（2）听乐构境。

在学生具有一定乐感的基础上，播放音乐，让他们借助提示想象画面，构筑情境，进而习作。如，为引导学生想象春天的美景，在布置学生寻找春天的前提下，在课堂上反复播放《春天的旋律》中的一个片段。一边播放一边提示，春天来了，春风吹起来了—这是在绿色的田野里—这是到了林子里—这是在美丽的花园里，学生闭目遐想，随着音乐的旋律展开想象的翅膀，全身心都进入了美的世界。在此基础上，学生以"在春天的怀抱里"为题习作，学生想象丰富，写出了一篇篇佳作。

（3）变词想象。

歌词是学生想象情境的重要依据，变更歌词可变更情境。为此，教师可以变换歌词，引导学生构筑画面，想象情境。如教师设计以下开头让学生习作："世上只有妈妈好，无妈的孩子也是宝……"这到底是为什么呢？事情还得从头说起……让学生探究原因，想象情境，效果很好。学生有的想象妈妈去世后，小兰得到了爸爸的百般疼爱；有的想象妈妈去世后，小兰得到了邻居无微不至的照顾，使她像其他孩子一样过着幸福的生活；有的想象在父母去世后，小兰在孤儿院得到社会各界的帮助……一篇篇饱含着情感的文章读来让人分外感动。

5. 动手创作。

高年级的学生动手能力较强，教师可以组织学生定期开展小制作、小发明竞赛等活动，让他们在实践中，大胆地发挥创造才能。于是一件件精美的小制作，如笔筒、装饰画、手工纺织物、鸡蛋不倒翁等脱颖而出。在此基础上，教师引导学生把构想的过程和实践的经过通过语言文字表述出来，还可以在班级中举办"创想杯"小论文竞赛。这不仅锻炼了学生的求异思维，而且升华了学生的创新意识。

6. 设计生活。

学生不仅是学习的主人，更是生活的主人。教师可以为学生创造契机，让他们自己设计生活，从而发展学生的创造力。

（1）设计人物角色。

教师可以让学生假设自己是未来的老师、厂长、医生、工人、农民……去设计符合自己愿望和理想的社会生活、职业、成果等。学生把他们对未来的设想、对未来美好的愿望，都写进了习作中。

（2）设计班队活动。

班队活动怎样才能更有趣味性、生动性、艺术性？我让学生参与到班队活动的设计中，让他们从主题到形式，从内容到过程，出谋划策，写出一份份新颖别致的活动方案来。

（3）设计美化校园。

学校是学生学习、生活的场所，怎样使校园绿化、美化，我发动学生仔细观察校园环境，针对地形位置，构思创建方案。画廊的安排、雕塑的造型、花坛的装点、喷泉的分布、假山的式样……学生的设计充满童趣，又具有现代气息，俨然以学校主人的身份着眼现实，面向未来，构思学校的宏伟蓝图。

另外，我们还可以让学生设计课文学法、设计班级园地、设计班刊、设计服装、设计家具、设计房屋……通过动眼、动耳、动手、动脑，不仅发挥了学生的聪明才智，同时让他们充实了生活，美化了生活，创造了生活，成了全面发展的"小能人"。

"小学作文教学序列训练"由低到高形成一个由易到难、循序渐进的过程。各年级之间、学期之间要有明确的训练要求。另外，在"作文序列训练"的具体操作中，还要注意各个年级的衔接与过渡，各个年级段训练的侧重点等问题。学生在这个有序、动态的习作训练中学习知识；在活动中训练能力，开发智力，形成创造力；在训练中形成良好的思维品质。这样，我们的习作教学才会变得开放、创新、充满活力。

（本文节选自马鞍山市教育科学"九五"规划课题"小学作文教学序列训练研究"结题报告。该课题于2003年1月结题，获安徽省教育科研成果二等奖，马鞍山市教育科研成果一等奖）

小学生练笔形式的实践与探索

习作一直以来都是老师和学生头疼的事情，通过怎样的练笔形式，才能让孩子们轻松、快乐地习作，是我们每一位语文老师一直在探索与实践的事情。我在自己的教学实践中，探索出了多样的学生练笔形式，激发了学生的写作兴趣，优化了作文教学。

一、编写童话故事

童话故事以它特有的魅力为学生所喜爱，我充分利用童话故事，潜移默化地帮助学生拓展想象的空间，积累语言，让他们用一颗童心看世界，想问题。

首先，可以让学生看童话写童话。学生根据自己的爱好和兴趣自愿选择读物，自由去读、去看。大量阅读之后，学生按照自己的记忆把这些童话再写一遍，这也是很好的童话作文。至少，学生在大脑里可以积累不少材料。

其次，可以让学生听童话写童话。由教师或学生自述一个自己喜爱的童话故事，全班同学将听的童话写出来。学生可以自己在家里听故事录音，然后写童话。教师还可以事先准备好童话故事录音，在习作课上放出来，然后全班学生写下来。

最后，还可以让学生看图编童话，续写童话，看实物编童话，联系实际生活编童话，等等。其实，任何一个孩子，都有童话创作的天赋。让小学生去写充满想象力的童话，既是训练想象力的好办法，又是培养习作能力的有效手段。

二、仿写、续写、改写教材内容，写读后感

我在语文教学中，把读写有机结合，在阅读教学中渗透写作训练，这样不仅可以提高学生的文本鉴赏能力，而且能够有效促进听、说、读、写等语文综合素养的提高。

1. 仿写。

我们可以从仿写入手让学生进行习作。仿写可以是多角度、多层次的：语句方面的，可以做句子结构的仿写，修辞手法的仿写；语段方面，可以是语段结构的仿写，表达方式运用的仿写……还可以开展文本整体仿写练笔活动。教材中的选文大多是文质兼美的精品，其立意、结构、语言、手法各有特色。我们可以指导学生在充分解读

文本的基础上，让学生"依葫芦画瓢"，尝试仿写练习，做到学以致用。

2. 续写、改写。

语文教材中选取了不少小说、童话、诗歌等文学作品，或描写人物栩栩如生，或叙述故事曲折生动，或内容深刻意蕴丰富。在教学过程中可抓住文本背后的空白点进行多方面、多层次的拓展延伸，合理想象，在原文基础上续写或改写，可加深学生对文本的解读，激发学生的创作灵感，不断培养学生的创新能力。

3. 写读后感。

一篇好文章，总能给人以审美的愉悦和思想的启迪。教材中所选的许多课文，读完后总给人一种言尽而意无穷的感觉，让人思索和回味。教师可"趁热打铁"，让学生大胆发表个人看法，深入剖析思想内涵，寻求作品和生活中的真、善、美。

借助课本的范文作用，把阅读教学和习作训练有机联系起来，以读带写，读写结合，是提高学生习作水平的一种有效途径。

三、活动作文

在开展活动时，一要充分挖掘学生活动中的阅读和写作的素材；二要有目的、有计划地指导学生在活动中学会观察和思考、学会选择恰当的方式表达。这样，通过各种活动，既能激发学生习作的兴趣，使学生对所学的知识有所巩固，又能加强学生对语言的运用。

1. 写活动策划书。

活动化作文教学的效果有赖于对每次具体活动项目的策划。我们给学生提供策划样表，包括：活动主题、活动方式、活动目的、活动准备、活动步骤、注意事项等，低、中年级由老师带领完成，高年级可以由学生分组展开讨论，并将讨论所得在表内填好。这样对"活动策划书"的书写，既锻炼了学生组织活动、策划活动的能力，又训练了学生思维能力和应用文体的语言组织、表达能力，可谓是一举多得！

2. 记录活动的过程、感受。

学是学生的天职，玩却是孩子的天性。我想方设法为学生开展内容丰富的习作活动课，让学生一边"玩"一边写。在活动过程中，我用一些轻松的语言，有意识地启发学生注意观察活动者的动作、语言、神态及"观众们"的情绪等。活动结束后，我让学生谈这次活动的感受，再让学生把感受写下来。醋泡鸡蛋小实验、贴鼻子游戏、环保时装秀等活动，都让学生津津乐道。

四、写调查报告

对于高年级学生来说，学会写调查报告也是一种很重要的能力。

一份完整的调查报告由标题、前言、主体、结尾四部分组成，有的还可以加上附录。标题可拟为《关于XX的调查报告》，也可不用"调查报告"的字样，而采用一般文章的题目形式。前言，要交代清楚调查的时间、地点、对象、范围等。主体部分是重头戏，需要具体叙述调查内容、列举事例和数据并做出分析，得出结论。结尾要归纳总结观点、提出建议等。附录是报告的附加部分，主要内容有：有关调查内容和调查工具的附录，包括问卷、量表等；文献目录，即列出有关材料、参考资料和书籍的出处，以便于查阅。

指导学生写调查报告，可以引导学生用作文、故事等形式对调查的过程、结果进行记录，可以用图画、图表等形式进行记录，还可以用"照片+文字"的形式进行记录，照片展示活动的地点、过程，文字记录调查的结果与结论。

学生撰写调查报告是为了相互之间交流，形成自己的成果。这样的报告一定要有儿童的趣味，有可读性，才能反映出儿童的特点。教师不能以成人的思维来对孩子们进行限制，只要让学生明白研究报告最基本的要素就够了，要允许学生有自己的创新。

五、追踪、评论社会热点

对于小学高年级学生，引导他们从社会热点现象中学会思考，让思考带动习作，习作就更有价值，认识就会更深入。通过社会热点的引入，习作教学就能突破时空限制，引导学生从课内走向课外，从课堂走向社会，走向生活，让学生在这广阔的时空里陶冶情操，磨炼意志，形成正确的人生观和价值观。同时，学生也多了一些敏锐的见解。

我在教学时打破了传统教学在时空方面的限制，根据教学目标和学生的实际，灵活地选用、整合社会生活资源，对资源进行二度开发。如社会热点问题"老人摔倒扶不扶""拒做低头族""雾霾天气""冬奥会申办成功""抗战胜利70周年""G20杭州峰会"等，将这些学生关心的、有意义的问题和内容，及时地补充到相关的教学内容中去，并设计学生感兴趣的形式，让学生讨论交流，并把自己的思考写下来。

我在教学中关注学生的真实生活，赋予语文教学更丰富的生活意义和人文情怀。

六、写网络作文

互联网的普及能够让学生不自觉地投入写作中去，比如现在流行的发微博、发微信。学生通过发微博、发微信的方式，从短小的文字开始，试着观察生活，记录见闻，抒发感受。这样的习作形式，方便、快捷，学生的文字有了更广阔的展示舞台，学生乐于接受，没有任何心理负担。

班级博客也是学生习作的一种很好的方式。学生把自己的作文发到班级博客上，让同学和家长跟帖评论，相互修改、评价。通过发微博、发微信的方式，我鼓励学生从短小的文字开始，去试着记录生活中的点滴感受。

教师还可以利用QQ和学生在网上交流，帮助他们修改作文。这样，通过师生、生生、家长学生互动的交流方式，打破了时间、空间的局限，每个学生都能自由地发表自己的观点，及时地记录自己的点滴感受，方便快捷。

总之，小学生练笔的形式多种多样，关键是要让学生乐于写作，让学生写真话，抒真情，让学生在习作中感受到精彩，体会到乐趣。

（本文系马鞍山市级课题"小学生活化作文教学的实践研究"［课题编号：MJG 13031］阶段性成果，2015年结题，获马鞍山市第八届教科研成果一等奖。本文刊于《小学语文教学》2017年第1期，有改动）

依托统编教材培养学生口语表达的能力

语文统编教材已经在小学一至三年级全面铺开，此次统编教科书，重视语文核心素养，努力构建符合语文学习基本规律，适合学生身心发展特点的语文能力发展体系；统筹规划训练目标的序列，并按照一定的梯度，落实在每个年级的相关内容中，努力体现语言文字训练的系统性。我们一线语文教师要依托统编教材让学生学会说话、说完整的话和按照一定的顺序说话，让学生的口语表达能力得到切实提高。

良好口语表达能力是一个人的知识、能力、智力的综合体现，它需要高尚的情操、渊博的知识、牢固的记忆能力、丰富的想象力、缜密的思维能力以及出色的表现力为依托。因此，教师在平时的课堂教学中，一定要依托统编教材，教会学生一些方法，让他们不仅敢说、会说，还要善说。

下面我就谈谈自己在语文课堂教学中依托统编教材对学生进行口语表达训练的一些想法和做法。

一、依托统编教材，让学生学会说话

1. 朗读。

朗读是学生口头表达的基础，首先先得让学生做到流利朗读课文，才能为他们的说话能力奠定基础。古人提倡"咏"，把读作为学习的重要手段，的确有一定的道理。

统编教材对于朗读训练有明确的要求，且重点突出，循序渐进。比如统编教材一年级上册第一课《秋天》课后习题中朗读的要求是"朗读课文，注意'一'的不同读音"。第五课《影子》的课后习题中朗读的要求是：朗读课文，读准字音。第八课《雨点儿》的朗读要求是："分角色朗读课文"和"读下面的句子，注意读好停顿"。

统编教材一年级下册《端午粽》《彩虹》课后习题要求是读好长句；《我多想去看看》是读好带感叹号的句子；《小公鸡和小鸭子》课后习题是读好对话；《要下雨了》课后习题是分角色读；《动物王国开大会》课后习题是分角色读；《棉花姑娘》课后习题是读好对话。二年级上册的要求是能读出句子的不同语气；分角色朗读；学习默读，试着不出声。二年级下册则关注的是朗读的重音、语气。

　　纵观一二年级统编教材，我们发现对于朗读教学，每一课都有明确的要求和训练重点，教师只要在课堂中按照教材的要求对学生进行规范的训练，学生的朗读能力一定能得到逐步提高。

　　课堂上，教师让学生通过分角色读、表演读等各种形式积累语言，通过直接感受语调、语气的变化和体态语言去深刻感受语言的情感；通过生生、师生对朗读的评价交流，来提高朗读能力，展开你来我往的口语交际过程。在学生流利朗读课文的基础上，很多课文还要求学生背诵。学生通过这样朗读、背诵，不断地积累语言，培养遣词造句的能力以及发音能力，口语表达能力在朗读中不断增强。

　　2. 讲故事。

　　培养语言表达能力应注意激发兴趣和点拨引导。兴趣是学习的内驱力，能够激发学生表达的欲望。故事作为文学体裁的一种，侧重于事件发展过程的描述，强调情节的生动性和连贯性。相比于其他体裁阅读讲解，更容易激发小学生的兴趣。学生从出生开始，到启蒙教育，几乎都与听故事、讲故事紧密联系在一起。因此，巧妙地将故事融入小学生口语能力培养课程中，能够有效地减少学生对"学习"的排斥。故事那形象的、具有情感的语言，能感染学生，吸引学生。听故事、讲故事符合小学生"玩"的天性。在宽松、愉悦的氛围中，学生更愿意表达，从而实现"从被动参与变为主动爱好"的过渡。

　　因此，对于小学低年级学生，讲故事是训练学生口语表达的最有效的方法之一。统编版教材选用的都是儿童喜欢的、富有童趣的小故事，每一个小故事都担负着不同的训练学生语言表达能力的目的。我们教师要充分利用这些故事，利用这些故事背后的抓手，来对学生进行口语表达的训练，让学生在讲故事中逐步"学会"说话。

　　纵观整个小学一二年级的教材，我们发现，在二年级上册教材中，每一个故事背后都有着训练学生语言能力的不同任务：《小蝌蚪找妈妈》借助5幅图培养学生的观察、想象能力，基于此来讲故事；《曹冲称象》通过串联称象的步骤讲故事；《玲玲的画》借助情绪变化的3个关键词语讲故事；《难忘的泼水节》借助4个词语讲述周总理和傣族人民一起过泼水节的故事；《大禹治水》根据4个自然段的段意讲故事；《风娃娃》借助活动地点的变换提示讲故事。

　　二年级下册对讲故事的编排提出了新要求，表现在三个方面。一是在上册利用多幅图讲故事的基础上发展到利用单幅图讲故事，比如《开满鲜花的小路》和《邓小平爷爷植树》。

二是讲故事的方法更加多样化。如《大象的耳朵》提示利用关键句，《蜘蛛开店》采用思维导图，《小毛虫》利用词句结合的提示图，到了《羿射九日》则利用表格列出事情的起因、经过、结果。

三是讲故事的方法支架的使用难度加大。初学讲故事，通常借助一个单一的方法支架就可以完成，比如《小蝌蚪找妈妈》借助5幅图来讲故事。到二年级下册开始过渡到运用两个支架进行讲故事的要求，比如《小毛虫》，就需要借助关键词句、示意图讲故事。即使是运用单一支架，难度也明显提高，比如二年级上册《玲玲的画》要求用上"得意""伤心""满意"3个词语讲故事。到二年级下册的《小马过河》，则要求用12个词语讲故事。

二年级上册涉及"讲故事"的课文一共有6篇，占24篇课文的25%。二年级下册与"讲故事"相关联的课文共9篇，占25篇课文的36%。可见，通过故事讲述来训练学生的口语表达能力，提升学生的思维发展水平，是语文老师应该引起足够关注的要点任务之一。

统编教材一二年级对于"讲故事"这个语文要素这样的编排，充分尊重学生的思维特点，使学生在系统的训练中学习到了讲故事的多种方法，学生的口语表达能力在这一个个故事的讲述中也得到了提升，为中高年级的简要复述、详细复述、创造性复述奠定了坚实的语言基础。

面对统编教材对于"讲故事"这个语文要素的编排，我们语文教师在具体教学时，要根据不同的故事，不同的要求，采用不同的方法，对学生进行系统的训练。

（1）引导分步讲述。

对于一些情节丰富，篇幅较长的故事，教师可以引导学生分步讲述来降低难度。比如《小马过河》这个故事，篇幅较长、情节比较丰富，虽然课后习题中给出了关键词，但是要让学生一下子进行讲述还是有难度。因此在教学时，教师可以先部分讲再完整讲，降低难度。像《开满鲜花的小路》《青蛙卖泥塘》《蜘蛛开店》这类具有反复结构的文章，都可以采用这样分步讲述的方式进行教学。

（2）借助插图。

教师可以借助插图，让学生有条理地讲述。比如，课文《千人糕》中的两幅图完整地反映了千人糕由成品到销售的整个过程。教师可以借助插图，让学生更直观地看到千人糕制作的过程，化文字为画面，来指导学生讲清楚千人糕经过了哪些步骤。这样，学生记忆起来就比较容易了。学生就能够通过观察插图，把千人糕制作的复杂工序，有条理地讲述出来。

（3）抓关键词。

教师还可以引导学生抓关键词来进行讲述。如《邓小平爷爷植树》一文的第三自然段，可以引导学生找出文中邓小平爷爷植树的动词"挑选、移入、挥、填、看、扶"等一连串的动作描写。

以上分析的是课文中对于"讲故事"这个语文要素的要求和教学，在统编教材一二年级的口语交际的教学中，也有对于"讲故事"的具体要求和训练。

比如，统编教材一年级上册安排的讲故事内容是《小兔运南瓜》。教材采用看图补白编故事的形式，配有3幅插图：第一幅图，小兔站在南瓜地里，在想怎样把南瓜运回家。第二幅图，内容空缺，只有一个问号，留给学生无限想象的空间。第三幅图，南瓜已经运到家了，小兔子在和兔妈妈讲自己运南瓜的过程。教学中可以引导学生仔细观察图画，想象小兔的心理活动，猜想小兔和兔妈妈会说些什么，兔妈妈听了小兔的话后又会说些什么？指导学生运用讨论交流和表演的方法，看图补白编故事。最后，让学生把三幅图连起来，完整地把故事说出来。在这个讲故事的训练中，采用了学生喜欢的看图编故事的形式，既训练了思维能力和想象能力，又练习了口语表达能力。

又如，统编教材一年级下册和二年级上册都有"讲故事"的内容，其中一年级下册《听故事，讲故事》要求学生"借助图画记住故事的内容""讲故事的时候，声音要大一些，让别人听清楚"。二年级上册在《看图讲故事》中提出"按顺序讲清楚图意""认真听，知道别人讲的是哪幅图的内容"的要求。虽然都是讲故事，但两者的要求又有区别。一年级要求是听故事再讲故事，二年级在一年级的基础上要求有所提高。学生首先需要看懂每幅图的内容；接着根据每幅图内在的联系，想一想这个故事会如何发展，说一说；然后补充最后一幅图，把它画下来，这是文字图像化的过程；最后看着图画把它编成故事，这又是一个图像文字化的过程。在这图画、语言相互转化的过程中，学生的表达能力得到有效提高。

总之，教师在低年级的教学中，抓住统编教材中的"讲故事"这个语文要素，引导学生清楚讲述，做到完整、有条理，学生的口语表达能力自然就得到了提高。

3. 复述。

复述在语文教学上指学生在理解课文内容的基础上，按照一定顺序，清楚、连贯地叙述课文中所描写的人物、事件、情节、环境等内容的教学形式，是学生对语言材料进行吸收、存储、内化、整理和表达的过程。复述课文是训练学生"说"的能力的重要手段，其目的主要是锻炼学生的记忆能力、口语表达能力。所以经常开展复述课文训练，不仅能促使学生加深对课文内容的理解，帮助记忆，而且能发展逻辑思维，提高口头表达能力。

因此，语文教师在课堂上要加强学生"复述"能力的训练。复述是进行说话训练的一种好形式。但对大部分学生来说，这也是难点所在。由于学生年龄小，他们复述时往往抓不到重点，草草收场。而统编教材正是关注到了复述对于学生语言训练的重要性，关注到了复述这个语文要素需要长期培养才能形成，因此在教材的编排和设计上，复述的训练分布在不同的年级，要求的难易程度不同，是循序渐进的。二年级要求是借助图片讲故事；三年级要求是详细复述，四年级要求是简要复述，五年级要求是创造性复述。

二年级上册第一课《小蝌蚪找妈妈》课后出示了五幅图，让学生按顺序把图片连起来，再讲一讲小蝌蚪找妈妈的故事，培养学生的观察、想象能力；第十五课《大禹治水》，根据提示讲故事，这是自然段的段意；《从现在开始》《小马过河》抓住课文中的关键词句；《蜘蛛开店》采用思维导图的方式；《羿射九日》用表格的形式，抓起因、经过、结果讲故事。这些借助图片、关键句子、关键词语、示意图或者根据表格内容讲故事等，提供给学生讲故事的抓手和方法，为中年级开始的复述故事打好基础、做好铺垫。

三年级要求是详细复述。教师在课堂上要求学生尽可能运用二年级学到的讲故事的方法，并提出具体要求。比如《在牛肚子里旅行》让学生画出在牛肚子里旅行的路线，再复述故事。学生在二年级时已经有了借助插图、词语、示意图等复述故事的实践，这一课提出借助线路图，进一步丰富了复述故事的方法。

四年级是简要复述。简要复述要比详细复述的要求高，需要分析和概括的能力，还要把握文章的主要内容。

五年级上册是创造性复述，五年级下册有具体要求，加强语言、动作、表情，按照由易到难的梯度落实复述的要求，在方法的运用中不断提升训练目标。

因此，我们语文老师在自己的课堂上，要凭借教材精心地设计与安排，通过加强复述的指导，对学生进行口语表达的训练，不断提高学生的口语表达能力。

总之，在小学低年级阶段，教师依托统编教材，通过对学生进行朗读、讲故事以及复述的训练，打好语言表达的底子。让学生在朗读、讲故事、复述中，潜移默化地积累和掌握语言，照葫芦画瓢，模仿说话，增强学生的语感，从而逐渐"学会"说话，为下一步"创造性"说话打下坚实的语言基础。

二、依托统编教材，让学生说完整的话

说话的完整性首先要从引导学生初步掌握一句主谓结构完整的话开始。

1. 说一句完整的话。

对于一年级刚入学的孩子，教师要依托教材，从以下几方面培养学生说一句完整的话。

（1）看图学说话。

统编教材图文并茂，一幅幅精美的插图让人赏心悦目。我们可以根据孩子的心理特点，充分运用统编教材里的图画让学生初步感知一句完整的话。

如，统编教材在教学汉语拼音"a o e"一课时，教师先借助图画引导学生观察"大公鸡在干什么""小女孩在干什么"，引出"谁在做什么"这种常规句式，让学生认识到可以套用这种句式说一句完整的话。在平时说话练习的时候，经常巩固，长此以往，学生就掌握了这种句式。另外在学习"i u ü"一课时，也是借助图画，让学生观察图中都有谁，他们在什么地方干什么，渗透了"三素句"——"谁""在哪儿""干什么"。比之前的"二素句""谁""干什么"增加了"在哪儿"这个内容，从而使学生的表述更加具体一些。

（2）学句仿说话。

一年级的课文里有很多的句型，我们可以借助这些句型引导学生学说话。如统编教材《我上学了》这一单元安排的三句话"我是中国人""我是小学生""我爱学语

文",这简单的三句话,就渗透了"是"句,"爱"句,教师在上课时,除了对学生进行必要的入学教育外,还可以抓住这两个典型句型,对学生进行口语表达训练。

课堂上我们可以这样做:同学们,通过今天的学习,我们知道了"我是中国人,我是小学生",大家想一想,"我"还是什么呢?引导学生说出:我是马鞍山人,我是男孩子,我是女孩子。接下来,再进一步引导:_____是_____。让学生对"什么是什么"这个最简单、最基本的句型从有所了解到熟练掌握。教学"我爱学语文"这个句型后,可以问学生:你们除了爱语文,还爱什么?让孩子们用"我爱_____"练习说话。课堂上学生说出了"我爱爸爸妈妈""我爱中国""我爱花朵""我爱滑滑梯"等富有童趣的句子。

还有像"先……再……""一边……一边……""一……就……""有的……有的……还有的……"等句式,指导学生把话说完整、说具体。

总之,只要我们老师善于抓住统编教材中的一些句式进行引导,学生就一定会把一句话说完整具体的。

2. 说一段完整的话。

培养学生能说一句完整的话之后,要逐渐培养学生会说一段完整的话。低年级的孩子不懂语法,更不能过早地向他们讲语法,那么怎样才能实现由一句完整的话到一段完整的话呢?

(1)进行常见的句式训练。

首先进行常见的句式练习,练说"三素句""四素句""五素句",当然,"三素句""四素句""五素句"的概念不必跟学生说,教师心里清楚就行。

"三素句"——谁　在哪儿　干什么

"四素句"——什么时间　谁　在哪儿　干什么

"五素句"——什么时间　谁　在哪儿　干什么　结果怎样(或心情如何)

然后再进行段的训练。

(2)凭借插图对学生进行段的训练。

统编教材中有许多精美的插图,教师在教学中可以抓住教材中的插图对学生进行有意识的训练。

比如统编教材一年级下册识字教学第一课《春夏秋冬》中的第五幅图可以指导学

生说一段完整的描写景物的片段。指导时教师要告诉学生在说时要按照一定的顺序，可以是由远到近、从上到下的顺序等，来说出图上的景物。教师可以提供一些词语给学生，像清清的湖水、茂密的树林、连绵起伏的青山、蓝蓝的天空等，学生在教师的引导下会按照一定的顺序把图上的景物用上老师给的词语连贯地说出一段话来。这样学生以后再遇到描写景物的图时就知道该怎么说了。

还有一年级下册识字教学第七课《操场上》的一幅图，教师可以指导学生说一段"图上有多人"的完整的话。

首先让学生用一句话概括图上的内容。这句话一定要表达清楚时间、地点、人物、事件。

然后引导学生说清楚他们都在干什么。说的时候教师要指导孩子按照一定的顺序来说。可以从整体到部分，也可由远及近有序地表达，表达时可以用"有的……有的……有的……还有的……"的句式。

接着，在学生能通顺准确表达的基础上，再让学生观察图上孩子的动作、神态，想象图上孩子会说些什么话，这些就是细节描写，而学生缺乏的就是这种细节的引导和观察。在教师的引导之下，学生学会了细节描写，这样学生的表达更充分更具体了。另外，还要告诉学生图上有很多人物的时候，要学会抓住图中的一两组人物进行重点描写，其他的一笔带过，做到详略得当。

最后引导学生对以上活动进行总结、概括，表达内心的感受。这既是一种表达方式，首尾呼应，也体现了一种构段方式：总—分—总。

（3）通过教材段落的仿说对学生进行段的训练。

训练低年级儿童说话最简单和便捷的方法就是凭借教材段落的仿说对学生进行段的训练。统编教材中有很多课文我们都能拿来让学生仿说，进行段的训练。

统编教材一年级下册第二课《我多想去看看》，学完课文之后，教师可以让孩子们以"我多想……"开头，说说自己的愿望。学生在说时，教师指导学生模仿课文中的构段方式来说。

还有一年级下册第四课《四个太阳》，上完后可以让学生模仿课文第二自然段说说会为每个季节画什么颜色的太阳？第十三课《荷叶圆圆》上完后，教师可以让学生想一想：荷叶还是谁的什么呢，让学生模仿课文说一说。二年级上册《黄山奇石》上完后，让学生看课后的习题，先读句子，再模仿课文中的段落，用加点的词语说说图片中的石头。

低年级教材中的很多课文都是训练学生说话的很好的范例，教师在课堂上要善于抓住教材中的说话训练点来让学生模仿课文中的段落进行仿说。通过这样的训练，学生渐渐地就能说一段完整的话了。

当然，训练学生说一段完整的话需要一个长期积累的过程，非一朝一夕能够达成。口语表达的训练要由易到难，循序渐进地进行。教师在课堂上一定要依托统编教材，先指导学生连贯完整地说一句话，再启发学生用一定的句式把每句话连起来，形成一段话，使思维与语言表达融为一体。长期坚持，学生一定能说一段完整具体的话。

三、依托统编教材，让学生按照一定的顺序说话

低年级学生经过教师一段时间的训练后，他们或许能够连续讲很长一段话，但是我们发现，学生却讲得不好，抓不住重点，没有条理。所以，教师不仅要教会学生说一段话，还要把一段话说得有条理、有逻辑，最终达到讲得精彩的水平。

语言是思维的外壳，要提升说话的逻辑性和条理性，首先要增强逻辑思维能力，再强化语言的逻辑组织能力，最终提高语言的逻辑性、条理性。

1. 增强逻辑思维能力。

要增强逻辑思维能力，首先是明确内容的逻辑主线，在统编教材中，出现的最多的常用的逻辑顺序有因果关系、主次关系、总分关系、时空关系等，如图3-2。

```
              ┌ 因果关系
              │ 主次关系
              │              ┌ 总分总
常用逻辑关系 ┤ 总分关系 ┤ 总分
              │              └ 分总
              │              ┌ 先后顺序
              └ 时空关系 ┤
                             └ 上下顺序
```

图3-2　常用逻辑关系

当然，教师在教学时并不需要跟学生讲这些概念和专业术语，但是作为语文教师一定要清楚教材中出现的这些逻辑关系，只有弄清楚了这些逻辑关系，教师的思维才

能清晰，才能在教学中依托教材，敏锐地抓住教材中的训练点，对学生进行思维的训练。

学生在回答问题或说话之前，大脑中会形成一份事件清单，但这时候，还不能着急表达，教师要告诉学生要先梳理事件的重要性、紧迫性、主次关系、事件之间的前后关联等，最终形成一个先讲什么、再讲什么、最后讲什么的故事线，这样才能确保话题之间前后逻辑一致，论据相互支撑，观点相互辉映，别人才能听懂、才能做出回应。在教学时，教师要教会学生按照以下几点来增强逻辑思维能力。

首先按重要程度确定顺序，先梳理又重要又紧急的内容，然后根据时间、沟通响应情况，适时调整内容，这样就可以将事情说得有条有理，重点分明。

其次按主次关系确定顺序，可以采用总分总结构、总分结构等，总之，就是要先准备好结论，然后再分别准备论点论据。

最后按时空顺序来准备，时间上可以是倒序，也可以是顺序。空间上，可以是前后、左右、上下等。

还可以建议学生用演绎来构思，用归纳来呈现，即先把结论告诉别人，再说这个结论是怎么得到的，每个观点可以用3个论据进行支撑。

这样，按重要紧急原则、主次原则和时空原则，所有要说的事情都已经形成了逻辑清晰、前后呼应的事件清单或话题清单，接下来就可以开始表达了。

2. 增强逻辑组织能力。

学生在讲话中最常见的毛病就是言之无序，具体表现就是颠三倒四、丢三落四、前后矛盾、主次不分、没有重点、没有条理等。

在教会学生学会思考的基础之上，教师还要再教给学生一些方法，以增强学生语言的逻辑组织能力。

如何让学生的讲话能够条理清晰，主次分明，重点突出？教师可以依托教材，教会学生几点说话有条理、有逻辑的方法：

（1）运用一定的词语进行表述。

①运用表示先后顺序的词语表述。学生在介绍一件事情时往往会颠三倒四、条理不清，教师在教学时要告诉学生，在介绍一件事情时可以用上表示先后顺序的词语来让自己的表述条理清晰，让人一听就明了。

　　在统编教材一年级下册口语交际《一起做游戏》的泡泡中有这样的提示："没关系，我教你，这个游戏这么玩……"，即要求学生介绍一种游戏的玩法。二年级上册口语交际《做手工》，要求学生按照顺序把自己的手工作品是怎么做的告诉同学。教学时，教师可以提示学生用上"先……再……接着（然后）……最后"或者"第一步、第二步"等简单的连接词说清楚游戏的规则和制作手工的步骤。

　　还有三年级下册语文园地三的"词句段运用"中有这样的要求："对照流程图读读下面这段话，照样子口头介绍一次手工活动的过程，如剪纸、捏泥人、拼装玩具、编花绳"，这次的口语交际是在二年级上册《做手工》的基础上对于按照"一定的顺序"进行介绍有了更明确和更高的要求。学生会以《纸的发明》中的第4自然段为模板进行练说。三年级下册第四单元《习作：我做了一项小实验》中明确指出："写的时候，可以用上'先……接着……然后……最后……'这样的句式，把做小实验的经过写清楚。"可见统编教材对于学生思维的条理性、逻辑性的训练是循序渐进，一以贯之的。我们教师只要依托教材，用好教材，对学生进行这方面的训练，告诉学生说话时必须按照表示序数或先后顺序的词语，如"第一、第二……""首先，再，接着，最后"这个顺序来表述，如果分段太多的话，可以在中间加入"另外""然后"等词语，也可以适当删减中间的词汇。但是一定要按照这个逻辑顺序来排列，不然会比较乱，显得没有章法。

　　学生掌握了这样的思维方式和说话方法，他们在说话时就会有一定的条理，而不会说得颠三倒四了。

　　②运用表示时间的词语表述。要让学生说话有条理，用上表示时间关系的词语是最简单有效的方法之一。

　　在统编教材二年级下册《雷雨》课后习题中就有这样的提示："说说雷雨前、雷雨中和雷雨后景色的变化。"教师在教学时告诉学生，可以按照景物变化的先后顺序来进行表述。三年级上册《美丽的小兴安岭》一文中，作者按照时间的顺序介绍了小兴安岭一年四季景色的变化，学习了这篇课文之后，教师可以告诉学生，要想让自己的话条理清楚，可以按照一定的时间顺序来进行表述。

　　常见的时间顺序有四季顺序、早中晚的顺序以及景物变化的前、中、后的顺序等。说话时，如果用上表示时间顺序的词语，可以让自己的表述更加清楚明了。

③运用方位词表述。学生在介绍一个地方的陈设布置时可以按方位顺序进行表述。方位包括上下、左右、内外、前后等。我们在说话的时候，如果能够准确地运用方位词进行表述，不仅能清晰完整地再现景物，而且还能增加景物的立体感。听者听后，如置身其中，仿佛自己就是主角。

统编教材一年级上册第五课《影子》一文中，通过浅显易懂的语言，让学生初步接触到方位词"前后左右"。在这课的课后习题中让学生说说自己的前后左右都是谁？通过在这样学生乐于接受的游戏中，学生学到了方位的知识。然后在这一单元的语文园地六中的"读一读，背一背"中，学生通过朗读儿歌，又接触到了"东西南北"这些常用的方位词。

二年级上册《日月潭》的第2自然段介绍日月潭中的光华岛，作者先写了湖中央的光华岛，然后分别写了北边的日潭和南边的月潭。教学中教师告诉学生作者在这一段中通过"湖中央""北边""南边"这几个方位词，就把日月潭的景色很清楚地介绍给大家了。

当然，对于低年级学生，只是初步地认识方位词，随着年级的升高，他们会逐步地学会运用方位词进行表述。

④运用关联词表述。要想让学生说话有条理，有逻辑性，还可以教学生在说话时用上一定的关联词语。

学生最早遇上的关联词语应该是"因为""要是""如果"这些关系的句子。在课堂上，对于低年级学生教师不必告诉学生"因果关系""假设关系"等这些专业术语，可以结合具体的课文来对学生进行训练。

比如统编教材一年级下册第十六课《一分钟》，教师可以结合课后习题："要是能赶上绿灯，就_____"来练习说说"要是……就……"的句子，告诉学生平时在说话时可以用上这样的句式来表达自己的想法。

一年级上册语文园地四"字词句运用"泡泡中的提示"我最喜欢冬天，因为冬天可以堆雪人"，第一次出现了"因为"的句式。课堂上教师可以让学生练习用上"因为"来说说自己还喜欢哪个季节？一年级下册第十七课《动物王国开大会》一文中也出现了"因为"一词，课堂中，教师可以对学生进行"因果关系"的句式训练。首先，可以让学生用"因为……所以……"来说说前几次大会开不起来的原因。然后，再让学生用上"因为……所以……"来练习说话，巩固"因果关系"句式的概念。随着学生年级的增加，还可以告诉学生用"之所以……是因为……""因此"等句式来进行"因果关系"的表述。

学生在平时的说话中，如果能够有意识地用上一些关联词语进行表述，那么他们的表述就会有条理、有逻辑性。

（2）学会分类表述。

按事物或事件和内容的所属性质进行分类说，按类别去说，同样可以让讲话内容非常具有条理。

统编教材三年级下册第七单元的语文要素就是"了解课文是从哪几个方面把事物写清楚的"。这一单元安排了《我们奇妙的世界》《海底世界》《火烧云》这几篇课文。《我们奇妙的世界》从天空和大地两个方面展现了奇妙世界的神奇和活力；《海底世界》从海底的动物、植物和矿产等方面介绍了海底世界景色的奇异和物产的丰富；《火烧云》重点从颜色和形状表现火烧云的变化。三篇文章描写的对象不同，但都是"从几个方面把事物介绍清楚"的。教师可以在这几篇课文学习的基础上，告诉学生我们在说话时，如果能够像课文中一样，学会从几个方面，按类别去说，这样可以让说话的内容条理分明。

（3）提炼、抓关键词句来表述。

提炼、抓关键词句是讲话概括性训练的重点，就是运用最简单的同类字、词等来高度概括要表达的内容。

统编教材对于抓关键词的训练体现了渐进性、层次性。统编教材三年级上册第六单元语文要素是"借助关键语句理解一段话的意思"，学生通过这一单元的《富饶的西沙群岛》《海滨小城》《美丽的小兴安岭》三篇课文知道了可以找到关键句来了解本段大意，这样的句子有时出现在开头，有时出现在中间或段末。三年级下册第四单元语文要素是"借助关键语句概括一段话的大意"，旨在引导学生立足一段话的学习，准确判断一段话中的关键语句，并掌握借助关键语句概括一段话大意的方法，提高学生提取关键信息的能力。这是在三年级上册学习的基础上有了提升，因为此时学生已有基础，所以学会概括重要的不是直接找到关键句而是"借助"，即说明很多时候关键句不能直接用，需要改造后才能概括。比如这一单元的《花钟》第一自然段的概括，就需要学生仔细阅读，在自然段中找到最重要的意思，这就是提炼的过程了。

学生通过学习，掌握了借助关键词句概括一段话大意的方法，这样他们在说话时就能要点清晰，易于理解了。

按类别说和提炼、抓关键词句表述相对于"运用一定的词语进行表述"要难一些，学生要到中高年级，在教师进行长期的训练之后，才能逐渐掌握这些方法，运用这些方法去进行表述。

语言是思维的外壳，学生的思路清晰了，掌握了一定的表达方法，语言表达才能有条理、有逻辑。

当然，对于以上所说的依托统编教材让学生学会说话、说完整的话和按照一定的顺序说话的训练，在实际的教学中是不能割裂开来的，说话的这三方面的训练应该是你中有我，我中有你，有机地结合在一起的。只是训练时，教师根据不同的目的，训练的侧重点不同而已。

依托统编教材对学生进行口语表达训练只是学生多项语文能力之中的一项训练，统编教材可供老师们训练的点很多，其他方面的训练这里就不赘述了。

统编教材正以崭新的面貌向我们走来，我们一线语文教师只有仔细研读教材，体会编者的意图和理念，用好教材，依托统编教材对学生进行口语表达训练，才能让学生的口语表达能力得到切实的提高，才能让语文学科的核心素养之一——"语言的建构和运用"得到真正的落实与发展！

（本文系马鞍山市级课题"在小学语文教学中培养学生语言表达能力的实践研究"［课题编号：MJG 15047］阶段性成果，2018 年结题。本文获 2019 年安徽省小学语文教学论文评比一等奖）

《习作:我的奇思妙想》教学之我见

——空中课堂录课教学点滴谈

这次空中课堂，我执教的是四年级下册第二单元《习作：我的奇思妙想》。通过这次线上教学，给了我们很多的收获和启发。马上就要返校复课了，我们的老师们如何从线上教学顺利地转到线下教学，如何从线上教学中受到启发和引导，让我们线下的习作教学更加高效、优质？从《我的奇思妙想》这个习作教学中，我们总结出以下几点习作教学建议。

一、瞻前顾后，寻找习作教学资源

习作教学资源具有"潜在性"，分散在课文的段落、文后练习题、小练笔等之中。这些写作资源是习作教学和训练的素材，需要执教者去细心搜寻、有意识地发掘。在单元整体教学之前，教师要精心选择，让潜在的教学素材成为现实的写作资源。

写作资源尽管以分散的状态存在，但形散而神不散，而聚合写作资源的"神"就是单元语文要素。本单元的语文要素是"阅读时能提出不懂的问题，并试着解决""展开奇思妙想，写一写自己想发明的东西"。

本单元选编的《琥珀》《飞向蓝天的恐龙》《纳米技术就在我们身边》《千年梦圆在今朝》四篇课义与自然、科技有关。《琥珀》的作者根据琥珀的样子，展开合理的想象，重点推测了它的形成过程。《飞向蓝天的恐龙》介绍了"鸟类起源于恐龙"的假说。《纳米技术就在我们身边》介绍了纳米技术的含义及其应用。《千年梦圆在今朝》记叙了中华民族追寻飞天梦的历程。这些课文可以培养学生的科学兴趣，激发想象力、创造力。学习本单元的课文，一方面要让学生理解文中介绍的科技内容，可以借助课后的习题，如说说琥珀的形成过程、当讲解员简明扼要介绍恐龙飞向蓝天的演化过程、结合课文和资料说说对相关句子的理解，在完成这些练习的过程中，既可以帮助学生进一步深化对文本的理解，还可以引导学生关注课文的语言表达特色。如《琥珀》一文中描写小苍蝇的句段，句中的动词"展开""穿过""飞进""掸掸""拂拭"等，感受课文用词准确，富有画面感。《飞向蓝天的恐龙》中课后的小练笔呈现的是一个总分结构的句段，它的分写部分很有特点，可以引导学生关注句段中加点字的部分，发现分写部分，是从不同方面对比着写的。教学时，教师可以先引导学生说一说要写的对象有哪些不同的方面，然后说一说这个方面又可以从哪些不同的角度对比着写。有了前面小练笔时教师的精心指导，到了后面习作教学时，教师再总结提炼写法，就能够水到渠成了。

习作教学中，教师总结的写作小妙招都是散落在课文的各个角落，教学时教师要做一个有心人，把这些潜在的教学资源进行串联，为后面的习作教学服务。

习作教学，教师除了瞻前，还要顾后。我在教学时，就是把单元教学内容进行了调整。我把语文园地中的"词句段运用"的第二题"读句子，注意加点的部分，再照样子写一个事物"的内容往前面调了，放在了习作教学中，又和前面课文中的写法进行了整合，提炼出了四个小妙招，让学生把自己要发明的东西的样子和功能写清楚。

作为执教者，在教学中，我们要善于挖掘分散在单元中的写作资源，为写作要素的达成"铺路架桥"。在教学中，我们要充分利用这些适宜的写作资源去开发精准的写作知识，引导学生认识列数字、举例子、作比较、打比方、分类别等说明方法；关注作者的语言表达特色，并体会其表达效果。最后让学生明确运用了这些方法和妙招能把自己的发明介绍得更清楚。

因此，在习作教学中，教师要做到瞻前顾后，前后勾连，站在课程的高度，把本单元的课文、语文要素、课后习题、词句段运用等信息进行整合，建构立体的坐标，实现教学时的精准定位，才能准确把握每一次习作的起点和生长点，真正做到"一作一得"。

二、借助图示，让思维可视化

长期的习作教学中，我们发现有不少学生习作呈现出思路混乱、没有中心等问题。怎样才能帮助学生进行构思，理清思路呢？

儿童习作的启蒙特性决定了习作教学应该是学生的习作认知、思维和审美被不断打开和擦亮的建构过程。如果能够把"看不见的"习作思维加以可视化教学，帮助学生挖掘知识背后的思维方法和路径，并加以练习掌握，就会取得较好的学习效果。这次习作我们就可以利用思维导图实现构思过程的可视化，帮助学生在介绍之前想清楚所要写的事物的主要特点。

"思维导图"可以帮助学生分清主次，厘清彼此关联。思维导图运用图文并重的技巧，把各级主题的关系用相互隶属与相关的层级图表现出来，把主题关键词与图像、颜色等建立记忆链接，充分运用左右脑的机能，利用记忆、阅读、思维的规律，协助人们在科学与艺术、逻辑与想象之间平衡发展，从而开启人类大脑的无限潜能。

思维导图主要是通过图形的形式，促使学生思维发散、拓展，从而提升学生学习能力的一种学习方式。在习作教学中，我们指导学生借助思维导图把自己要写的内容一一罗列出来，然后指导学生利用思维导图有序地列出作文提纲。小学生的思维以感性思维为主，平常写作文会比较随性，他们往往是写到哪里是哪里。我们可以利用思维导图，帮助学生细细规划习作的整个过程，让学生通过构思一级目录写什么、二级目录乃至三级目录写什么，来整理自己的习作思路。当学生利用思维导图，整理出关键词语，厘清相互的关系，这本身的思考过程就是思想的组织和深化提炼，并形成了清晰的结构，让习作更容易、更快捷、更快乐。

在这次习作中，教材给出了内容图示。教学时，教师可以指导学生仿照书中的图示来构思习作的内容。以选择一项发明为例，先组织学生交流可以从哪些方面来写这个事物，如样子、功能、发明原因，引导学生进行发散思维，从不同的角度思考。然后再选择其中的一个方面，继续细化自己的内容图示。以"多功能课桌"为例，可以先组织学生想一想从哪些方面写。如从多功能课桌的样子、材质、功能等方面写。然后再选择功能这个方面，引导学生进一步发散思考，想一想有哪些功能。如可以纠正坐姿、当电脑或乐器使用等。通过这样一层层地发散思考，帮助学生构思习作内容，也可以把习作写得更有条理。

思维可视化是促进学生思维发展的有效认知策略，能有效重构学生的学习方式，也利于学生更加准确地描写事物，让他人更容易理解和接受。

思维是习作过程的核心，只有抓住思维这一条主轴，习作才能有深度、有广度。用思维导图指导习作教学，让学生的思维可视化，让学生通过画思维导图不断进行发散性思维，通过联想，由一事物作为触发点，向四面八方进行扩散和拓展，从而写出更有条理、更丰富、更有深度的文章。

三、教学评一致，提高习作教学的有效性

"教学评一致性"是课程与教学的基本逻辑，是有效教学的基本要求。"教学评一致性"给习作教学提供了新的角度，进行"教学评一致性"教学有利于提高习作教学效率，保障教学质量。

（一）教学目标要具有指向性和可操作性

《习作：我的奇思妙想》要求是这样的："你想发明什么？它是什么样子的，有哪些功能？把它写出来介绍给大家吧！可以参考下面的提示，想想自己要写的内容。还可以把你想发明的东西画出来，帮助自己描述。"写完后，把习作读给同桌听，请同桌说说你是否写清楚了。这次习作中要求学生能够清楚地介绍自己要发明的东西，能够根据别人的建议修改习作。

一开始，我把讲评课的教学目标定位为"能够根据别人的建议修改习作"，但是后来我发现，这样的目标比较空泛，难以操作。根据学生们的习作情况，我选取了"是否写清楚"作为我教学的主要内容，因为这是所有学生习作时遇到的共同难点。经过思考，我将目标定为：①指导学生写出自己想发明的东西，用通顺、具体的语言把自己想发明东西的样子、功能写清楚；②交流评价习作，会根据评价标准中的"是否写清楚"以及师生家长的建议，修改习作。

正确的教学目标为教学活动和评价设计提供了具体方向，让教学与评价一致性有了最基础的保障。这样的目标更具体，有很强的指向性，学生的学习活动很明确，便于指导他们自主发现自己习作中存在的问题，并进行真正自我反思式的习作修改。这样的目标使得"习作讲评和修改"教学有据可依。

（二）教学过程围绕教学目标展开

不论教师针对学生运用什么样的教学方法，在教学开展的过程中都要围绕教学目标进行。只有把教学过程与教学目标结合起来，才能发挥出各种教学方法的优势。在教学过程中，教师要把教学目标与学生的学习行为密切联系起来。

这次习作教学，围绕"指导学生写出自己想发明的东西，用通顺、具体的语言把自己想发明东西的样子、功能写清楚""交流评价习作，会根据评价标准中的'是否写清楚'以及师生家长的建议，修改习作"这两个教学目标，我设计了这样的环节。第

一课时告诉学生把自己想要发明的东西写清楚的四个小妙招，然后出示一篇例文，带领学生从这四个小妙招的角度对例文进行赏析，让学生对如何把要发明的东西写清楚有了一定的了解。第二课时，习作讲评课时，我梳理学生习作中存在的共性问题进行指导，并设计了这样一个情境：一个学生遇到了难题——不知道怎样把自己要发明的东西的样子和功能写具体，老师带着大家一起来帮助这个学生解决。我出示了一篇习作，带领学生对照评价表，帮助这个学生修改习作。我让学生对照评价表中"是否写清楚了这个发明的样子和功能"来评价习作，修改习作。通过这样的示范，学生对于怎样修改自己的习作有了更进一步的认识。接下来，我又出示了两篇习作，以及同伴和家长对这两篇习作的评价，引导学生学会评价别人的习作，并根据别人的评价来修改自己的习作。

这样的习作指导和讲评，围绕着"写清楚"这个核心目标，从"怎样写清楚"到"是否写清楚"，整个教学过程是一个围绕教学目标不断推进，不断深化的过程。整个过程，伴随着学生的思考和教师的点拨，是学生主动学习的过程，这样围绕教学目标的教学过程，为习作修改的学习打下了良好的基础。

（三）基于教学目标的教学评价

教学评价是教师诊断学生学习情况、调节自身教学行为的重要内容，教师要利用好各种常规评价手段，并积极创新教学评价方法，将教学评价与教学目标相匹配。

在本次习作教学的过程中，我设计的相关问题始终围绕教学目标进行。在教学的各环节中我也时刻注意方向的引导，使教学内容与学生能力培养不脱离教学目标。在习作讲评与修改中，我也是紧紧围绕教学目标，以灵活多样的教学设计激励并引导学生主动参与学习，让教学与评价真正融为一体。通过学生对评价过程的全面参与，使评价成为促进学生自我反思与自我调整能力不断提高的有效手段。

这次习作讲评课，我安排了老师带领大家一起修改习作，还有同伴评价和家长评价。无论是修改习作、同伴评价还是家长评价，都是紧紧围绕"是否写清楚"这个评价标准来进行。

在平时的习作教学中，我们可以引导学生在如下方面进行评价：有没有认真听取教师的建议修改习作；习作修改是否进行仔细、认真地反复阅读；能不能运用习得的方法让自己的习作与之前相比有明显改进的地方；会不会听取或给予同伴良好的建议。

还可以对学生是否在习作修改过程中感受到了成就感，改完后能不能将自己的习作读给别人听等方面进行评价。

这种基于目标的评价，对尊重学生的习作认知水平、促进学生身心素质和非智力因素水平的提高起到了导向作用，使评价不再是形式、无效劳动，而是促进学生发展的有效方式。

"教学评一致性"是一个不断推进的"链"，是"教学链""学习链""评价链"的统一。这样的一致性，使我们的习作教学更加精准、有效，可以提高习作教学的质量，提高学生习作练习的效率。

每一次经历都是一笔财富。这次线上教学的经历，对我们线下的教学更是一种激励和督促，让我们在线下更好地研究教材，研究课堂。

（本文写于2020年3月空中课堂录课之后）

路漫漫其修远兮　吾将上下而求索

——小学三年级习作教学案例漫谈

【案例背景】

众里寻他千百度——我心目中好的习作课

《语文课程标准》在课程目标部分对中年级的习作明确提出了以下阶段性目标：留心周围事物，乐于书面表达，增强习作的自信心；能不拘形式地写下见闻、感受和想象，注意表现自己觉得新奇有趣的或印象最深、最受感动的内容；尝试在习作中运用自己平时积累的语言材料，特别是有新鲜感的词句。对于刚刚进入习作起步阶段的三年级孩子，作为教师的我们如何在学生习作之初，就引导学生愉快轻松地习作，快乐真实地表达，为学生的习作能力的提高打下坚实的基础？我在自己的教学实践中一直在不断地思考着，努力地探索着。

小学三年级习作是整个小学阶段习作教学的启蒙阶段，这个时期学生的习作起步为后面几年的小学阶段习作奠定了基础，地位十分重要。由于三年级习作要求学生完成从说到写，从"具象"到"抽象"的过渡，这就决定了三年级习作起步的特殊地位和重要作用。因此三年级学生习作起步的好坏，将直接影响学生后面的学习。好的习作习惯可以让学生一生受益，即让学生在各方面都有长足的发展。激发学生的习作兴趣，观察积累生活素材，培养良好的习作习惯，走好习作的第一步，为写好作文打下一个坚实的基础，同时也可以发展和提高学生的语文综合素养。我认为对于三年级学生而言，一节好的习作教学课可以归结为一句话：激发学生写作兴趣和写作愿望，引导学生学会如何写作文。教师只有真正明确了三年级学生习作的目标，并以此来确定每一次习作课的教学要求，孩子们才会敢于表达，乐于表达。

【案例描述】

衣带渐宽终不悔——我的习作教学课

记得我们班学生在刚升入三年级的那段时间里，我为了让学生们能够顺利地从看图写话过渡到命题作文的写作上来，每周布置学生写日记，让学生把自己本周内发生的有趣的、难过的、高兴的事情记录下来，希望通过这种贴近学生生活实际的方式来让学生尽快进入中年级的习作中来。但通过一段时间的实践，我发现学生的日记内容非常枯燥，大多数学生都是流水账式的记录每天的生活起居，比如早晨几点起床，怎样吃饭，上了哪些课，下课玩了什么游戏，等等，跟我预想中的差距很大。而三年级上册第四单元的习作内容就是让学生学写日记，怎么办？静下心来思索之后，我找到了问题的所在：对于三年级的学生来说，刚刚接触日记，学生的生活积累太少，词汇量较小，不知道如何留心观察，因此，在他们的日记里对生活琐事的记录就在所难免了。为此我在第四单元习作训练之前抓住一切机会，安排了多次活动，既有意料之外的，也有事先设定的，目的是通过多彩的活动，丰富学生的生活体验，增加他们的生活积累，激发他们习作的兴趣。下面分享我在三年级习作教学中的两个案例。

案例一：意料之外

一天早上，我正在上语文课，这时从窗外突然飞进一只蜜蜂，这只蜜蜂在我们教室里嗡嗡地飞着，不时在孩子们的头顶盘旋。顿时，教室里秩序大乱，刚才还是静悄悄的教室，现在变得如一锅沸水，胆小的学生被吓得脸色苍白，胆大的孩子则是毫不在意。看到这番景象，整天为学生找不到作文素材，没有生活体验而伤脑筋的我灵机一动：何不趁此良机，给学生来个现场作文指导？于是，作为教师的我，一边盯紧蜜蜂，防止它伤害到学生们，一边缓和课堂中的紧张气氛，我故意说道："哎呀，李老师的课讲得太精彩了，连蜜蜂都被吸引来了呢"。学生们听我这么一说，都被逗得呵呵笑了起来，紧张的神经立刻放松了下来。接着，我又不露痕迹地指点道："你们快看，张同学一脸严肃样。哎呀，蜜蜂飞到蒋同学头顶了，大家快看，谁来帮帮她呀？"孩子们在我的"指点"下视线从一个学生身上集中到另一个学生身上。在不知不觉中，他们观察了班级里几个典型孩子的表现，为后面的习作收集了素材。

过了一会儿，蜜蜂从窗户飞走了，同学们都松了一口气，但教室里依然沸沸扬扬，可以看得出，孩子们的注意力还在那只不速之客——蜜蜂身上。于是，我终止了刚才的《古诗两首》的教学，继续和孩子们谈论着蜜蜂。在谈论的过程中，我有意识地让学生回忆刚才大家的表现，可以是自己的心理活动，也可以是那几个典型孩子的动作、神态。在我的引导下，有学生说道："蜜蜂在张同学的头顶盘旋，可能是把张同学的头当成了黑色的牡丹花吧。而张同学则静静地坐在那儿，脸上没有任何表情，只是一脸严肃地盯着蜜蜂。"还有的学生说道:"蒋同学可真胆小,你看她吓得脸都变色了,两手抱着头,躲在桌子底下,死活不敢出来。"有的学生说:"看到这只蜜蜂,我的心里可紧张了,在心里乞求:'蜜蜂啊蜜蜂,你可千万别来我这儿呀。'"还有的学生说:"哎,我是男子汉,虽然心里害怕,可是表面上还得装出无所谓的样子。"……孩子们七嘴八舌,把刚才看到的情景绘声绘色地说了出来,说到有趣的地方,大家还会哈哈大笑起来,教室里洋溢着欢乐的气氛。

接着,为了帮助学生积累词语,我又引导学生:"刚才同学们的表现我们可以用哪些词语来形容呢?"在这样的情境中,一个个词语从学生的口中蹦了出来:惊慌失措、面色苍白、手足无措、镇定自若、手忙脚乱、抱头鼠窜、从容不迫……我顺手把学生说出的词语写在黑板上。

然后,我问学生:"如果我们把刚才的情景记录下来的话,应该给它起个什么名字呢?"有的学生说道:"就叫《一只蜜蜂》吧。"有的学生说:"叫《一堂有趣的语文课》。"还有的学生说:"叫《不速之客》不是很好嘛!"我也一一把孩子们的发言写在黑板上。

最后,我对学生说:"同学们,那我们就把刚才的情景作为今天的日记写下来可以吗?"学生兴致高昂,接下来的一堂语文课我就让学生当堂完成日记。学生由于有了亲身的体验与交流,还有我在黑板上板书的词语和题目,降低了习作的难度,激发了学生习作的兴趣,学生下笔如流,一篇篇佳作当堂完成了。

欣赏着学生交上来的一篇篇佳作,我欣慰地笑了。这可是我在习作教学中意料之外的收获啊!

案例二:事先设定

在三年级的教学中,除了以上这种意料之外的习作教学场景,更多的是我事先安排好的活动或情景,用来帮助学生积累素材,增加体验。

记得在第四单元习作训练之前,我为了给学生写日记提供素材,让学生学会观察,在班级里做了一个"醋泡鸡蛋"的小实验。实验的过程是这样的:我从家里带来一个大的玻璃杯子,放在讲台上,在里面倒上白醋,把一个生鸡蛋放入白醋中浸泡。当然,放生鸡蛋之前我让学生检验了一下,并且在放生鸡蛋的过程中我也让学生仔细观察,指导他们观察生鸡蛋放入白醋前的样子、颜色以及生鸡蛋放入白醋后的变化。学生一听说老师要带他们做实验，本来兴致就高，又眼看着老师带来那么多玩意，他们完全被我吸引住了，屏息凝视，静静地听着我说的每一句话，看着这个神奇的鸡蛋，也记住了我说的每一句话，每一个动作和实验的每一个环节。

接下来我就对学生说："同学们，老师给你们三天的时间来观察这只鸡蛋的变化，要注意了，一个细节都不要放过哦！"我故弄玄虚，"三天之后，奇迹就会出现！"我又进一步引导："在这三天之内，你们要仔细观察这只鸡蛋，制作一张表格，把鸡蛋每一天的变化记录下来，同意吗？"同学们听我这么一说，纷纷举手赞同。接下来的三天时间，这只鸡蛋就成为了孩子们热议的话题。一下课，他们便会拿出事先准备好的表格，围到鸡蛋跟前，议论纷纷，指指点点，然后再在自己的表格中做记录，记录完后，他们还会互相比较、讨论，看谁发现的特点最多，谁记录得最完整、准确。那两天，我们班级的孩子无论是在走廊、操场，还是在上学、放学的路上，他们津津乐道的都是那只让他们兴奋不已的鸡蛋，还有我故弄玄虚抛出的疑问：三天之后究竟会有什么奇迹发生？

到了第三天，我先让学生交流这两天的观察所得，在学生的交流中，我进行了相应的点拨与指导：同学们，当鸡蛋放入白醋中是什么样子的？你们第一天看到的鸡蛋表面的小气泡像什么呢？第二天，鸡蛋又怎样了呢？在我的启发和引导下，学生发挥想象，说："鸡蛋刚放入白醋时就像游泳运动员一样拼命地向上'游'。又过了一会儿，鸡蛋上布满了气泡，好像穿上了一件珍珠外套。第二天，鸡蛋就像一位爱美的小姑娘，嫌自己黄色的外衣不好看就把它脱掉了。"交流完了前两天的观察所得，我又拿出了鸡蛋，先让学生闻闻鸡蛋的味道；然后让学生观察鸡蛋颜色的变化；最后，在学生的惊呼声中，我拿起鸡蛋往讲台上砸去。孩子们惊叹不已，此时，整个课堂气氛已经达到了高潮，无须教师再多言语，学生已经急不可耐，要把整个实验的过程记录下来。

整个习作指导的过程，既有学生的亲身参与，又有教师的悉心指导，此时，学生的下笔成文已是水到渠成，瓜熟蒂落。

【案例分析】

吾将上下而求索——我的反思

以上两个习作教学案例是我在习作教学中进行的有益尝试。对于三年级的学生，我们教师应该在习作教学中进行哪些有益的探索呢，以下是我个人对三年级习作教学的一点思索。

1. 活动引路，激发学生习作的兴趣。

指导学生习作是一个学习过程，更是一个积累的过程。需要教师在平时教学的过程中通过各种形式多样的活动，既要调动学生的积极性，又要给学生提供丰富的作文素材。在开展活动时，一要充分挖掘学生活动中的阅读、说话和写作的素材；二要有目的、有计划地指导学生在活动中学会观察和思考、学会选择恰当的方式表达。阅读活动是学生习作的积累过程，实践活动是为学生习作提供丰富素材的过程。多彩的活动是学生对现实生活的体验，活动内容越充实、新颖，学生的生活经验则越丰富。而生活又是学生习作的"源"，学生感受生活的体验越丰富，习作的泉源则越丰盈。因此，教师在习作教学中，要善于以生活为"纽带"，把习作与活动巧妙地结合，让小学生在活动中习作。这样不仅能为小学生掘开习作的源头活水，而且有利于培养小学生的习作兴趣，从而为小学生轻松快乐习作打开一条绿色通道。儿童的天性是活泼好动，好奇心强，让活动渗透于小学生习作训练之中，或者说让小学生在活动中习作，玩中学写，写中再现活动的乐趣，学生不仅有话可说、有情可抒、有感可发，而且还能在习作中分享活动的快乐，并在活动的快乐体验中习得作文的技巧，领悟作文的奥妙。比如我在班级中举行的贴鼻子游戏、拔河比赛、击鼓传花等，都可以成为学生习作中的好素材。

中年级所进行的活动，包括游戏、小实验、手工小制作等也都是很好的习作素材。以上两个教学案例就是我带领学生进行活动的过程。

孔子曰："知之者不如好之者，好之者不如乐之者。"兴趣是最好的老师。学生对习作感兴趣，无疑对提高他们的习作能力有着积极的作用。

2. 培养学生的观察能力，做生活的有心人。

观察是人们认识世界的第一步。如果学生对身边的事物缺乏直观感性的认识，就让他们去描写、去评论无疑是很难的。小学生认识世界的主要途径是观察，只有亲身去接触事物，仔细地观察事物，才能获得真实、深刻、细致的第一手资料，习作时才有话可写，写出的文章也比较真实生动。因此，习作教学应注重培养学生的观察能力，引导学生做生活的有心人。

三年级的小学生观察事物的能力比较弱，还属于一种浅层次的无序观察，虽说他们的思维属于"形象思维"，但事物在他们头脑中的影像还比较模糊、混乱。这就要求教师在平时的教学当中渗透观察方法的指导，要让学生知道运用一定的方法来观察周围的事物。在以上两个教学案例中，我就有意识地训练学生的观察能力。比如在"蜜蜂事件"中，我让学生注意观察班级里几个典型孩子的表现，观察他们的动作、神情以及语言；在"白醋泡鸡蛋"实验中，我提醒孩子们注意观察鸡蛋的颜色、状态以及气味的变化。通过教师这样的指导，学生在观察时就会有一定的针对性和目的性，而不是漫无目的地无序观察。

另外，在平时的阅读教学中，我还注意进行了观察方法的渗透。比如按照时间的顺序观察、按照方位的顺序观察、按照从整体到局部的顺序观察等，引导学生运用多种感官（视觉、触觉、味觉等）、多个角度（远近、上下等）对事物进行有序地观察。通过这样全方位、多角度的观察方法的训练，激发学生的兴趣，并使他们懂得观察的重要性，逐步养成细致观察的好习惯。

3. 发挥学生的想象力，让习作生动而有趣。

想象力的重要性不言而喻。在习作教学中，如果不重视对学生想象力的发掘和培养，学生的思维就活跃不起来，创新能力的培养就无从谈起，最终导致学生的语文学习兴趣下降。要使学生的习作内容充满活力，就必须培养学生的想象力，通过想象，培养学生的创造性作文能力。

我在平时的教学中非常注重对学生想象力的培养。比如看到秋天黄色的树叶落了下来，我会问学生："树叶在干什么？"学生通过想象，他们会说："树叶在跳舞""树叶像一只小鸟在空中飞翔""树叶为了报答大树妈妈，变成了泥土，给大树妈妈送去了养料"……

在以上的两个教学案例中，我让学生通过观察同学们的表情去想象他们的内心世界；把看到的鸡蛋的小气泡想象成"好像穿上了一件珍珠外套"；把鸡蛋蜕皮想象成"鸡蛋就像一位爱美的小姑娘，嫌自己黄色的外衣不好看就把它脱掉了"。孩子们的想象力是多么丰富啊。

丰富的想象力是写好作文的不竭源泉。在习作教学中，教师要经常为学生创设激发想象的情境，引发他们的想象思维，培养他们的想象力。学生有了自由想象的空间，想象思维才能得到引发和锻炼，写出的习作才能生动有趣。

三年级习作起步教学是学生学习作文的启蒙阶段，要结合三年级学生的年龄特点降低习作的难度，减缓坡度，帮助学生树立习作的信心，激发学生习作的兴趣，培养学生的观察能力和想象能力，相信三年级学生的习作水平一定能够得到提高，为他们今后的发展打下良好的基础。

作为一名语文教师，我深知习作教学的道路漫长而艰辛，但我会在这条艰辛而幸福的道路上不断前行，努力探索。

（本文 2012 年获马鞍山市小学习作教学案例评选一等奖）

多姿多彩的世界

——谈多媒体在语文教学中的应用

信息化时代的到来已使教师从传统的教学中走出来。在语文教学活动中，要充分调动学生学习语文的积极性，提高学生参与学习的主动性，扩大学生的知识面，就必须改变传统的课堂教学结构，把现代教育技术科学合理地运用于语文教学中，建立一种新型的课堂教学结构，并在信息技术动态运作下，使语文教学短时高效。计算机辅助教学以其特有的科学性和形象性，显示出独特的内在魅力，促进了语文教学形式的多样、教学过程的优化和教学质量的提高。

一、运用多媒体可以构建"动态"立体的教学环境，调动学生自主学习的积极性

语文是一门开放的学科，它与生活俱在，充满人性之美，艺术之美。然而，传统教学繁琐的分析，使语文教学索然无味，而多媒体计算机提供的集成功能、丰富的图像及声感信息，使教师能充分挖掘教材中的有趣因素和艺术魅力，运用现代教育技术表现手段多样化的特点，创设特定的教学情境，让形象生动的画面，效果逼真的音频，给学生多种感官刺激，调动学生乐于探知的积极性，激起学生对所学课文的"兴奋点"，凸显以"探"导"引"，以"引"促"探"的教学方法。教师根据情况来确定创设情景的方式，提出问题的角度和引导学生探索的方向。这既符合"迁移"原理，也符合"学路引导"教学的要求。探究活动不仅仅局限于准备阶段，它贯穿整个课堂教学的流程之中，从而构成不断引导，不断探索的探究性课堂教学结构。

如，我校一位教师在执教毛泽东的《七律·长征》一文时，上课前在大屏幕上配合《长征组歌》的音乐放映着一幅幅长征的静止画面，在学生的脑海中留下深刻印象，使学生有一定的知识储备和情感的感染，然后再指导学生朗读诗句，在学生熟读诗句之后，再在大屏幕上放映一段《飞夺泸定桥》的电影画面，屏幕上构建的形、声、像、

文同步的动态教学环境，让学生随画入境：在炮火纷飞的战场，战士们奋不顾身，在铁链上匍匐前进，突然一名战友中弹牺牲了，另一名战士接过战友手中的枪，义无反顾地冲进了火海……伴随着枪炮声，战士们的喊杀声，激昂的音乐声和动感的画面，学生仿佛自己就是一名英勇的战士，正在和敌人奋勇地拼杀……这时，不用教师指导，学生热血沸腾，慷慨激昂，他们饱含着情感朗诵着诗句，抒发着自己对英雄的无限崇敬之情。其实，此时不仅仅是执教的教师、上课的学生热血沸腾，就连听课的教师也按捺不住内心的激情也想和学生一起大声朗诵。在形象的视觉感应中，静态的文字在学生头脑中变成了鲜活的画面，学生处于极度愉悦的学习状态之中。此时的课堂，已是一个开放的课堂，一个动态的课堂。在这动态、立体的教学环境中，学生的思维随着画面而飞扬；学生的情感随着音乐而起伏。角色的换位、体验和想象触及了学生的心灵，使学生始终处于积极的探索状态。这样以动促动，动中求变，使学生的思维始终处于高度的兴奋状态中，认知主体作用得以充分体现，这时的教学效果是不言而喻的。

二、运用多媒体可以突破教学中的重难点，激发学生自主探索的主动性

学生在探索过程中，可能会产生对所探究的问题有知识背景、思维方式、观察操作方法上的障碍，偏离方向的现象，教师通过信息反馈的方式了解学生的探究过程，进行适当的调整和引导，为学生的继续探究提供可靠的方案，利于教师"引"得"有的放矢"。多媒体组合教学集灵活性、多变性、互动性于一体，它不受时空、微观和宏观的限制，将教学内容中涉及的形形色色的人物、包罗万象的事物、如诗如画的美景等，有选择地再现于课堂，让学生在"人机互动"中，自由选择，自由"对话"，自主创新，并通过事物的声、色、光变化和发展去获取知识，认识世界。它充分调动了学生的多种感官的相互作用，使学生的智力因素和非智力因素共同参与认识过程，并自然而然地接近学生"智力最近开发区"，能够巧妙地突破课文中的重点难点，激发学生自主学习的主动性，是一种有效的教学手段。

如，我在执教《草原》一文时，文中"那些小丘的线条是那么柔美，就像只用绿色渲染，不用墨线勾勒的中国画那样……"句子中的"勾勒""渲染"这两个词语比较抽象，学生不太理解，教师也难以用语言描述清楚。这时我就利用多媒体，以动态的

效果展示给学生看，把中国画和工笔素描的作画过程惟妙惟肖地表现出来，给学生直观的形象，教师再稍作点拨，学生茅塞顿开。这样，原来枯燥的词语立刻鲜活起来，本来不易于用言语解释说明的也变得一目了然。同时，学生也通过形象的、流动变化的画面充分地领略到了草原风光的美丽，并沉醉其间，回味无穷。

又如教学《詹天佑》一课时，"开凿隧道""设计人字形线路"是教学的重点和难点。如何降低理解课文的坡度，我先让学生在屏幕上看"中部凿进法"和"两头同时向中间凿进法"的线路图，再通过交流、讨论协商，然后，选择最佳的方案在大屏幕上再现出来，让学生直观感知，加深理解开凿隧道的合理性。在此基础上，我又引导学生：随着人类的进步，科技的发展，你们现在就是小小工程师，你们有没有更好的办法？引导学生上网查找资料，进一步探索，这样不仅使学生加深对课文内容的理解，还激发了学生合作探索的兴趣，教学效果不言而喻。此时的课堂上，学生和课文已完全融为一体。学生在课堂上敢于参与、乐于参与、善于参与，真正做到了自主学习，自主发展。

教师在课堂上充分运用现代教育技术，改变了原有课堂教学以知识传授为中心的教学模式，充分发挥了学生在学习中的主体作用，唤醒学生参与获取知识过程与途径的意识，发展学生的个性，并在人机对话中，运用计算机的快捷灵活的交互性，带动听、说、读、写、输入、观察、想象、思维等要素参与课堂活动。这样，不仅让学生积极主动地理解课文，通过自主的认知活动去实现教学目标，还把学生从被动地接受信息的位置，转变到积极主动地进行信息加工的认知主体位置上来。

三、运用多媒体可以启发学生的想象力，培养学生的创新思维

爱因斯坦曾经说过："想象力比知识更重要，因为知识是有限的，而想象力概括着世界上的一切，推动着进步，并且是知识进化的源泉。"想象犹如一条焊接已知和未知的焊条，是孕育学生创新能力的温床。利用多媒体组织教学，能有效诱发学生的想象力，开拓思维，让学生插上想象的翅膀，进行创造性的学习。

如在教学《狼和小羊》一课时，教师可以用生动的画面把学生"引入"故事，再让学生看动画分角色给"狼"和"小羊"配音。这样学生就能很快地进入课文的情境之中，似乎与"小羊"一同面对狡猾凶残、不讲道理的"狼"，抓住时机让学生续编故

事，想象小羊的命运。在多媒体动感画面的感染下，学生创造性思维的火花就会迸发出来。他们会想象："小羊一闪，狼来不及收住脚，一下子掉进河里淹死了"；会想象说："猎人刚好路过，一枪把狼打死了"。还有的会想象说："小羊和狼斗智斗勇，最终逃离了危险……"这样拓展想象，既培养了学生的创造性想象能力又培养了学生的说话能力。

又如，在教学《小猫种鱼》一课快要结束时，教师可以设计这样一个环节：在屏幕上出现一只哭泣的小猫，并配上小猫的话，"呜呜呜，小鱼到哪里去了，我种的小鱼到哪里去了？"这时，教师可以趁势引导：小朋友们，小猫的鱼到哪里去了，你能帮帮小猫吗？学生纷纷帮助小猫出主意想办法。这时，这只小猫已不再是课文中的那只小猫了，它已经"跳"出课文，成为触动学生创造性思维的"点"，让学生的想象力得到充分的发展。

四、运用多媒体可以扩大课堂教学的信息传递量，满足不同层次学生的需求

运用多媒体这种密集型的信息工具，可以为学生学习提供大量的信息。可以把一些散于各课的基础知识，形成系统揭示给学生，形成知识的网络，大大扩充信息的传递量。尤其是对不同层次的学生，可以视自己不同的需求获得认知的满足。在上《南极风光》一文时制作课件，教师可以从网上截取大量有关南极的信息，来充实课文中的不足，以求更大空间地满足学生知识的需求。教师可以选择"南极概况""南极风光""南极动物""向你推荐""南极考察"等片段。对于"南极光"课文中仅有一段文字，加以简要表述，虽为壮美，但不直观，不形象，学生的已有经验是空白的。而"南极光"是南极最为绮丽的风光，多媒体的优势充分显现，学生在饱览了"南极光"美丽景色后，被它的壮观所吸引，这远胜于教师的讲解。

在上《圆明园的毁灭》一课时，教师可以引导学生课前或课后查找有关圆明园的资料，让学生对圆明园的了解不仅仅局限于教材中的文字介绍。通过从网络上查找的丰富的信息资源，学生在图、文、声、像等多种信息的刺激下充分感知圆明园昔日的辉煌壮观与强盗们肆意毁坏的罪行，从而激起学生不忘国耻，振兴中华的责任感和使命感。

五、运用多媒体可以弥补教师自身不足，促进教师对教材的深入理解，完善课堂教学结构

教师作为一个传授知识的个体，他所承载的知识和信息量有限，备课时先要把课文理解透彻，然后再根据教学内容去搜集相关资料。通过阅读材料，教师对课文中提到的知识点会理解得更加透彻，并且还可以了解与之相关的其他知识，甚至还可以借助资料解决一些教师本来感到疑惑的知识要点。一个有能力的教师不是传授自己有限的知识，而是向学生传授获得知识的方法，即培养学生的学习能力，以求获得更广泛的知识，这样才能超越教师，超越众人，获得成功。现今的网络世界提供了这个平台，使之成为一种可能。说心里话，对于课文中所介绍的很多知识，教师所知道的也是有限的，教师可以坦然地告诉学生自己的不足，然后和学生一起借助多媒体，进行补充阅读，扩大自己的知识面。这样借助于网络，教师可以与学生共同学习，共同提高，一起领略课堂之外的精彩。

多媒体在语文教学活动中的应用，向学生提供了更为丰富的信息，使学生自主学习，自由交流与自觉探究成为可能；多媒体在语文教学活动中的应用，使"软件""媒体"不再具有"教具"的特征，而是为教师引导学生自主探索、合作探索提供了广阔的空间，成为学生自主学习，师生共同探讨的材料与导向；现代科技在飞速地发展，教育现代化的呼声日益强烈，相信在现代教育技术背景下的语文教学，一定会朝着更深、更活、更新的目标迈进！多媒体背景下的语文课堂——一个多姿多彩的世界！

（本文2003年获马鞍山市电教论文一等奖）

情由景而生　文因情而美

——谈多媒体在《老人与海鸥》一课教学中的运用

记得上学期在教《老人与海鸥》这篇课文时，多媒体的使用给我留下了深刻的印象。

课文讲述了一个感人的故事。十多年前，老人在湖畔偶遇一群北方飞到昆明越冬的红嘴鸥。从此，老人与海鸥结下了不解之缘。每逢冬季来临，海鸥便成群结队地来到翠湖之畔，老人也像赶赴约会似的，每天到翠湖之畔去喂海鸥，风雨无阻。他视海鸥为儿女，给它们起名字，喂饼干，照顾伤病的海鸥。久而久之，海鸥与老人结下了深厚的情谊。然而有一天，老人去世了。海鸥们在老人的遗像前翻飞盘旋，连声鸣叫，后又肃立不动，像是为老人守灵的"儿女"，不忍离开自己的亲人。文中的老人有情，海鸥有义。课文语言朴实，平凡中饱含深情，令读过的人无不为人与动物这样真挚的感情而动容。

读着读着，我的脑海里不禁浮现出元好问的这句经典的诗句"问世间情为何物，直教人生死相许"，是啊，对于这样刻骨铭心的感情该怎样让学生理解呢？六年级学生虽然思维活跃，求知欲强，乐于表达，情感丰富，但他们的生活经验毕竟有限，对文中描绘的情景，仅凭想象难以深刻感受，需教师提供直观场景图，配以音乐渲染帮助学生理解。触动哪根弦才能够拨出悠扬的乐章呢？一遍遍再读文本，忽然，我的目光停在海鸥的鸣叫上，前后两个场景完全不同，"水本无华，相荡既成涟漪；石本无火，对击始发灵光。"对，情由景而生，就从这两个不同的画面入手来解读这篇文章。

首先，我引领学生走进"老人喂鸟图"，感受人鸥情。为了充分调动学生的情感，我利用多媒体播放了一段视频："老人把饼干丁很小心地放在湖边的围栏上……飞成一篇有声有色的乐谱。""在海鸥的鸣叫声里，老人抑扬顿挫地唱着什么。侧耳细听，原来是亲昵得变了调的地方话——'独脚''灰头''红嘴''老沙''公主'……"这是老人喂海鸥的画面，看完视频，我让学生再读文本，然后问学生：你认为哪个词写得生动、传神？可以看出什么？学生通过刚才的视频已经对人鸥之情有了感性的认识，通过深入阅读，情境朗读，进一步感知了老人对海鸥的亲昵就像"亲人"一样。感受到了老人在谈海鸥时的幸福,对海鸥的牵挂。十多年的冬天,几千个日子,几万里路程啊,老人就是这样与海鸥相依相伴。他时常望着高空盘旋的鸥群,眼里充满无限的期盼,海鸥也望着这位慈祥的"亲人"胸中涌动着千言万语。通过与学生交流感受深刻的词句,学生体会到"老人爱海鸥,胜过爱自己"的感人情怀。当学生交流"朋友告诉我,十多年了,一到冬天,老人每天必来……"抓住"十多年了,每天必来"体会到老人对海鸥的爱。并让学生想象老人与海鸥会亲昵地说些什么……如此一步一步把老人对海鸥的爱具体化,让学生油然而生感叹:老人确实是把海鸥当成了自己的"儿女"啊!

第二幅画面是全文的高潮部分,尤其是海鸥为老人守灵的场面,我将教学重心放在此。当我们都沉浸在老人与海鸥的这份亲情、和谐与幸福之中时,一个不幸的消息传来了(出示PPT)学生读"没想到过了十多天后,忽然有人告诉我们,老人去世了"。老人在世时曾对人们说过他的愿望:他说当他离开人世时希望能够把他的遗像放大,带到翠湖边,让他再看一眼他的"儿女们",人们完成了他的遗愿,但就在把他的遗像带到翠湖边时,却发生了一件意想不到的事情,请同学们自由读15～19自然段,边读边想,哪些句子让你感动,并与同桌交流。我引导学生抓住重点词语"大不一样",提问:海鸥的叫声与姿势与平时会有怎样的"大不一样"? 学生回答之后,我说:老师从你们的回答当中知道了,海鸥此时是焦急的、悲伤的,(出示PPT)海鸥们连声呼唤,他们似乎在说什么?

接下来我说:海鸥们"翻飞盘旋、连声鸣叫",老人却始终一动不动,海鸥们终于明白:老人已经永远永远地离它们而去,于是,在翠湖边上,它们为老人举行了一场特殊而感人的葬礼。哪些地方能够体现海鸥对老人的一片亲人般的深情呢? 学生从文本中找出"海鸥们急速扇动翅膀,轮流飞到老人遗像前的空中,像是前来瞻仰遗容的亲属。"学生说到"瞻仰",指恭敬地看,一般指对伟人的尊敬,在这里是对老人的尊敬与爱戴。我深情地说道:十多年了,几千个日子,老人每天都来,可有一天老人没来,第二天老人还是没来,直到第三天的时候,老人才步履蹒跚地来了。(音乐响起,画面是老人喂海鸥)喂海鸥的时候,他坐到了地上,身子弯成了弓一样的弧形。这三天,他只吃了一碗面,觉得好点了,就赶来看海鸥了。可这一看竟成了诀别了。(学生读第16自然段描写海鸥的句子,老师读描写老人的句子)

接着我出示PPT"当我们不得不收起遗像的时候，海鸥们像炸了营似的朝遗像扑过来。它们大声鸣叫着，翅膀扑得那样近，我们好不容易才从这片飞动的白色漩涡中脱出身来"一句，问：这一段都值得大家好好体会，谁有信心读一读这一段。学生读完我说：读得真好，今天，老师把当时两张真实的照片带来了（一张是排队瞻仰守灵时的照片，一张是海鸥"扑"过去的照片），出示PPT，播放悲伤小提琴曲《离开你的那一天》沉重解说，海鸥们站成两行，他们一动不动为老人守灵，在心里轻轻地呼唤着："老人，生前你没有儿女，就让我们做你的儿女，让我们为你守灵，为你祈祷吧！"老人的遗像不得不搬走了，海鸥们不顾一切地扑过来，大声鸣叫："不，不要搬走这张照片，让我们再看我们的亲人一眼，给他鞠个躬吧！"同学们，拿起你的书，我们一起再来有感情地读第16、17自然段。（生深情齐读）师：正因为老人生前对海鸥奉献出无私的爱，所以才会有海鸥意想不到的举动。（板书）看着这样悲壮的场面，这不禁又让我们想起老人精心喂海鸥的情景，出示喂海鸥画面，回读。

接下来我说：多么诚挚的语言，多么动人的情感，老人与海鸥之间的故事感动了很多很多的人。后来，人们在翠湖公园里建立了一个雕塑（出示PPT），师解说：老人依旧满脸慈祥的笑容，周围，海鸥翩然翻飞，多么和谐的场面！同学们，这就是那位老人，让我们用最神圣的队礼向这位平凡而又伟大的老人表达出少先队员们最崇高的敬意！

纵观整节课的教学，我紧扣老人与海鸥之间的感情这条线索，从两幅画面入手，让学生从文中画出海鸥表现的语句，并试着分析、领悟，体会其中的思想感情。因为故事生动感人，海鸥也具有像人一样的情感，所以，学生被故事深深地打动了。另外，由于多媒体的有效使用，课堂上学生被两幅情感截然不同的画面所吸引，所打动，更利于学生认知的提升，感情的升华。

情由景而生，文因情而美，《老人与海鸥》一文的教学，多媒体再次焕发出了他那独特的魅力，让我的课堂充满了生机与活力！

（本文2013年获马鞍山市教学多媒体课件与电教六项学术作品教育叙事研究评选二等奖）

一"网"情深

——我与多媒体的教学故事

一、相遇———见倾心

记得和多媒体初次相遇，是在我生完孩子重返讲台的 1999 年。那年是由我校承办马鞍山市小学第二届课堂教学研究周，现在回想起那段日子真是"痛并快乐着"。

时任市教育局教研室主任高青春一次次地来到我校，深入课堂一线，听课、评课，我们所有上课的老师自己在学校里也是一遍遍地磨课、议课、修改教案。也就是那时，我接触到了"多媒体"这个新鲜玩意儿。记得当时我上的是六年级的课文，老舍先生的《林海》一课。那个时候我根本不会做多媒体课件，学校里懂这项技术的教师也是很少。于是，由市教育局协调，把实验小学的程侃老师请来，帮助我们上课的老师制作多媒体课件。程侃老师非常负责，和我们上课的老师交流，了解我们的意图，然后制作出来课件，如果和我们的意图不符，他再一遍遍地修改。记得当时为了呈现课文中所描绘的美丽风景，让学生有身临其境之感，从而能够更好地理解文本，程老师还特意找了一段大兴安岭的视频配以悠扬的乐曲，让学生观看。当时的学生对于多媒体这个新鲜的东西也是不多见，大家一下子就被画面中的美丽景色和悠扬的音乐所震撼，因此整堂课学生也融入了课堂，融入了文本，课堂效果不言而喻。

但在公开课上，表面上我是轻松自如，其实内心里是忐忑不安的。一方面是由于公开课本身的紧张，另一方面是由于首次在这种大庭广众之下使用多媒体。当时我对于多媒体的使用仅限于把制作好的课件一张张按空格键按下去，在整堂课的过程中，我一直如履薄冰，战战兢兢，生怕这个"先进"的教具突然出现问题，那我可就束手无策了！还好，还算幸运，一堂课顺顺利利地结束了！

这是我和多媒体的初次相遇，由于这次的"美丽邂逅"，我对多媒体就一见倾心了！

二、相识——爱不释手

有了这次美丽的邂逅之后，我对多媒体有了初步的认识，虽然那种神秘感没有了，但总感觉距离它还是很遥远。记得在2001年的市级精品课上我再一次使用了多媒体教学。这一次我上的是一年级的《小猫种鱼》，我在使用多媒体教学时已没有了上次的手忙脚乱了。

以后的日子里，只有在市级、区级公开课上或者是校级大型的公开课上才会使用他。对于他也由最初的陌生神秘而到后来的渐渐熟悉。由于每次上课都要请计算机老师帮忙制作多媒体课件，非常麻烦，于是我也在慢慢地自己学会制作多媒体课件。在2006年的市级骨干教师展示课上，我上了一节六年级的阅读欣赏课《月之韵》。这次的课件我尝试了自己去制作。我先在网上找了一些需要的图片，然后下载，配上音乐。展示课上，我让学生看一幅幅月亮的图片，读古今描写月亮的文章，听贝多芬的《月光奏鸣曲》。画面的吸引，乐曲的渲染，文字的熏陶，整堂课学生都沉醉在多媒体所构建的多姿多彩的课堂氛围中。现在回想起当时的课堂情景，我依然是感慨良多。

此时的我对于多媒体教学已是爱不释手了，但由于条件的限制，当时我们学校也就一两台多媒体设备，放在会议室和阶梯教室里，只有上公开课时，老师们才会把学生带到阶梯教室，使用多媒体，平时的课堂教学，多媒体对于我们依然是可望而不可即。

三、相知——一"网"情深

随着时间的流逝，多媒体离我们是越来越近了。随着学校条件的不断改善，越来越多的班级配备了多媒体教学设备。先是一个年级中的一个班级配备，然后再慢慢扩大到一个年级全部配备。我们年级也从去年开始每个班级都配备了多媒体设备。现在多媒体教学终于从原来的"旧时王谢堂前燕，飞入寻常百姓家"了！

现在我们几乎每堂课都会使用多媒体教学。课件是我们年级的老师分别从网上下载，然后根据自己的教学设计进行修改，最后建立资源库，大家资源共享。现在利用多媒体上课，对于我们的学生来说已经是再平常不过的事情了。甚至有的学生还会给我们提供他自己找到的好的课件。

记得上学期在教《老人与海鸥》这篇课文时，多媒体的使用给我留下了深刻的印象。在这篇课文的教学中，我紧扣老人与海鸥之间的感情这条线索，情由景而生，文因情而美，从两幅画面入手，由于多媒体的有效使用，课堂上学生被两幅情感截然不同的画面所吸引，所打动。课堂上，多媒体的使用让学生的认知得到了提升，感情得到了升华。课堂效果非常好。

现在，对于我们班级的学生来说，利用多媒体，已经不只是单单制作课件那么简单了。课堂上，我们会利用网络资源进行学习。有的学生会在课堂上展示自己制作的课件；有的学生会建立我们班级的交流群，让我们班级的老师、学生、家长可以不受时间、空间的限制，随时交流班级情况，讨论学习问题；还有的学生以及家长建立了我们班级的博客，在博客上，学生们发表文章、照片，报道学校班级重大事件。现在，我们班级的博客已经成为了我们班学生学习的"第二课堂"。

如今，网络延长了我们学习的时间，扩大了我们学习的视野，让我们的课堂形式越来越精彩纷呈，让我们的课堂内容越来越充实丰盈！

回想这十几年来我与多媒体所走过的路程，我与他由相遇的一见倾心到相识的爱不释手，再到相知的一"网"情深，这一路上的点点滴滴，让我难忘，让我感慨！

（本文 2013 年获马鞍山市教学多媒体课件与电教六项学术作品教育叙事研究评选一等奖）

基于智慧课堂的小学语文"项目化学习"教学探索
——以小学语文统编教材项目化学习案例《月之韵》为例

随着科技的飞速发展，信息技术已经融入我们生活的方方面面，也改变着我们的教学方式和学生的学习方式。随着信息技术逐步走入学科教学，和学科教学不断相融合，利用云端技术和资源辅助教学的智慧课堂已经走入了寻常的课堂教学之中。而小学语文项目化学习则是以问题解决为导向，通过小组合作，完成系列语文学习任务，形成个性化的语言和表达形式，进行以项目化学习小组为单位的语文活动的成果展示，最终促进学生语文核心素养全面发展的一种语文学习方式。智慧课堂环境下开展语文项目化学习，先进的信息技术，智能化的教学手段，充分调动学生自主探究的积极性，给学生提供更多的教学资源，更广阔的学习、交流的平台和空间，丰富学习的内容和成果汇报的形式。智慧课堂为项目化学习提供了充分的学习支持，帮助学生在自主合作探究的过程中发展思维，实现个性化学习。当智慧课堂和项目化学习相结合时，就可以真正建构以学生为中心的课堂教学，使学生的思维在智慧课堂、项目化学习的有机融合中得到自然地生长。

接下来我就以项目化学习案例《月之韵》为例，来简要阐述基于智慧课堂的小学语文"项目化学习"的教学策略。

《月之韵》这个项目是基于小学语文统编教材六年级上册第一单元《古诗三首》中的《西江月·夜行黄沙道中》以及学生小学阶段接触到的有关月亮主题的诗词、文章等引申开来，最终形成围绕"月亮"这个专题的项目化学习活动方案——《月之韵》。本方案希望通过多渠道、多途径地搜集与月亮有关的神话传说、诗歌对联、音乐绘画以及与月亮有关的民风民俗等，引导学生通过对有关月亮的诗词、文章、音乐、绘画等作品的鉴赏与品味，从而去欣赏祖国丰富的文化瑰宝，感悟祖国语言文字的魅力，陶冶学生的性情，培养学生的情操，提高学生自主学习、实践的能力，进一步提升学生的语文素养。

1. 借助智慧课堂，提出驱动性问题。

项目化学习需要有一个驱动性问题，引领着学生进行合作探究。项目化学习方案设计之前，教师要对学生的学情有所了解和掌握，才能有针对性地进行设计。在网络上进行学情调查比纸质调研更方便，统计更迅速，更加节约成本。

《月之韵》这个项目实施之前，教师可以设计问卷星，进行问卷调查。教师首先在线设计问卷，问卷内容如下：①你喜欢月亮吗？②你喜欢描写月亮的诗词或文章吗？③在整个小学阶段，你关注过教材中描写月亮的诗词或文章吗？④你在课外关注过描写月亮的文章吗？⑤当你望着那一轮神秘的明月时，心中会有想法或感触吗？问卷设计好后可以通过班级社交媒体将问卷链接发给学生填写。学生填写完后，问卷星会自动对结果进行统计分析，教师可以通过饼状图、圆环图、条形图等查看统计图表，还可以创建自定义报表，根据答案来做交叉分析和分类统计。调查完成后，教师可以下载统计图表到文档保存、打印，作为教学资料进行留存。通过问卷星的调查，教师从直观的数据中可以很轻松地了解到学生对月亮都很喜欢，但无论在课内还是课外，对描写月亮的文章关注不多，对月亮的了解也只是停留在表面。通过对学生学情的了解和掌握，教师设计了这样的驱动性问题"千百年来，月亮一直是文人墨客吟咏歌颂、抒发胸臆的对象，那么对于月亮，你到底了解多少呢？"引导学生对月亮进行深入地探究。

在智慧课堂和项目化学习的相遇中，教师借助问卷星进行调查了解学情，将信息技术的辅助工具融入教学之中，让项目化学习的驱动性问题更有针对性和实效性，让教师能够更轻松、更精准地把握学情，进行教学设计和指导学生学习。

2. 借助智慧课堂，进行项目化学习资源的推送。

在项目化学习的过程中，确定好驱动性问题后，教师指导学生进行分组、制订活动方案，然后学生按照制订好的学习方案，多渠道、多途径地搜集资料。在学生独立搜集资料的过程中，如果教师不能给予学生一定的引导，学生很可能会漫无目的，不知如何筛选和甄别，搜集到的资料的质量也不能完全保证。所以，在这个阶段，需要教师不断地给学生推送一些优质的学习资源，给学生搜集资料指引方向，培养学生搜集资料和处理信息的能力，进而提升学生的阅读品位。借助智慧课堂，就能很好地解决这个问题。教师能够通过智慧课堂，给学生推送大量的、优质的学习资源，扩大学生阅读的深度和广度，方便快捷。

在《月之韵》这个项目化学习案例中，教师通过问卷星了解了学情，知道了学生对于月亮的文章了解不多，对月亮背后的内涵和文化知之甚少。接下来的一段时间里，教师利用教育云平台和电子书包推送与月亮有关的神话传说、古诗、成语等，如《水调歌头》《春江花月夜》《荷塘月色》等描写月亮的优秀经典诗词、文章及其注释、介绍，学生选择喜欢的诗词文章在平板电脑上进行阅读、批注。教师根据学生所选，操作教育云平台生成分组。学生在小组内交流看法并将讨论的结果发布出来。学生通过浏览其他组的批注和讨论结果，了解了这些描写月亮的诗词文章。教师则通过浏览批注，了解了学生的学习情况。最后，每个小组代表进行汇报交流，汇报时可以朗诵最喜欢的一首描写月亮的诗词或文章段落，也可以简单地谈谈从诗词文章中看到了一个怎样的月亮？通过这些诗词文章的推送以及交流，生生、师生互动，学生在赏析中了解到月亮的文化内涵，大大提高了课堂效率。

教师利用智慧课堂，给学生进行大量的学习资源的推送，扩大了课堂的外延，使教育的形式更加多元有效，也更能激发学生学习的兴趣。

3. 借助智慧课堂，拓展项目化学习的时间和空间。

每一个专题的项目化学习不可能在一堂或几堂课中进行，它需要学生围绕驱动性问题，进行一段时间的学习。《月之韵》项目化学习分为三个阶段进行。第一阶段是确定驱动性问题，明确项目化学习任务，指导分组，制订方案；第二阶段是学生自主合作，实施方案；第三阶段是成果展示，总结评价。项目完成要经过三周的时间。这三周的时间中，教师在课堂上的指导时间有限，绝大多数都是教师借助智慧课堂提供的现代化教学手段，通过网络对学生进行指导，和学生进行线上交流互动。

智慧课堂的现代化教学手段，使教师对项目化学习的教学内容不受时空的限制，使学生的项目化学习天地不仅仅局限于课堂。教师和学生在课堂之外，利用现代化教学手段进行沟通交流，教师可以随时随地对学生进行指导和监督，学生之间也能随时交流项目化学习过程中的问题、看法和见解。学生在课外利用计算机等多种媒体，凭借教育软件、各种教育网站、资源库等，可以随时随地、有选择地学习与项目化学习内容相关的各种知识，学习的深度和广度远远大于课堂所学内容。

如在《月之韵》项目化学习的过程中，教师先是在课堂上确定任务，带领学生走进月亮，指导学生归类整理问题。师生共同确定研究内容：了解月亮的美丽神话传说；关于月亮的诗词、文章；关于月亮的音乐、歌曲、绘画作品；关于中秋月亮的风俗。

教师在课堂上指导学生获取信息的方法，学生按照兴趣、爱好和研究的专题不同，自由组合，分成四个学习小组，并推举组长一名，分组制订活动方案。

接下来的一段时间里，教师利用教育云平台和电子书包推送各种有关月亮的教学资源，学生利用课余时间，进行深度阅读和独立思考。他们还可以利用网络搜索平台，对这些文章和作品进行再研究、再揣摩，希望能够形成自己的观点和认识。在这个过程中，教师引导学生利用网络平台进行线上交流、互动，交流个人读后、听后、看后的感受和体会。教师在网络平台的支持下，可以随时表达自己的观点，对学生进行指导，还能关注学生学习的过程，根据学生的学习情况，及时调整项目化学习的教学步骤和环节。

为了检查学生自主学习的效果和激发学生学习兴趣，教师还可以利用网络进行月亮知识网络抢答。教师在班级社交媒体内推送有关月亮的知识，如月亮有哪些美称或雅号；请说出与月亮有关的神话传说的名称；请说出与月亮有关的诗句；请猜一猜这几个有关月亮的谜底；在科技高度发达的今天，人们仍然喜欢月亮文化，这是因为什么？学生不受时间和地点的限制，随意在网上抢答、留言，学习兴趣高涨。

信息技术为项目化学习开辟了更广阔的空间，方便了师生的交流和互动，而这些在传统课堂中，是难以实现的。智慧课堂以其自身的优势，极大地拓展了学生项目化学习的时间和空间，让学生获得较大的选择自由。多种媒体的综合效应，还可以使学生更有效地完成语言信息的加工、汲取，可以更好地启迪学生的思维，提高学生吸纳和输出语文信息的质量，从而有效增强学生的语文素养。

4. 借助智慧课堂，进行多样化成果展示。

项目化学习最终要形成一定的成果，要以小组为单位进行成果展示活动。而智慧课堂利用现代化教学手段所创设的课堂情境，能够让项目化成果的展示内容更丰富，展示形式更精彩。智慧课堂中丰富的多媒体资源，如视频、音乐、图片等，都能给项目化学习创设一定的学习情境，调动学生投入探究之中，有助于学生思维品质的形成。

在《月之韵》这个项目化学习的成果展示中，学生分为"月之神话""月之习俗""月之诗文""月之音画"四个小组进行成果汇报展示。在展示环节，各小组充分利用智慧课堂的现代化教学手段，音乐、画面、演示文稿、配乐解说、电子小报、录制音频视频等等，让项目化学习展示活动丰富多彩。

如"月之神话"小组的成果展示是以演示文稿配合小组成员的故事讲述进行的。一幅幅的PPT画面随着故事情节不停地变换，把学生拉入了多媒体所创设的情境之中。学生通过听、讲、看故事，体验到中国月亮文化的源远流长、博大精深。

"月之音画"小组在成果展示时，借助智慧课堂，让大家一边欣赏古筝曲《春江花月夜》，一边播放视频画面：春天静谧的夜晚，月亮缓缓地升起，小舟在江面荡漾，花影在两岸轻轻地摇曳，一幅幅绝美的画面伴随着悠扬的古筝曲缓缓地展现在学生眼前。悠扬的古曲、水光云影的画面，为学生创设了生动的学习情境，让大家沉醉于优美典雅的旋律之中，沉醉于淡雅清丽的月光之中。在这样的情境之下，学生对于月亮的体悟远远超过前面的认知。

接下来，"月之音画"小组又让大家一边欣赏有关月亮的画作一边通过音频的方式介绍这些画作的作者、年代以及作品介绍、鉴赏等。伴随着轻柔的音乐声，《松溪泛月图》和《月下观梅图》画卷在大屏上徐徐展开。《松溪泛月图》画面中几株松树，渔翁泛舟江上，明月高悬，烟波浩渺，水天一色，一下子就把学生带到了那空灵巧妙、富有浓浓诗意的画面之中。《月下观梅图》中隐隐约约几剪梅影，清清爽爽一轮圆月，让学生感受到了古人月下赏梅的雅趣。

学生通过智慧课堂所营造的情境，在欣赏音乐及画作中，对学生进行审美教育的同时，寓传统文化于美育之中，使学生不断了解中国传统文化的精髓，领悟中国月亮文化的博大精深，感受中国月亮文化的绚丽之美。

又如"月之习俗"小组为了让大家更好地了解中秋的传统和习俗，利用微课，带领着大家感受苗族的跳月、傣族的拜月、侗族的偷月亮菜以及各地欢庆中秋的画面。一幅幅生动的画面配以文字介绍，一下子就把学生拉入了各地欢庆中秋的欢乐场面。这样情景交融的展示情境，把要大家有意注意接受的知识，变为无意注意而轻松获得，既活跃了展示气氛，又丰富了学生的知识储备，达到了良好的展示效果，可谓是一举多得！

各个小组在展示时还通过大屏幕展示了小组同学绘制的月亮主题的电子手抄报、海报，月亮故事手绘本以及各小组在项目化学习过程中的一些照片、视频资料等，多样的展示方式，让展示的效果精彩纷呈。

在项目化学习的展示过程中，运用现代信息技术使展示过程呈现出声、光、影交融的音频、视频，为学生提供丰富多样的感知材料，让学生能够更直观地感受、了解月亮文化。启发学生通过对直观的感性材料进行分析、综合、概括、提炼，使学生思维向深层发展。

智慧课堂为学生提供了生动的学习情境，促使学生视听并用，沉浸在文字美、音律美和画面美的氛围中，大大丰富和活跃了学生的想象力和创造力，促进了学生高阶思维的发展。

5. 借助智慧课堂，进行多元评价。

智慧课堂能够对项目化学习的全过程进行全程动态式学习评价，及时掌握学生的学习情况，并根据需要调整项目化学习内容。项目化学习评价分为过程性评价和总结性评价两个方面。

过程性评价主要看学生在项目化学习过程中的表现。主要通过"月之韵"项目化三周的学习时间里，每个小组学生线上交流、讨论、发表意见建议的次数、质量；上传音频、视频、文字材料的次数、质量；每一个小组上传的项目化学习小组活动方案和项目化学习小组阶段性活动总结的完成情况等，进行小组自评和互评。这样，学生在做完某一阶段活动之后能够及时知道自己的完成情况，能够根据大家的评价对自己和小组的活动进行修正和调整，可以有针对性地重听、重看某一部分内容，进行新的思考。

小组自评和互评可以通过在线表格的方式，由各小组线上填写。这样，自评和互评的结果，老师和所有学生都能看到，既公平公正，又能让每个小组根据每一阶段的评价及时调整小组活动任务和小组项目化学习情况。

经过一段时间的项目化学习后，学生完成了任务，可以将作品拍照上传到教育云平台。而传统的课堂教学中，往往是一小部分优秀的、活跃的学生在班级展示自己的作品，很多学生由于胆小、害羞，往往不敢展示自己的作品。在智慧课堂的背景下，所有学生都能在云平台上传、展示自己的作品；所有学生也能欣赏到别人的作品，对精彩的作品及时点赞或提出看法。这样的评价方式，让每一个孩子都能在放松的状态下，欣赏别人、评价别人，评价的效果会更好。

在过程性评价中，教师注重增值评价，关注每一个小组学生在项目化学习活动过程中个体的进步幅度，及时在课堂或线上进行表扬和鼓励。

总结性评价主要是针对项目化学习成果展示这一块。教师提前设计好问卷星内容，问卷星内容分别从小组展示的"条理清楚""语言流畅""内容生动""形式新颖""团队合作"五个方面来给四个小组进行评星。教师把问卷星调查链接发在班级群里。在每个小组成果展示结束后，教师借助智慧课堂，进行问卷星调查，评选结果通过问卷星数据分析一下子就能出来。借助智慧课堂进行总结性评价，方便又高效。

另外，教师还可以利用弹幕功能，在小组成果展示时进行即时性评价。教师可以利用弹幕这一学生喜闻乐见的形式，让每一个学生都能参与到评价之中。学生在观看小组成果展示时，在平板电脑上进行即时评价，评论小组展示的效果或者谈自己看小组展示时的感受、看法、意见、建议等，每一条弹幕（评价）学生都能看到，每一个学生都能从别人的弹幕（评价）中受到启发，学生的思维在一条条弹幕中进行碰撞，激发出智慧的火花。这样即时的总结性评价，其效果不言而喻。

基于智慧课堂的项目化学习，令课堂出现了以学生为中心的新样态，促进了学生学习方式、教师教学方式，及师生互动方式的不断变革。基于智慧课堂的项目化学习，更富情景化的资源呈现，更广阔的学习空间，更多元的评价方式，让学生的解决问题、合作交流的能力得到培养，让学生的高阶思维得到提升，促进学生语文核心素养的全面发展。

（本文系安徽省教育科学研究项目"基于智慧课堂的小学语文PBL的设计与实施研究"[项目编号:JK20128]阶段性研究成果。本文获2022年安徽省小学语文论文评选二等奖,发表于《安徽教育科研》2022年12月刊,有改动）

第四篇章　教育漫谈

　　教育是灵魂的唤醒，是精神的引领，是一趟漫长而又幸福的旅行，是一场爱与被爱的修行，修的是孩子，更是我们自己。本着一颗平常心，踏实做好每件事。回首自己的教育生涯，没有轰轰烈烈的先进事迹，也没有悲壮辉煌的动人故事；有的只是那份宁静、热爱与坚守。带着这份宁静与热爱，我们在普普通通的工作中，在点点滴滴的小事里，年复一年，日复一日，在琐碎而平淡的日常里，唤醒和引领，坚守与陪伴……

关于小学生进取心理培养的几点想法

有小学生为成绩下滑而抑郁；有小学生因厌学而出走；有小学生因承受不了挫折而自暴自弃……这些现象的背后有没有必然的联系？当今小学生的问题到底在哪里？这些是需要我们全社会去关注的问题。作为教育工作者，我们更要分析、思考这些现象背后的原因。我认为他们缺乏一种积极进取的精神。正因为他们没有一种正常的、健康的心态去面对，而是用一种消极的、不正常的心态、手段去面对和解决问题，才会出现这样一些问题。因此，我认为对于小学生，首先要从培养他们积极进取的心理开始。在这里，我就小学生进取心理的问题谈谈自己粗浅的想法。

进取心理产生于多种进取力的组合，单独的哪一种进取力的作用都是有限的，但它们汇聚到一起，就能形成强大的合力，进取心理就是这种合力的表现。那么怎样培养学生的积极进取心理呢？我认为可以从以下三个方面来进行。

一、在争强好胜中发展

每一个人从幼儿时代起，好强的心理倾向就伴随着自我意识同时产生。争强好胜，是鼓动小学生进取向上的最常见的一种力，是进取心理最早的发源地。正因为好强，人们才愿意去做一些以前没有做过的事情；正因为好强，人们才能不断突破自我，取得发展。这种好强是一股锐气，一种战斗力。所以教师要善于抓住学生的好强心理，让学生在争强好胜中发展他们的进取心理，让进取心理的萌芽变成幼苗，再加以精心的培植和科学的管理，让学生在积极进取的心理下完善健全高尚的人格。

我们班有名男同学好胜心强，不服气现任班长，毛遂自荐要求当班长。我了解情况后，和他亲切地谈话，首先肯定他的行为，鼓励他向着班长的要求去发展，然后给他提出奋斗目标。这位学生在和我交谈之后，认识到自己的不足。在我经常鼓励下，这位学生的各方面都有很大的进步，成为一名好学上进的学生。在看到他的进步之后，我也履行诺言，让这位学生当了两个星期的班长，然后让他进入班委会，成为班干部。这样，教师就抓住了学生争强好胜的心理，进行正确的引导，使其成为积极进取的心理，从而使这位学生走上好学上进的道路，成为一名德智体美劳全面发展的好学生。

二、在追求希望中生长

从心理学的角度看，所谓希望就是愿望，就是追求，是人们对于前景的一种观察、推断和估价。人的进取心理离不开希望。学生只有看到希望，才会信心满满地积极进取；只有看到希望，他们才会觉得自己的努力是有意义、有价值的。黎巴嫩诗人纪伯伦说："愿望是半个生命，淡漠是半个死亡。"希望能够增强人们生活的勇气，对生活充满希望的人，即使环境再恶劣、再艰难，他都不会放弃，会积极地和环境抗争，在改造环境中改变自己的生存条件和地位。保持希望，就是保持动力，保持进取心，保持意志力。失去希望时，也必将同时失去进取心，失去意志力。因此，作为教师，应该在学生前进的道路上不断地给他们以希望，引导他们不断地进步和发展。当学生满腔热情地积极进取时，教师应当给予鼓励与支持，树立起学生的自信心，让学生在充满希望中积极进取，获得成功的喜悦感。在以上事例中的那个男孩，我就是给他设定一定的目标——当班长，让他有希望，有追求，再加以正确引导，他就能在追求希望中得到不断地成长，最终进入班委会，成为班干部。

在这里，教师要注意，学生的能力和智力是各不相同的，所以教师在给学生提出希望时也应各不相同。教师应该根据每一位学生的不同特点给学生定下不同的奋斗目标，并且这些奋斗目标必须是切实可行的，不能过高，学生在经过一段时间的努力之后是能够达到的。这样，学生在追求希望之中才能获得成就感，树立起自信心，然后又在教师的鼓励之下去追求另一个目标。通过这样的良性循环，学生不断地获得成功，又在充满希望中去实现下一个目标。如此，学生在充满希望中积极进取的精神逐渐养成，他们就用这种良好的心理扬起对生活、对学习理想的风帆，去迎接人生的每一次挑战，去享受人生的每一次喜悦。

三、在对抗挫折中强化

没有一个人的人生是一帆风顺的，在人的一生中总会遇到沟沟坎坎、风雨波折。人的一生几乎是和挫折相伴而行的。所以在小学生中培养如何面对挫折，是一个重大的课题。

现在的孩子多是独生子女，他们从小在优越的环境中成长。一些孩子在家里，全家人对他们是百依百顺，视为掌上明珠，含在嘴里怕化了，捧在手里怕摔了，所有的问题和困难都被家长挡在了外面。当他们在家里经常可以容易地，而且是及时地满足要求，一旦当他们到了集体中时，就会非常脆弱，往往会经受不住一丁点的"磕磕碰碰"和"风风雨雨"。因此，作为家长和教师，要让学生适当地经历挫折，面对困难，解决困难。帮助他们以理智的态度对待挫折，帮他们认真分析挫折的真正原因，看到它存在的客观必然性，否则一旦努力结果不如己愿，就由此产生一系列不良心理反应甚至酿成悲剧。

学生在成长的道路上，遇到各种各样的挫折时，作为学生引路人的教师应引导学生面对挫折不灰心丧气，积极地面对挫折，面对人生的各种挑战，在对抗挫折中强化积极进取的心理，使自己成为生活的强者。

挫折从积极的意义上说可以锻炼人的意志，"生于忧患，死于安乐""天将降降大任于是人也，必先苦其心志，劳其筋骨，饿其体肤"，挫折这块磨刀石，自古以来锻炼了多少生活的强者。爱迪生发明电灯，灯丝材料的实验失败了一千多次；法国作家莫泊桑，退稿的小说堆起来有一人多高；海伦凯勒眼睛看不到，耳朵听不到，后来，连话也说不出来了，但她没有放弃，自强不息，用顽强的毅力克服生理缺陷所造成的精神痛苦，成为一个学识渊博的人，掌握英、法、德、拉丁、希腊五种文字的著名作家和教育家，赢得了世界各国人民的赞扬……他们都以自己坚定的意志、积极进取的精神战胜了生活中的挫折，从而成为生活的强者。挫折并没有使他们害怕、后退，而是更加增强了他们对于生活的信心，在积极进取中为自己的信念而奋斗。因此，对于现在的孩子来说，一味地赏识是不行的，应该有意识地让他们经受一些挫折，只有经历挫折磨炼的人才更懂得生命的价值，才更进一步了解生存的意义。"越过挫折，迎接你的将是灿烂的明天！"因此，要让小学生经受挫折，让他们在挫折中更进一步地认识自己、认识生活，强化积极进取的心理，从而增强生活的信心。

四、培养积极进取心理"度"的把握

但是，教师在培养学生积极进取的精神时，应当注意以下几点：

好强、进取精神的培养要把握好度。"只能赢不能输"容易让学生一旦失败就放弃、气馁。太硬的东西易折断，过强的进取精神易被挫伤。因此要告诉学生"胜败乃

兵家常事""失败是成功之母",每一个人都有弱点和长处,每个人一生中会遇到各种各样的竞争,人不可能在所有的竞争中都能成功,竞争中的输和赢是最正常的事情,不管是输还是赢,我们都应该坦然地接受,要让学生学会"认输"。

注意对进取精神的调节。小学生的心理不够成熟,他们如果取胜了,可能会"耀武扬威""沾沾自喜",如果失败了,有可能会"垂头丧气""一蹶不振"。所以,教师对于学生的进取精神,要进行适当调节。如果学生取胜了,要进行"冷处理",防止学生骄傲和满足;如果失败了,要进行"热加工",帮学生分析问题,重鼓士气。

不应仅仅以胜过别人而满足。通过竞争、进取,如果仅仅以胜过别人为目的,那就容易导致嫉妒心理和对别人敌视的心理,变成狭隘、自私的人,严重的甚至损人利己。所以,教师要让学生正确看待"成功"。教师要告诉学生"成功"并不是一味地把别人打败,而是要把一件事情尽心尽力地完成;要在竞争中吸取别人的长处,弥补自己的短处;自己的成长比成功更重要,享受竞争的过程比赢得胜利更重要。引导学生不要把结果作为唯一的关注点。

学生有了健康的、积极进取的精神,才能达到心理健康的最终目标——培养符合社会需要的、健全高尚的人。

（本文 2000 年获全市中小学生心理健康教育研讨会论文评选二等奖）

师范附小教研周听课有感

——语文课堂可以如此美丽之一

今天来到师范附小，聆听了两节别开生面的语文课，课堂上传来的学生和听课老师的一阵阵欢乐的笑声，让我深深地感到：原来，语文课堂可以如此美丽！

两节课都是把孩子们身边最常见的、喜爱的东西——广告和流行歌曲进入了我们的语文课堂。听课的老师和学生都感觉到特别轻松，再也没有了往常语文课堂那正襟危坐、严肃、紧张的场景了。课堂上一幅幅生动的广告画面，一首首耳熟能详的流行歌曲，让我们的语文课堂充满了生命的活力！

朱福茹老师的活动课，是一节有着浓浓的语文味的课堂。教师抓住了孩子们所喜爱的流行歌曲作为语文课堂的切入点，打开了一扇窗，学生从这扇窗中看到了社会生活的丰富多彩，也捕捉到了生活中处处有语文的元素，拉近了生活与课堂的距离。另外，教师在指导时，也时时不忘自己是一位语文老师，无论哪个环节，都是恰到好处地引领着学生一步一步地走进"语文"。比如在欣赏《菊花台》歌词时，教师让学生结合六要素、结合景物、环境来烘托人物。学生在教师的引领下，所说的画面越来越清晰，人物越来越丰满，内容越来越丰富。真可谓生活、课堂中处处有语文。

整节课听下来也有一些小小的思索：教师的板书是语言美和意境美两个关键词。在语言美上教师下了很大的功夫，而在意境美的体会上稍显不足。教师还可以再让学生从熟悉的歌词入手，去体会歌词中独特的意境之美。比如《荷塘月色》就可以联系朱自清先生的散文《荷塘月色》，撷取散文中的一些优美片段，让学生读读，感受一下，然后再回到歌词中来，这样歌词中所呈现的那种意境美学生就会理解得更加深刻了。还比如《在水一方》歌词，大屏幕上已经出现了《诗经》中的《蒹葭》，教师可以顺势把《蒹葭》中的几句"蒹葭苍苍，白露为霜，所谓伊人，在水一方……"让学生自己朗读，再简单地让学生想象一下画面，这样学生对于歌词的理解可能就不仅仅是在好听、好玩上了，他们课下有可能会顺着这扇打开的窗，去欣赏、品味这些经典的文学作品。这样我们的语文课堂的文化底蕴就会更加深厚，也能够把学生由课内引向课外。我们语文课堂的外延就会更加宽广，学生的认识也会更加深入。

　　总之，虽然公开课已经结束，但我们的思索还在继续，我们对语文的追求和探索还在继续。真心希望：我们的语文课堂都能如此美丽！

师范附小教研周听课有感

——语文课堂可以如此美丽之二

静下心来思考，其实我们的语文课堂真的应该是充满生命活力的。有一个叫何亚萍的作了这样一首小诗《美丽的课堂》："这里没有枯燥，这里没有束缚。打开心灵的窗户，张开想象的翅膀。我们可自由翱翔，我们能尽情歌唱。这就是课堂，美丽的课堂。"开放了课堂，放飞了学生，让学生在五光十色的知识原野里汲取营养，在轻松自由的乐园中尽情驰骋。

"一花独放不是春，百花齐放春满园。"这是我一直以来所苦苦追求的语文课堂的理想场景。那么，如何开放我们的课堂呢？我想，首先应该是教师俯下身子教学，在课堂中师生应是平等的关系，课堂中应该充溢着浓浓的群体参与、共同探究、平等交流的气氛。这样，课堂中多了自由与宽容，多了自信和勇气，学生思维的闸门开启了，迸发出智慧的火花，激荡起创新的激情和成功的欢欣。这样的课堂应该是美丽的！

其次，应该是关注每一个孩子的成长，发现每一个孩子的闪光点。不同的孩子的个性特点、语言表达、表现能力等各方面都是有着极大的差异性。因此，教师在课堂中应该关注每一个孩子的成长，不同的孩子让他们承担不同的任务，可以选择难易程度不同的问题而让不同能力的孩子去回答，让所有的孩子都能享受到成功的乐趣，都能感受到自己存在的价值。每一个孩子在课堂上都是快乐的、自信的。这样的课堂应该是美丽的！

然后，就是"生活中处处有语文"。我们每一位语文教师都应该挖掘学生感兴趣的东西，让我们的课堂和学生的生活紧密相连。我们的语文课堂内容应该是丰富多彩的，可以是经典美文的品评，可以是流行歌曲的欣赏，可以是社会热门话题的讨论，还可以是不同观点的辩论……关心学生所关心的，然后再引领着他们去关心他们原本所不关心的。渐渐地，我们的语文课堂就会越来越具有张力，越来越富有生命的活力。这样的课堂应该是美丽的！

最后，我们语文教师的着眼点应该是学生综合素养的提高。学生在我们的语文课堂上，掌握的不仅仅是知识，更重要的是通过语文课堂的学习，他们的能力，他们的综合素养得到了提高。我们的语文教师应该具有可持续发展的眼光，我们的目光不能只局限于孩子暂时取得的分数上，我们应该为孩子的未来而着想。因此，我们在课堂上应该放慢脚步，让孩子学会去欣赏我们的学习过程。我们的课堂不仅有知识的传授，更有对孩子各种能力的培养。在这样的课堂里，孩子们的心灵是自由的，孩子们的思想是灵动的。这样的课堂应该是美丽的！

　　让我们一起去追寻这样美丽的语文课堂吧！

回顾与反思

——庚子年春录课感悟

空中课堂录课之后就一直想写下录课的过程，记录那段难忘日子的心路历程。无奈，人总是有惰性的，一直懒于动笔，直到接到省里的通知，我才下定决心，开始了回顾与梳理。

回　顾

记得是在3月14日下午大约三四点钟的样子接到了鲁燕老师的电话，通知我录课的消息。

第二天是周日，为了让自己能够静下心来思考，我来到了学校，开始了备课过程。我上的是四年级下册第二单元《习作：我的奇思妙想》。一天下来，在网上看了无数的教学设计、教学建议等，头脑里还是空空如也。晚上继续在家里上网搜索、思考。经过一天一夜多的构思、琢磨，终于在16号周一上午十点多，第一课时第一稿教案出来了，后面就是不断地修改之中。周一晚上第一课时第二稿教案，之后是第三、四稿，我现在已经记不清最后第一课时教案修改了几稿了，只记得18号周三上午8点多接到了下周一录课的通知时，我第一课时教案刚定稿，课件还没有完全出来；然后到11点多，又接到了省里的紧急通知：原定于下周一的录课提前到本周五上午！接到这个通知，我整个人已经处于崩溃的边缘！现在已经周三上午11点多了，我第二课时教案课件还没有影子！周五一早就要开始录课！怎么办？怎么办？我头脑一片空白，已经手忙脚乱，不知所措了！

中午浑浑噩噩地胡乱吃了几口饭，就把自己关在了房间里，开始了第二课时的备课工作。第二课时已经不允许我像第一课时一样一稿一稿地修改了。于是，几乎是不眠不休的一天一夜，终于在周四上午第二课时教案出来了，紧接着就是制作课件。

因为自己不带四年级，所以在教学设计还没有出来之前，就开始联系四年级的老师以及学校上四年级的教师子女，布置学生一系列的任务了。等教学设计逐步完善，又开始撰写音频、视频的稿子，联系老师、学生、家长录制音频、视频等等。

两课时习作课的备课、制作课件、准备音频、视频等所有的一切，只有不到5天的时间！现在想想，当时整个人是处于紧张、混乱、手足无措的状态。

好不容易备好课、制作好课件了，接下来就是抓紧时间模拟上课，背诵教案的过程了。周四下午加上一个晚上，我都在掐着秒表，计算时间，背诵教案，模拟上课，勉强教案能够大致记下来了，周五早上开始录课了。

录课的经历也是一波三折，磕磕碰碰。好不容易录完课后，紧接着就是剪辑，我趴在电脑上仔细地看，找出问题，记录需要剪辑的地方，终于两课时全部剪完了！然后修改完善教学视频后终于上传到省资源平台，接下来就是静静地等待审核结果了。

听说审核马鞍山课程的是一位非常专业、非常认真的专家，看课看得极其认真、细致。等待审核的过程是紧张、惶恐的。终于在晚上十点半多，等到了省里专家的意见。省里专家认为我对于想象的定义不是很准确，还有一处冒号的运用值得商榷。说实话，接到电话的瞬间，我的头一下子就大了，心烦意乱，满腹委屈。还好，有孙老师和鲁老师，她们和我反复商讨分析，查找资料，终于拿出了我们的方案，得到了省里专家的认可，第二天早上八点多，我的课终于顺利通过了省里的审核。

虽然通过了审核，但是我内心里知道，省里专家的意见是对的，我那两处的确不是很严谨。

反　思

现在的自己终于能够静下心来，细细思考。

反思一：教学要严谨再严谨。

录课已经过去两周多了，现在回过头来想想，自己真的要好好感谢鲁老师、孙老师以及省里的专家。

我在制作课件以及上课的过程中，由于时间仓促（也算是给自己找的借口吧），在读音、标点、格式、用词等方面，出现了很多问题。当时她们在给我指出时我还觉得有点吹毛求疵，不以为意。但是冷静下来之后，我不禁扪心自问，作为一名教师，特别是一名语文教师，在教学中，对于字词的运用以及格式的准确与否，必须要严谨再严谨，慎重再慎重，不能有任何的马虎或含糊之处，不能出现一丝一毫的问题。如果作为教师的我们都不能做到字斟句酌、一丝不苟、精益求精，又怎能要求学生去做到呢？所以，现在的我真心地感谢鲁老师、孙老师以及省里的专家，是她们让我知道了作为一名语文教师应该有的专业精神和敬业态度。

反思二：空中课堂的利与弊。

空中课堂的优势主要体现在两方面。

对于教师而言，我们足不出户就可以聆听全省优秀教师的讲课，学到更多的教学经验，这真是一个福利。我在接到录课通知后，反复观看不同地市的优秀老师呈现出来的课堂教学资源，学习他们好的做法，给自己的备课提供了启发和思路。

对于学生而言，"空中课堂"更像是为每一个学生打造的"一对一"的教学模式，每一个孩子都是家庭里"唯一"的学习者。空中课堂通过网络、电视等多种渠道向学生推送课程，学生可以自主选择学习时间。学生对于很多课堂上来不及消化的内容可以反复观看教学视频，直到听懂为止。这是传统教学模式目前无法做到的。只有他听懂了，学会了，理解了，掌握了，才是真正的学习的发生。虽然学生少了与同伴之间的交流和互动，但是多了孩子自己的独立思考和动手完成。各种灵活的观看渠道，也让不少孩子开始自己合理安排学习时间，这又何尝不是一种自我管理能力的锻炼呢？

空中课堂的劣势主要是没有师生的互动。我在上课时面对着空荡荡的录播教室讲课时，很难做到全情投入，入情入境，师生在教与学上共鸣度不高。空中课堂因为有时长的限制，这也使得每次我在课堂上抛出来的问题、或让学生做的事情，学生很多时候来不及思考、还没做完，老师就又开始了后面的讲课。师生间缺少互动，这样有时候也会打消学生思考问题、投入课堂的积极性，师生间很难达到同频共振。真实的课堂中学生的回答都会收到老师积极的反馈，而空中课堂却变成了老师一人自导自演，很难把学生带入整节课的学习中来。

反思三：教学设计的再梳理与思考。

本次《习作：我的奇思妙想》是四年级下册第二单元的一次想象作文训练。第一课时我主要解决的是"怎样想""怎样写"的问题；第二课时解决的是"怎样评""怎样改"的问题。

"怎样想"——借助例子，教会方法，学会想象。

依据这个思路，在第一课时"怎样想"这个环节，我通过课文中列举的三个例子，给予学生想象方法的点拨。通过这样三个例子，旨在启发学生通过不同的角度、思路、方法等展开想象。学生掌握了这三种想象的方法后就能够很轻松地去进行想象了。

"怎样构思"——借助图示，梳理思路，理清内容。

为帮助学生构思习作内容，可以借助图示来进行。我以《会飞的木屋》为例，告诉学生怎样画思维导图，帮助学生理清思路，进行构思。教学中，我引导学生既可以模仿《会飞的木屋》的思维导图，也可以画出自己喜欢的思维导图。这样借助图示，学生就能够梳理思路，理清内容了。

"怎样写"——借助课文，掌握妙招，写清发明。

"怎样写"主要围绕"把自己想发明的东西的样子和功能写清楚"这个重点来进行设计。为了解决这个教学重难点，我把第二单元语文园地"词句段运用"调整了教学顺序，放在了习作中进行教学，这样更便于突破习作教学中"怎样写"的问题。由于有了前面课文学习的基础，老师在这里又进行了强化、归纳和点拨，学生对于自己想要发明的东西怎样写具体的难题就迎刃而解了。

"怎样改"——借助例文，交流评价，修改习作。

第二课时中为了解决"怎样评""怎样改"的问题，我出示了一篇习作，带领着学生对照着评价表，帮助这个学生修改习作。通过示范，学生对于怎样修改自己的习作有了一定的了解。接下来，我又出示了两篇习作，以及同伴和家长对这两篇习作的评价，引导学生学会评价别人的习作，并根据别人的评价来修改自己的习作。

反思整个习作教学设计，我认为有以下几点需要调整和完善。

首先，是在"怎样想"这个环节的教学中，我对于想象的解释中强调了"想象要以现实为依据"，这样会限制学生的想象，让他们不敢"天马行空，自由发挥想象"。这样不利于激发学生的想象力，培养学生的创新意识。因此这句话应该去掉，改成："我们既可以从生活实际出发，根据自己或他人的需要想象要发明的事物；也可以天马行空，自由发挥想象，写从来没有过的东西。"这样才能够激活学生的想象力，让学生大胆想象，"脑洞大开"，打破常规，想出新意。

其次，"怎样写"的教学中，我教学生小妙招这个环节，我觉得还可以做得再深入一些。前面是老师教给学生的四个小妙招，后面还可以让学生自己想一想，要写好自己的发明，还可以有哪些小妙招？这样的设计，变前面的闭环设计为开放性设计，可以激发学生的思维，变被动接受为主动思考，学习的效果应该会更好。

最后，"怎样评"一块，要把评价表中的"想象是否以现实为依据"删除，把"是否写清楚"这个评价标准可以再细化一些，这样学生评价起来会有据可依，有助于学生提出具体的问题，而不是笼统地进行评价，促使学生进行有针对性的修改。

录课已经结束，但录课后的思索还在继续。

这段特殊的经历，让我的语文教学生涯有了一份别样的收获！我知道语文教学的道路是"路漫漫其修远兮"，但我会继续"上下而求索"，感受着语文教学的魅力，享受着语文教学路上的所有瞬间！

（本文刊于《马鞍山教育》2020年第5期，有改动）

家校纠纷事件的反思

前段时间，一位家长因为一些事情和学校、老师之间发生了纠纷。事情发生了，事情过去了，它带给我们的不仅仅是伤痛，还有对于事件背后所折射出来问题的深深思考。

现在所有的人都会说：现在的独生子女难教啊，现在的孩子难管啊。可是我们想过没有，在这难教、难管的背后，到底有什么内在的原因呢？独生子女承载了全家所有人的关爱和希望。这样过度的关注和溺爱，导致一些孩子禁受不住挫折和磨难。在这样的温室环境中成长起来的孩子怎么去面对今后的风雨？

现在的老师也是生活在这样巨大的社会舆论的压力之下。老师们面对现如今被捧在手心里呵护的独生子女们，该怎样去管教呢？管严了，生怕被冠之以体罚的罪名；管松了，一个班级几十个皮猴子，调皮捣蛋，纪律如何保证，行为习惯如何养成？真是左右为难！当然我们不排除有极个别的老师的语言和行为有过激和不当的地方，确实给孩子带来了身体和心灵上的伤害。这样的行为也是我们所有人所不容的，因为孩子毕竟是孩子，我们不能以任何理由给他们以任何的伤害！因此，我们是时候思考我们教育中的一些问题了。

思考之一：面对学生和家长——换位思考

记得前段时间看了一部电视连续剧《到爱的距离》，里面有一位妇产科主任——一位老教授、老医生，在离退休还有二十几天的时间里，因为一起医疗纠纷带给自己巨大的心理压力，而导致心脏病复发死亡。相比之下，另一部反映医患纠纷的电视剧《心术》中的一个例子给我们留下了深刻的印象：由于医院的疏忽，导致病人李静云老先生死亡。院长亲自带着全科的人员去出席李静云老先生的葬礼，他在葬礼上表示郑重道歉，院方负全责，当事医生也不适合再做医生了。谁知李静云的弟弟却说出姐姐临终时候的遗言，他们决定原谅医院的过失，以李静云的死亡作为他们的教训，让医院谨记这个惨痛的代价，今后以更严谨的态度对待科学，好好对待病患。至于当事医生他们要求他做一名负责任的医生。当事医生在李静云的墓前道歉并感谢李静云老先生的大度原谅。两相对比之下，这名当事的医生是多么的幸运，他遇到了一位宽容、大度的好患者！他在今后的工作中一定会怀着一颗感恩之心，会严谨认真地对待每一位患者的！如果那位快要退休的妇产科主任也能遇到如此的患者，她就不会因心脏病复发而死，她还会继续在她的岗位上为更多的患者服务。

医患纠纷、家校矛盾，这是当今社会中比较敏感和热门的话题。当我们遇到了这样的事情之后，我们该怎样去面对，怎样去处理？我想李静云老先生的临终遗言给了我们一个很好的启示。

我想，我们应该以一种宽容的态度来对待所有的事情。我们的教师应该以一种宽容的态度来对待孩子和家长，因为孩子毕竟是未成年人，我们应该允许孩子犯错误，教育时不能操之过急。对于家长我们也应该宽容和理解。换一个角度，我们就会理解家长的所作所为，哪一个家长不爱自己的孩子？我们也应该包容媒体，因为只有正确的舆论导向，才能让我们的社会充满正能量！当然，我们所有的人也应该包容我们的老师。人非草木，孰能无情？我们的老师也有喜怒哀乐。我们的老师在课堂上要面对不同个性的孩子。大部分的孩子都是活泼、可爱的，可是也会有一些屡教不改的孩子，面对这样的孩子，教师多次的教育和提醒没有效果，该怎么办呢？我们需要一定的惩罚措施。当然，这并不是说我们的老师可以随意打骂孩子。教师的所有行为必须要符合法律法规。教师决不能随意体罚孩子！如果我们的老师在教育孩子时，有教育方法不当的时候，我们的家长和媒体该怎样去处理？家长是不断地指责，不依不饶，甚至是大吵大闹；媒体是不断地施压，还是采取一种包容、冷静、文明的态度来对待？我想，如果我们每一个人都能采取这种包容的态度来对待一切，都能够学着去理解别人、宽容别人，那我们就会减少多少麻烦和纠纷啊！我们的社会也就会更加和谐和文明！

希望我们都能够拥有一颗宽容之心，都能够学会换位思考！

思考之二：面对课堂——关注每一个孩子

当我们学会了宽容别人，学会了换位思考，那么，带着这样一颗宽容之心走进课堂，我们就会宽容和理解每一个孩子的调皮与淘气，发现每一个孩子的优点与长处。

当我们学会了换位思考，带着这样一种平和而宁静的心境走进课堂，就能关注到每一个孩子的成长，发现每一个孩子的闪光点。世界上没有两片完全相同的树叶，同样，班级中的每一个孩子也是千差万别，不同的孩子各方面都有着极大的差异。因此，我们在课堂中应该关注每一个孩子的成长，真正地做到因材施教，让所有的孩子都能享受到成功的乐趣，都能感受到自己存在的价值，让每一个孩子在我们的课堂上都是快乐的、自信的。

思考之三：面对教育——可持续发展眼光

当我们学会了宽容和理解，当我们学会了关注每一个孩子的成长，我们就能摆脱许多束缚和枷锁，就能沉下心来面对教育。

首先，父母是孩子的第一任老师，要以身作则，为孩子们营造一个和谐的氛围，树立一个良好的榜样，孩子们才能够健康、快乐地成长。其次，我们的家长和老师，不能把眼睛一味地盯在分数上，应该把眼光放得长远些，把教育的重点放在学生的思想教育和良好的行为习惯的养成教育上。最后，我们的孩子需要一定的挫折教育。只有经历过风雨，才能长成参天大树。这样我们培养出来的学生才能够成为真正的有用之才！

作为一名老师的我应该具有可持续发展的眼光，我的目光不能只局限于孩子暂时取得的分数，我应该为孩子的未来而着想。我在课堂上应该放慢脚步，学会去耐心等待一些程度较弱的孩子。对于一些程度较好的孩子，我应该提供更广阔的舞台，让他们尽情展示自己。我的课堂不仅有知识的传授，更有对孩子各种能力的培养。我不仅仅关注分数，更关注孩子综合素养的提高。在这样的教育背景下，孩子们的心灵才是自由的，孩子们的思想才是灵动的。

在这样的背景之下，我们的教育才是可持续发展的！